Anne Siemens

Für die RAF war er das System, für mich der Vater

Anne Siemens

Für die RAF war er das System, für mich der Vater

Die andere Geschichte des deutschen Terrorismus

Piper
München Zürich

ISBN 978-3-492-05024-1
3. Auflage 2007

Satz: seitenweise, Tübingen
Druck und Bindung: GGP Media GmbH, Pößneck
Printed in Germany

www.piper.de

Inhalt

Vorwort

Die Idee zu diesem Buch entstand im Winter 2005. Für meine Doktorarbeit hatte ich in der Justizvollzugsanstalt Berlin/Moabit gerade das dritte Interview mit Johannes Weinrich geführt. Als »diensältesten deutschen Terroristen« hat ihn die *taz* einmal bezeichnet, Geheimdienstlegenden ranken sich um ihn. 20 Jahre lang stand er ganz oben auf den Fahndungslisten. Im Jahr 2000 wurde Weinrich nach vierjähriger Prozeßdauer wegen des 1983 begangenen Sprengstoffanschlags auf das französische Kulturzentrum Maison de France in Berlin zu lebenslanger Haft verurteilt. Ein Mensch war bei dem Anschlag ums Leben gekommen. Weinrich gilt als rechte Hand von Carlos, dem über Jahrzehnte meistgesuchten und -gefürchteten Terroristen der Welt, und er war Mitglied der Revolutionären Zellen (RZ). Die terroristische Gruppe hatte sich in der ersten Hälfte der siebziger Jahre in der Bundesrepublik gebildet – einige Zeit nach der Entstehung der Roten Armee Fraktion (RAF).

Hinter mir lagen viele Monate, in denen ich mich vor allem mit einer Frage auseinandergesetzt hatte: Was hatte zu dieser mörderischen Logik geführt? Wie war es dazu gekommen, daß Gruppen wie die RZ, die RAF und die

Bewegung 2. Juni bewußt den Tod von unschuldigen Menschen in Kauf genommen hatten, um – so die Überzeugung der Terroristen – gegen Ungerechtigkeit und bestehende Mißstände zu kämpfen?

Ich hatte viel über Motive für den »bewaffneten Kampf« gehört und gelesen. Wie die Interviews mit Johannes Weinrich wirkten in mir auch Gespräche nach wie etwa mit Karl-Heinz Dellwo, der 1975 als Mitglied eines RAF-Kommandos die deutsche Botschaft in Stockholm überfallen hatte, oder mit Gabriele Rollnik. Sie war Mitglied der Bewegung 2. Juni gewesen.

Vor allem über das Phänomen RAF als der ersten und am längsten bestehenden Gruppe, die sich als Avantgarde des »bewaffneten Kampfs« verstand, ist inzwischen vieles geschrieben worden – ja so viel, daß einem selbst ihr Alltag auf seltsame Weise vertraut geworden ist. Man weiß, welche Autos die Gruppenmitglieder fuhren, welche Zigaretten sie rauchten, welche Bücher sie lasen, welche Kleidung sie trugen, welche sexuellen Beziehungen sie hatten und wie aggressiv ihr Umgang untereinander zum Teil war. Obwohl Art und Anspruch der Bücher, die man heute über die RAF zur Hand nehmen kann, sehr unterschiedlich sind, bescheinigen sie alle eines: Das Interesse an der RAF reißt nicht ab. Ihre Taten prägen unsere Gesellschaft bis heute.

Für mich war die Gruppe von Kindheit an – so wird es vielen meiner Generation gehen – allein durch die in Postämtern und an Litfaßsäulen hängenden Fahndungsplakate allgegenwärtig. Grimmig blickten manche der darauf Abgelichteten, bei anderen war der Kopf irgendwie seltsam zur Seite gedreht und ihr Blick wirkte leer. Alle schienen sie nicht älter als das Nachbarmädchen, das manchmal auf mich aufpaßte – dennoch mußten sie bedrohliche Feinde sein, denn für Hinweise, die zu ihrer Ergreifung führten, waren Belohnungen von mehreren tausend Mark ausgesetzt. Als Kind blieben die Plakate für mich abstrakt und fremd und die Zusammenhänge dahinter unerklärlich. Aber die Bilder prägten sich mir tief ein. Sie waren verstörend und ließen einen zugleich nicht mehr los. Real wurde die ganze Dimension des Terrors für mich 1989 – ich war damals 15 Jahre alt –, als Alfred Herrhausen, wenige hundert Meter von meiner Schule entfernt, durch die Explosion einer Bombe ermordet wurde. Es gab einen unglaublich lauten Schlag, die Fensterscheiben in unserem Klassenzimmer bebten. Der Unterricht wurde unterbrochen. In meiner Erinnerung dauerte es nicht lange, bis alle Schüler nach Hause geschickt wurden. Vor dem nahe gelegenen Thermalbad war der Wagen Alfred Herrhausens durch eine Lichtschranke gefahren, was die Explosion einer Bombe ausgelöst hatte. Getarnt hatten die Täter die Lichtschranke durch eine Baustelle. Monatelang war niemandem aufgefallen, daß dort gar nicht gebaut wurde. Der dunkle Mercedes, der nach der Bombenexplosion quer auf der Straße stand, war mittags in allen Nachrichtensendungen zu sehen. Die Wucht der Explosion hatte ihn in die Mitte der Straße geschleudert und fast zerrissen. Mit Bildern des RAF-Terrors wie diesem ist meine Generation aufgewachsen. So präsent wie diese Bilder war die Frage nach dem Warum – warum mordeten die Terroristen?

Nach dem letzten Interview mit Johannes Weinrich blieb ich noch einen Tag in Berlin und besuchte in den »Kunstwerken« die in den Wochen und Monaten zuvor heftig diskutierte RAF-Ausstellung »Zur Vorstellung des Terrors«. Mit dem Gefühl, noch mehr wissen zu wollen, verließ ich Berlin – mehr wissen zu wollen über die Opfer. Die Frage nach ihnen ist im Gegensatz zu der nach den Tätern stets im Hintergrund geblieben. Weithin bekannt ist nur, daß die von der RAF Ermordeten aufgrund ihrer Positionen zu Zielen der Terroristen wurden. Das sagt nicht viel über die Opfer selbst und ihr Leben aus, sondern vor allem etwas über die Welt, in der die RAF agierte. Doch wer waren die Menschen wirklich, die zu Opfern der Terroristen wurden? Wie lebten sie? Wofür standen sie? Und wofür standen sie ein? Wie dachten sie über Politik, Gesellschaft, Demokratie, über die Bundesrepublik in der Nachkriegszeit? Hatte zum Beispiel Hanns Martin Schleyer Sympathien für das Aufbegehren der Studenten? Verstand er, der selbst Mitglied der NSDAP gewesen war, daß die Generation seiner Söhne Aufarbeitung verlangte? Verfolgten die Menschen, die später zu Opfern der RAF wurden, die Anfänge der terroristischen Gruppe, deren Wurzeln in der Studentenbewegung liegen? Waren die Opfer sich der Bedrohung bewußt? Hatten sie Angst vor der RAF? Der Besuch der Ausstellung verdichtete diese Fragen in mir, damals kam zum ersten Mal der Gedanke auf, über die andere Geschichte der RAF schreiben zu wollen. Dieser Idee folgten viele Anfragen und Gespräche mit Angehörigen von Opfern und Überlebenden des Terrors. Ich bat Familien um ein Interview, gegen deren Mitglieder sich der Terror der RAF gezielt gerichtet hatte. Auch Angehörige von Ermordeten, deren Auftrag der Schutz der Zielperson gewesen war oder die in ihrem Dienst gestanden hatten, fragte ich an. Nicht alle Familien stimmten dem Projekt zu. Da sie nicht an die Öffentlichkeit gehen wollten, möchte ich hier weder ihre Namen noch die Gründe für ihre Absagen nennen. Für das Vertrauen in dieses Buch danke ich Christa Baronin v. Mirbach, Clais Baron v. Mirbach, Claudia Hillegaart und Dr. Viveka Hillegaart, Corinna Ponto, Hanns-Eberhard Schleyer, Patrick von Braunmühl,

Gabriele von Lutzau und Jürgen Vietor. Dadurch, daß sich Überlebende des Terrors und Angehörige von Opfern hier – viele von ihnen zum ersten Mal – öffnen, entsteht ein Bild, das nicht die Täter, sondern die Opfer in den Mittelpunkt stellt. Das Porträt, welches die Angehörigen im Gespräch über das ermordete Familienmitglied zeichnen, vermittelt Einblick in beider Lebens- und Gefühlswelten. Gabriele von Lutzau und Jürgen Vietor, die 1977 zu den Entführten in der Lufthansa-Maschine »Landshut« gehörten, schildern ihr Erleben des Terrors, welche Spuren er hinterlassen hat und wie sie wieder in den Alltag zurückfanden. Die Angehörigen und die »Landshut«-Opfer sprechen auch darüber, wie sie über die Aufarbeitung und die Auseinandersetzung mit dem »Thema RAF« denken und was es bedeutet, Angehöriger eines RAF-Opfers oder Überlebender des Terrors zu sein – damals und heute.

Zur Geschichte der RAF

Durch die Rote Armee Fraktion (RAF) werden in den 28 Jahren ihres »bewaffneten Kampfs« 34 Menschen getötet: Norbert Schmid, Herbert Schoner, Heinz Eckhardt, Paul A. Bloomquist, Clyde R. Bonner, Ronald A. Woodward, Charles L. Peck, Andreas Baron v. Mirbach, Dr. Heinz Hillegaart, Fritz Sippel, Siegfried Buback, Wolfgang Göbel, Georg Wurster, Jürgen Ponto, Heinz Marcisz, Reinhold Brändle, Helmut Ulmer, Roland Pieler, Arie Kranenburg, Dr. Hanns Martin Schleyer, Hans-Wilhelm Hansen, Dionysius de Jong, Johannes Goemans, Edith Kletzhändler, Dr. Ernst Zimmermann, Edward Pimental, Becky Jo Bristol, Frank H. Scarton, Prof. Dr. Karl Heinz Beckurts, Eckhard Groppler, Dr. Gerold von Braunmühl, Dr. Alfred Herrhausen, Dr. Detlev Karsten Rohwedder und Michael Newrzella.

Die Terroristen ermorden Vertreter aus Politik, Wirtschaft und Finanzwelt, deren Fahrer sowie Polizisten, Personenschützer und Soldaten. Edith Kletzhändler etwa wird nach einem Banküberfall der RAF in Zürich zufällig zum Opfer. Zu dem Zeitpunkt ist aus dem, was als studentische Rebellion gegen überholte Universitätsstrukturen und den Vietnamkrieg begann, ein gnadenloser Kampf gegen die Bundesrepublik und ihre Institutionen geworden. Bedingungslos glauben die Mitglieder der RAF daran, die revolutionäre Avantgarde zu sein. Mit gewaltsamen Mitteln wollen sie die Verhältnisse im Land, ja der ganzen Welt verändern. Ihr Weg in den Terrorismus ist bedingt durch die Prägung in den Elternhäusern und das Erleben der gesellschaftlichen und politischen Verhältnisse in der Bundesrepublik der fünfziger und sechziger Jahre. Eine rasche Abfolge von Ereignissen ab Mitte der sechziger Jahre läßt in ihnen Schritt für Schritt die Überzeugung wachsen, den Staat bekämpfen zu müssen.

Am 2. Juni 1967 erschießt der Kriminalbeamte Karl-Heinz Kurras in Berlin den Studenten Benno Ohnesorg. Der 26jährige hatte zum ersten Mal in seinem Leben an einer Demonstration teilgenommen – gegen den persischen Schah Reza Pahlevi und dessen Besuch in der Bundesrepublik. Ohnesorg hatte friedlich demonstriert. Durch den tödlichen Schuß des Beamten, der später mit der unverständlichen Begründung freigesprochen wird, er habe in »putativer Notwehr gehandelt«, entsteht die Furcht vorm autoritären Polizeistaat. Der Tod Benno Ohnesorgs zieht auch zahlreiche bis dahin politisch nicht engagierte Studenten in den Kreis der Außerparlamentarischen Opposition. Demonstrationen und Protestkundgebungen sind von da an an der Tagesordnung.

Angefangen hat der Protest bereits zwei Jahre zuvor: An den Universitäten wird gegen verkrustete Strukturen aufbegehrt, Autoritätsverhältnisse werden in Frage gestellt. In Frankreich entsteht aus dem gleichen Grund eine Studentenbewegung. Protestiert wird auch in den USA, dort hat ab 1964 – ausgehend von der Universität Berkeley – die Kritik am Vietnamkrieg mehr und mehr zugenommen. Der Antikriegsprotest gegenüber den USA verbindet die Studentenbewegungen in Europa mit der amerikanischen. Das Gefühl wächst, Teil einer globalen Widerstandsbewegung zu sein. Auch in der Bundesrepublik gehen zahlreiche Demonstranten gegen den Krieg in Vietnam auf die Straße. Hier hat die Empörung einen besonderen Hintergrund: Deutschlands jüngste Vergangenheit, das Dritte Reich. Den Mitgliedern der Studentenbewegung ist es unbegreiflich: In ihren Augen sieht die Generation ihrer Eltern, die das Dritte Reich mit all seinen Grausamkeiten erlebt hat, erneut taten- und emotionslos zu, wie ein Völkermord begangen wird, dieses Mal in Vietnam. Den Eltern wird vorgeworfen, sie würden so tun, als hätte es die zwölf Jahre unter Hitler nicht gegeben – nur Konsum und Wirtschaftserfolg würde sie interessieren, statt Mißstände wahrzunehmen und dazu Position zu beziehen. Die Vorstellungen von Partizipation und erfolgreich gelebter Demokratie sind oft grundverschieden. In Musik, Film, Drogenkonsum und Mode schlägt sich der Wunsch der Jüngeren nach Abgrenzung nieder. Lange Haare sind wie Miniröcke nicht einfach nur Mode, sondern Ausdruck einer Lebenshaltung. Auch eine klare Absage an die Leistungsgesellschaft ist Teil des neuen Lebensgefühls. Fasziniert beschäftigen sich die Studenten mit dem Marxismus, diskutieren Sozialismus und Kommunismus, begeistern sich für Mao und die Black-Panther-Bewegung. Eine kritische Auseinandersetzung mit den Inhalten bleibt dabei nicht selten auf der Strecke. Das Bedürfnis nach Abgrenzung und Provokation überdeckt sie. Manche Umsturzphantasie der Studenten scheint legitimiert durch die Theorie der Väter der »Frankfurter Schule« – Theodor W. Adorno, Max Horkheimer und Herbert Marcuse.

Die »Last des Faschismus« in Deutschland ist zunächst der entscheidende Grund für die Eskalation der bis 1967 noch relativ unorganisierten Studentenbewegung und vor allem auch als Grund für die Entstehung der terroristischen Gruppen von 1970 an zu sehen. Die Studentenbewegung fordert von der Generation ihrer Eltern die Auseinandersetzung mit dem Nationalsozialismus und insbesondere der Frage nach persönlicher Verantwortung. Die verschwiegenen, oft ungesühnten Greuel des Dritten Reichs und die Tatsache, daß Karrieren in Politik, Wirtschaft oder Bildung nach dem Ende des Naziregimes teils ungebrochen fortliefen, empören die Mitglieder der Protestbewegung.

Schon ab 1961 hatte sich anläßlich des Eichmann-Prozesses in Israel die Diskussion über den Grad der Verstrickung der Elterngeneration in das nationalsozialistische System stetig verbreitert. Die »Banalität des Bösen« (Hannah Arendt) wird vielen der Jüngeren durch diesen Prozeß bewußt. 1963 beginnt in Frankfurt der Prozeß gegen Wärter des Vernichtungslagers Auschwitz. Es zeigt sich, daß die systematische Vernichtung von Millionen von Menschen in eine Alltagsnormalität eingebunden gewesen war. Fast zeitgleich wird die NPD gegründet, die 1966 in Hessen und in Bayern in die Landtage einzieht. Die Jüngeren, die sich in der Protestbewegung engagieren, sind entsetzt und empören sich lautstark. Verstärkt wird der Faschismusvorwurf auch durch die ab Mitte der sechziger Jahre beginnende Diskussion um die Notstandsgesetze. Das Gesetzesvorhaben kollidiert mit den demokratischen Überzeugungen von Studenten, Gewerkschaften und Kirchen, erinnert es doch an die verhängnisvolle Rolle, welche die Notverordnungen, Ausnahme- und Ermächtigungsgesetze zu Beginn des Dritten Reichs gespielt hatten. Umstrittenster – und den Protest auslösender – Punkt ist, daß die Bundeswehr durch den Erlaß der Notstandsgesetze künftig beim Ausbruch innerer Unruhen zur Bekämpfung »organisierter und militärisch bewaffneter

Aufständischer« eingesetzt werden können soll. Bis dahin ist der bewaffnete Einsatz der Bundeswehr nur im Fall des äußeren Notstands, im Kriegsfall, zulässig gewesen. All dies hat zur Folge: Autoritäten an Hochschulen, in der Politik und auch im Elternhaus werden nicht länger anerkannt. Der Verdacht, in einem Polizeistaat zu leben, der freie Meinungsäußerung und wahre Opposition nicht zuläßt, wächst – und schürt eine besondere Emotionalität. Politisches vermischt sich mit Privatem, Unfreiheiten im Elternhaus werden manches Mal gleichgesetzt mit dem Mangel an gelebter Demokratie. Der Staat und seine Institutionen haben in den Augen der Jüngeren alles Vertrauen verspielt. Und noch etwas verstärkt das Gemenge aus Emotionalität, Überreaktionen, die mitunter auf beiden Seiten stattfinden, und berechtigtem Einfordern der Mitglieder der Studentenbewegung nach Aufarbeitung und alle demokratischen Spielregeln anwenden zu dürfen: Im Fernsehen sind immer wieder Bilder von verbrannten und verstümmelten Leichen, darunter auch von Kindern, zu sehen. Der Vietnamkrieg fordert zahllose Opfer, auch unter der Zivilbevölkerung.

Drei Wochen vor dem Tod Benno Ohnesorgs am 2. Juni 1967 brennt in Brüssel das Kaufhaus »A l'Innovation«. Bei der Brandkatastrophe kommen etwa 300 Menschen ums Leben. Ob es sich um einen Unglücksfall oder einen gezielten Brandanschlag handelte, ist bis heute nicht eindeutig geklärt. Die Berliner Kommune I, eine Wohngemeinschaft, die sich unter anderem gegen kleinkarierte Vorstellungen von Sexualmoral und Geschlechterrolle gegründet hat, treibt mit dem Entsetzen Spott und verteilt ein Flugblatt mit der beunruhigenden Parole: »Wann brennen die Berliner Kaufhäuser?« Der provozierende Text soll die Teilnahmslosigkeit gegenüber dem Vietnamkrieg anprangern.

Er lautet: »Bisher krepierten die Amis in Vietnam für Berlin. Uns gefiel es nicht, daß diese armen Schweine ihr Coca-Cola-Blut im vietnamesischen Dschungel verspritzen mußten. Deshalb trottelten wir anfangs mit Schildern durch leere Straßen und warfen ab und zu Eier ans Amerikahaus (...) Unsere belgischen Freunde haben endlich den Dreh raus, die Bevölkerung am lustigen Treiben in Vietnam wirklich zu beteiligen: Sie zünden ein Kaufhaus an, dreihundert saturierte Bürger beenden ihr aufregendes Leben, und Brüssel wird Hanoi. (...) Wenn es irgendwo brennt in der nächsten Zeit, wenn irgendwo eine Kaserne in die Luft geht, wenn irgendwo in einem Stadion die Tribüne einstürzt, seid bitte nicht überrascht. Genausowenig wie beim Überschreiten der Demarkationslinie durch die Amis, der Bombardierung des Stadtzentrums von Hanoi, dem Einmarsch der Marine in China. Brüssel hat uns die einzige Antwort darauf gegeben: burn, ware-house, burn!«

Fritz Teufel, eines der Mitglieder der Kommune I, erklärt im Rahmen einer Delegiertenkonferenz des Sozialistischen Deutschen Studentenbunds (SDS): »Es ist immer noch besser, ein Warenhaus anzuzünden, als ein Warenhaus zu betreiben.« Die Berliner Staatsanwaltschaft erhebt Anklage gegen die sieben Kommunarden. Der Grund: Sie hätten mit ihrem Flugblatt gemeinschaftlich zur Begehung von Straftaten aufgefordert. Vor Gericht wird das Pamphlet schließlich jedoch als Satire gedeutet, und die Mitglieder der Kommune I werden am 22. März 1968 freigesprochen.

Brüssel inspiriert derweil auch andere Mitglieder der Protestbewegung. In seinem Tagebuch schreibt der Berliner Student Thorwald Proll: »Wann brennen die Berliner Kaufhäuser, die Hamburger Speicher (...) Wann röten sich die Münchner Oktoberwiesen.« In der Woche, in der Fritz Teufel und Rainer Langhans freigesprochen werden, statten Gudrun Ensslin und Andreas Baader der Kommune I einen Besuch ab. Sie sollen dort angedeutet haben, in absehbarer Zeit in westdeutschen Kaufhäusern Feuer legen zu wollen. Nur wenige Tage später, in der Nacht vom 2. auf den 3. April 1968, brennen die Kaufhäuser Schneider und Kaufhof in Frankfurt am Main. Die Schäden gehen in die Hunderttausende. Menschen kommen nicht zu Schaden, da die Brandsätze nachts zünden. Kurze Zeit nach der Tat werden Gudrun Ensslin, Andreas Baader, Thorwald Proll und Horst Söhnlein in Frankfurt nach einem anonymen Hinweis, der bei der Polizei eingeht, festgenommen.

Einige Tage später kommt es zu einem weiteren Ereignis, das die Wahrnehmung der Mitglieder der Studentenbewegung prägt, in der Bundesrepublik als kritische Opposition isoliert und verfolgt zu sein. Am 11. April begeht in Berlin der 24jährige Hilfsarbeiter Josef Bachmann, der erst wenige Stunden zuvor aus München angereist ist, ein Attentat auf den Soziologiestudenten und Sprecher des SDS, Rudi Dutschke. Dutschke steht mit seinem Fahrrad vor dem Berliner SDS-Zentrum am Kurfürstenplatz, als Bachmann auf ihn zukommt. Dreimal schießt er auf Dutschke, den er zuvor noch als »dreckiges Kommunistenschwein« beschimpft hat. Rudi Dutschke überlebt trotz schwerer Verletzung, wird aber Jahre später an den Spätfolgen des Attentats sterben. An Heiligabend 1979 ertrinkt er während eines epileptischen Anfalls in der Badewanne.

Das Attentat auf Rudi Dutschke löst die größten innenpolitischen Unruhen seit Bestehen der Bundesrepublik aus. Eine für den 11. April im Audimax der Technischen Universität Berlin geplante Veranstaltung wird zum ersten Forum des Protests. Als wahrer Täter wird der Springer-Verlag gesehen: Diskussionen, wie man auf das Attentat reagieren will, brechen unter den 2000 Teilnehmern los. Auch die *konkret*-Kolumnistin Ulrike Meinhof nimmt an der Zusammenkunft in der TU teil.

Zwischen dem 11. und 15. April gehen in Westberlin, Hamburg, Frankfurt am Main, München, Essen, Hannover, Esslingen und anderen Städten Zehntausende auf die Straße und versuchen die Auslieferung der Zeitungen des Springer-Verlags zu verhindern. In den Augen der Demonstranten hat der neonazistisch eingestellte Bachmann nur ausgeführt, was *Bild* und *BZ* in zahlreichen Artikeln und Zeichnungen suggeriert haben: die Hetze auf linksorientierte Studenten im allgemeinen und auf Rudi Dutschke im besonderen. Vor allem der *Bild*-Zeitung wird der Aufruf zum Attentat auf Rudi Dutschke angelastet: Noch am 7. Februar 1968 hatte die Zeitung unter der Überschrift »Stoppt den Terror der Jung-Roten jetzt!« und neben einem Foto von Rudi Dutschke folgenden Artikel veröffentlicht:

»Man darf über das, was zur Zeit geschieht, nicht einfach zur Tagesordnung übergehen. Und man darf auch nicht die ganze Drecksarbeit der Polizei und ihren Wasserwerfern überlassen. Schlafen unsere Richter? Schlafen unsere Politiker? (…) Unsere Jung-Roten sind inzwischen so rot, daß sie nur noch rot sehen, und das ist gemeingefährlich und in einem geteilten Land lebensgefährlich. Stoppt ihren Terror jetzt!«

Über 60 000 Demonstranten beteiligen sich über Ostern an den vier Tage andauernden Blockaden der Druckerei-Ausfahrten. Über 1000 Studenten werden festgenommen, 400 verletzt und zwei Mitglieder aus den Reihen der Protestierenden kommen ums Leben. Die oft blutigen Straßenschlachten beeinflussen die Sichtweise der Mitglieder der Außerparlamentarischen Opposition nachhaltig. Joschka Fischer etwa, damals Teil des Protestmilieus in Frankfurt am Main, erlebt, wie Demonstranten von berittenen Polizisten eingekesselt und zusammengeknüppelt werden. Später, als eine der dominierenden Figuren in der Frankfurter Szene, wird er die »Gestapo-artigen« Methoden der Polizei anprangern. Wolf Biermann dichtet nach dem Attentat auf Rudi Dutschke den Protestsong: »Die Kugel Nummer eins kam / Aus Springers Zeitungswald / Ihr habt dem Mann die Groschen / Auch noch dafür bezahlt / Ach Deutschland, deine Mörder!«

In dieser aufgeheizten Stimmung läßt das am 30. Mai 1968 beschlossene 17. Gesetz zur Ergänzung des Grundgesetzes – die Notstandsverfassung – die Kluft zwischen Studentenbewegung und Staat weiter wachsen. Anfang Mai waren 30000 Demonstranten nach Bonn gekommen und hatten versucht, die Notstandsgesetze im letzten Moment zu stoppen. Das zur gleichen Zeit ins Grundgesetz aufgenommene Widerstandsrecht beschwichtigt sie nicht. Auch viele Hochschulprofessoren und Intellektuelle engagieren sich im Protest gegen die Notstandsgesetze.

Am 14. Oktober 1968 beginnt in Frankfurt am Main vor der Vierten Großen Strafkammer des Landgerichts der Prozeß gegen Gudrun Ensslin, Andreas Baader, Thorwald Proll und Horst Söhnlein. Auf der Verteidigerbank sitzen neun Anwälte, darunter Otto Schily und Horst Mahler. Die vier Brandstifter sind sich indes darin einig, daß sie sich zur Anklage nicht äußern wollen – daß sich Verteidigung »gegen eine Klassenjustiz, in der die Rollen verteilt sind«, gar nicht erst lohne. Nicht nur Presse und Schaulustige kommen am ersten Prozeßtag, neben ihnen sind auch zahlreiche Mitglieder der Studentenbewegung präsent, um ihre Sympathien für die Brandstifter auszudrücken. Ulrike Meinhof kommentiert in *konkret*: »Das progressive Moment einer Warenhausbrandstiftung liegt nicht in der Vernichtung der Waren, es liegt in der Kriminalität der Tat.« Sie besucht Gudrun Ensslin noch während des Prozesses in der Haftanstalt Frankfurt-Preungesheim. Die Begegnung hinterläßt einen tiefen Eindruck bei Ulrike Meinhof.

Am dritten Verhandlungstag erklärt Gudrun Ensslin, die Tat im Kaufhaus Schneider sei Ausdruck des Protests gewesen »gegen die Gleichgültigkeit, mit der die Menschen dem Völkermord in Vietnam zusehen«. Es sei nicht ihre Absicht gewesen, Menschen zu gefährden, sie hätten nur Sachen beschädigen wollen. »Wir haben gelernt, daß Reden ohne Handeln Unrecht ist. (...)« Andreas Baader erklärt, er habe die Gefahr gesehen, daß die Außerparlamentarische Opposition vom System »gefressen und verdaut« werden könne, wenn man nicht zur »Aktion« überginge. Horst Mahler, Baaders Rechtsanwalt und dann ab 1970 selbst Mitglied der RAF, stellt Denken und Handeln seines Mandanten als einen Akt der Auflehnung dar – gegen eine Generation, die die Verbrechen des Nationalsozialismus tatenlos hingenommen habe. Horst Söhnlein und Thorwald Proll schweigen über ihre Tatmotive. Wer die Brandsätze im Kaufhof gelegt hat, kann während des Prozesses nicht eindeutig geklärt werden.

Am 31. Oktober 1968 wird das Urteil gegen die Brandstifter verkündet: jeweils drei Jahre Haft für alle Beteiligten wegen »versuchter menschengefährdender Brandstiftung« im Kaufhaus Schneider. Im Gerichtssaal sind vor allem Studenten, weitgehend Sympathisanten der Angeklagten, anwesend. Während der Urteilsverkündung werden Zwischenrufe laut und der Richter als »Faschist« beschimpft. Wegen der Unruhen werden die Angeklagten von der weiteren Urteilsverkündung ausgeschlossen. Zu Ensslins und Baaders Äußerungen über ihre Motive erklärt das Gericht:

»Die Vorstellung, vom Boden der Bundesrepublik aus mittels inländischen Terrors gegen inländische Rechtsgüter auf die Beendigung des Krieges in Vietnam einwirken zu können, ist unrealistisch. (…) Mangels wirksamer Effektivität ist schon um deswillen politischer Widerstand unrechtmäßig; gleichzeitig beschwört dieser Terror im eigenen Land eine Situation herauf, gegen die gerade die Angeklagten protestieren wollen. (…) Es wird (…) nicht verkannt, daß der Vietnamkrieg für sie zu einem Schlüsselerlebnis geworden ist, ein Erlebnis, das jeden human gesinnten Menschen berühren sollte.«

Das Urteil über drei Jahre Gefängnis wird damit begründet, daß »eine längere Freiheitsstrafe erforderlich sei, um die Angeklagten von weiteren Straftaten abzuschrecken und die Öffentlichkeit vor den Angeklagten zu sichern«. Schon während des Prozesses hatte Gudrun Ensslin eingeräumt, »die Aktion« sei ein Fehler und ein Irrtum gewesen, bekräftigt nach der Urteilsverkündung aber in einem Interview, es sei richtig gewesen, daß etwas getan wurde.

Das Strafmaß stößt in einigen Teilen der Öffentlichkeit auf Kritik, vor allem aus den Reihen der Sympathisanten wird Empörung laut. Die Schriftsteller Hans Hellmut Kirst, Luise Rinser und Jean Améry erklären in einem offenen Brief an das Frankfurter Oberlandesgericht, im historischen Rückblick habe sich oft gezeigt, »daß gerade jene Menschen, die der Gesellschaft ihrer Zeit gegenüber als Rebellen auftraten, diejenigen waren, welche die Geschichte vorantrieben, indem sie Mißstände aufzeigten und den Anstoß zu wichtigen Veränderungen gaben«.

Am 13. Juni 1969 werden die vier Brandstifter unter Auflagen aus der Haft entlassen – bis über die von den Anwälten eingelegte Revision entschieden worden ist. Gudrun

Ensslin und Andreas Baader leisten in den folgenden Monaten Sozialarbeit, sie kümmern sich um Heimzöglinge. Die Revision gegen das Brandstifterurteil lehnt der Bundesgerichtshof im November 1969 schließlich ab. Das Strafmaß von drei Jahren Gefängnis ist damit rechtskräftig. Gudrun Ensslin, Andreas Baader – beide hatten kurz zuvor ein Gnadengesuch eingereicht – und Thorwald Proll waren fest davon ausgegangen, nicht ins Gefängnis zurückzumüssen. Sie treten ihre Reststrafe nicht an und fliehen statt dessen nach Paris, wo sie sich in der Wohnung des französischen Schriftstellers Régis Debray versteckt halten. Aus Deutschland folgt ihnen Astrid Proll, die Schwester von Thorwald Proll. Sie reist mit Baader und Ensslin weiter nach Italien. Thorwald Proll ist noch in Paris aus der Gruppe ausgestiegen. Er stellt sich später, wie auch Horst Söhnlein, zum Strafantritt. Beide tauchen nie wieder im Zusammenhang mit Gudrun Ensslin und Andreas Baader auf.

Im September 1969 ist die sozialliberale Koalition mit dem neuen Bundeskanzler Willy Brandt als Sieger aus der Bundestagswahl hervorgegangen. Durch die Kanzlerschaft Brandts sehen sich viele der Jüngeren wieder repräsentiert. Die Studentenbewegung zerfällt, schon nach dem Abklingen der Unruhen nach dem Dutschke-Attentat waren viele in die Normalität des Universitätsbetriebs zurückgekehrt. Im Sinne ihrer politischen Ziele ist die Studentenbewegung gescheitert. Daniel Cohn-Bendit formuliert im Rückblick einen entscheidenden Vorwurf, dem sie sich stellen muß: Es sei ihr nicht gelungen, die von ihrer Ideologie her »antikommunistische« und »ihrer Praxis nach restaurative Politik« der Regierung während der ersten beiden Jahrzehnte der Bundesrepublik anzugreifen und gleichzeitig eine Opposition zum real existierenden Sozialismus der Sowjetunion, der DDR und der anderen kommunistischen Staaten zu formulieren. Rainer Langhans sagt heute, die linke Orientierung und somit der Versuch, Theorien für ein gerechtes, freies System zu finden, sei vor allem dadurch bedingt gewesen, daß ein »Gefäß für das große Unbehagen« angesichts der gesellschaftlichen Situation der Nachkriegszeit und der unaufgearbeiteten Nazigreuel gefunden werden sollte.

Trotz manch' berechtigter Kritik am Denken und Handeln der Studentenbewegung trägt letztere jedoch auch wesentlich zu einem positiven gesellschaftlichen Wandel und einem Wandel der politischen Kultur bei. Bis heute sind die Veränderungen spürbar: nicht zuletzt in der Entstehung und dem Erfolg der Partei der Grünen und damit einer erweiterten politischen Landschaft in der Bundesrepublik, dem Anwachsen der Ökologie- und der Frauenbewegung sowie in der Entstehung und dem erfolgreichen Engagement zahlreicher Bürgerinitiativen. Mit der Protestbewegung setzt sich in der bundesdeutschen Gesellschaft die Akzeptanz aller demokratischen Spielregeln durch. Demonstrationen und öffentliche Meinungskundgebungen sind zur Selbstverständlichkeit im politischen und gesellschaftlichen Miteinander geworden. Doch nicht alle, die in der Studentenbewegung engagiert waren oder sich in ihrer Peripherie bewegten, stehen dem Staat Ende der sechziger Jahre wieder versöhnlich gegenüber.

Im Februar 1970 lehnt der hessische Justizminister Karl Hemfler das Gnadengesuch der untergetauchten Brandstifter ab. Die Gesuchten erfahren davon aus dem Radio. Auf keinen Fall wollen sie zurück ins Gefängnis. Horst Mahler macht Ensslin und Baader den Vorschlag, nach Berlin zurückzukehren und sich am Aufbau einer militanten Gruppe zu beteiligen. Bevor sie Berlin erreichen, besucht Gudrun Ensslin in Begleitung von Andreas Baader ihre Eltern in Stuttgart. Ensslins Vater bittet die beiden inständig, die Reststrafe zu verbüßen. Ein Ratschlag, auf den sie nicht eingehen. »Wir gehen nicht in den Knast,« erklärt Gudrun Ensslin, »wir gehen nach Berlin, tauchen dort unter und wollen mal weitersehen.«

Die RAF entsteht im Frühsommer 1970. Im April nehmen Polizisten Andreas Baader in Berlin während einer Führerscheinkontrolle fest. Wenige Wochen später, am 14. Mai, wird er befreit. Ulrike Meinhof hatte den Verleger Klaus Wagenbach des gleichnamigen Berliner Verlags dazu gebracht, einen Brief an die Gefängnisleitung von Tegel zu schicken, wo Andreas Baader einsitzt. In dem Brief erklärt Wagenbach, daß Baader als Koautor zusammen mit Ulrike Meinhof für eine Arbeit über die »Organisation randständiger Jugendlicher« unbedingt Zeitschriften einsehen müsse. Der Freigang, um sich mit Ulrike Meinhof im Lesesaal des FU-Instituts für Soziale Fragen zu treffen, wird genehmigt. Gudrun Ensslin, Ingrid Schubert, Irene Goergens und ein Mann sind an der Aktion beteiligt, um Andreas Baader aus staatlichem Gewahrsam zu befreien. Dabei wird der Institutsangestellte Georg Linke durch einen Lebersteckschuß schwer verletzt. Ulrike Meinhof, die bisher eher am Rande stand, wird nach der Befreiungsaktion plötzlich auf jeder Litfaßsäule für eine Belohnung von 10 000 Deutsche Mark wegen Mordversuchs gesucht. Von da an geht alles ganz schnell.

Via Tonband versucht Ulrike Meinhof die Tat zu rechtfertigen und den Aufbau einer »Roten Armee« zu begründen. *Der Spiegel* veröffentlicht Auszüge von der Aufnahme. Ulrike Meinhofs Begründung für den Einsatz von Gewalt lautet: »Wir sagen natürlich, die Bullen sind Schweine, wir sagen, der Typ in Uniform ist ein Schwein, das ist kein Mensch, und so haben wir uns mit ihm auseinanderzusetzen. Das heißt, wir haben nicht mit ihm zu reden, und es ist falsch, überhaupt mit diesen Leuten zu reden, und natürlich kann geschossen werden.«

Mit der Idee vom Aufbau der »Roten Armee« meldet sich die damals häufig noch »Baader-Mahler-Meinhof-Gruppe«, »Baader-Meinhof-Bande« oder »Baader-Bande« genannte Gruppe um Gudrun Ensslin, Ulrike Meinhof und Andreas Baader im Juni 1970 auch in der anarchistischen Zeitschrift *Agit 883* zu Wort:

»Um die Konflikte auf die Spitze treiben zu können, bauen wir die Rote Armee auf. Ohne gleichzeitig die Rote Armee aufzubauen, verkommt jeder Konflikt, jede politische Arbeit im Betrieb (...) zu Reformismus, d.h.: Ihr setzt nur bessere Disziplinierungsmittel durch, bessere Einschüchterungsmethoden, bessere Ausbeutungsmethoden. Das macht das Volk nur kaputt, das macht nicht kaputt, was das Volk kaputtmacht! Ohne die Rote Armee aufzubauen, können die Schweine alles machen, können die Schweine weitermachen: einsperren, entlassen, pfänden, Kinder stehlen, einschüchtern, schießen, herrschen. Die Konflikte auf die Spitze treiben heißt: Daß die nicht mehr können, was sie wollen, sondern machen müssen, was wir wollen. Denen habt ihr's klarzumachen, die von der Ausbeutung der Dritten Welt, vom persischen Öl, Boliviens Bananen (...) nichts abkriegen, die keinen Grund haben, sich mit den Ausbeutern zu identifizieren. Die können das kapieren, daß das, was hier jetzt losgeht, in Vietnam, Palästina (...) in Kuba und China (...) schon losgegangen ist. Die kapieren das, wenn ihr's ihnen erklärt, daß die Baader-Befreiungs-Aktion keine vereinzelte Aktion ist, nie war, nur die erste dieser Art in der BRD ist.«

Diese Erklärung beinhaltet, was sich auch in späteren Verlautbarungen der RAF immer wieder finden wird: die Überzeugung von der eigenen moralischen Überlegenheit, die Vorwürfe des Imperialismus und Faschismus gegenüber der Bundesrepublik, die Entmenschlichung des Gegners, das Nicht-Warten-Können und der gnadenlose Rigorismus der Gruppe. Die behauptete Logik der RAF ist von Anfang an starr. Die eingeengte Sichtweise der Terroristen wird in den folgenden Jahren durch die staatlich legitimierte Erweiterung von Fahndungsmaßnahmen, Haftbedingungen und Prozesse gegen die Terroristen noch verstärkt: Ihre Opfer sehen die RAF-Mitglieder als »Charaktermasken«, als Vertreter des »Schweinesystems« – sie setzen auf das revolutionäre Bewußtsein derer, die »keinen Grund haben, sich mit den Ausbeutern zu identifizieren«. Doch die Terroristen fragen nie nach, ob die Menschen, für die sie angeblich kämpfen, das überhaupt wollen.

Am 8. Juni 1970 reist die Gruppe nach Jordanien, um in einem Lager der Al-Fatah ein militärisches Training zu absolvieren. Nach ihrer Rückkehr in die Bundesrepublik einige Wochen später beginnt sie mit der Schaffung der logistischen Voraussetzungen für den »bewaffneten Kampf«. Das Leben im Untergrund wird organisiert: Autos werden gestohlen, Ausweise gefälscht, Banken ausgeraubt und unter falschem Namen Wohnungen angemietet. Die Gruppe wechselt häufig ihre Aufenthaltsorte, um nicht entdeckt zu werden. Oft findet sie Unterstützung und Unterschlupf bei Mitgliedern der zahlreichen linken Splittergruppen, die Anfang der siebziger Jahre aus der zerfallenden Studentenbewegung hervorgegangen sind.

Zur ersten Generation der RAF gehören unter anderem Andreas Baader, Gudrun Ensslin, Holger Meins, Ulrike Meinhof, Astrid Proll, Petra Schelm, Gerhard Müller, Irene Goergens, Ingrid Schubert und Jan-Carl Raspe. Als Anleitung für das Leben im Untergrund dient der RAF das *Minihandbuch der Stadtguerilla* von Carlos Marighella. Die Gruppe hat ihre Existenz definiert. Sie versteht sich wie die terroristischen Gruppen Rote Brigaden in Italien oder die französische Action directe als Teil eines sozialrevolutionären Guerillakampfs, der die Massen mobilisieren soll. Ein Ziel, das die RAF nie erreichen wird. Im Gegenteil, die Mehrheit der deutschen Bevölkerung lehnt die Gruppe und ihre Vorgehensweise ab. Nur Teile der linken und liberalen Intelligenz verurteilen die RAF nicht von Anfang an. Sie sind der Auffassung, der Staat habe die Studentenbewegung unterdrückt – und damit die gewaltsame Gegenwehr in Form der terroristischen Gruppen, die sich von 1970 an bilden, selbst geschaffen.

Der Name »Rote Armee Fraktion« taucht erstmals 1971 in einem Artikel über die politische Strategie der Gruppe auf. Ulrike Meinhof hat ihn verfaßt. Auch das Logo der RAF – die drei Buchstaben über einer Maschinenpistole und einem Stern – erscheint hier zum ersten Mal. Mit der Namenswahl macht die Gruppe ihren Anspruch deutlich, Teil einer internationalen Weltbürgerkriegsarmee zu sein. Sie glaubt daran, bedingungslos.

In der Illegalität wird wenig geredet, sondern vor allem gehandelt. Die Kontakte zur legalen Linken werden immer weniger. Der Bezug zur Realität verliert sich ebenfalls. Die Gruppe lebt mehr und mehr in ihrer Welt. Isoliert. Alfred Klaus, jener Beamte des Bundeskriminalamts, der von 1971 an beim BKA die »Sonderkommission Terrorismus« übernimmt und als erster versucht, Täterprofile von den RAF-Mitgliedern zu erstellen, sagt über die Anfänge des Terrorismus der RAF: »Im Untergrund lebte die Gruppe in der ständigen Angst, entdeckt zu werden. Die Pistole hatten die Mitglieder immer im Gürtel stecken, bereit dazu, bei der Begegnung mit der Polizei sofort zu schießen. Darauf war die Polizei wiederum am Anfang gar nicht vorbereitet, und daraus ergab sich diese Konstellation: Wer zuerst schießt, überlebt!« 1977 ist Alfred Klaus während der Entführung von Hanns Martin Schleyer in Stammheim für die Kommunikation zwischen den inhaftierten RAF-Mitgliedern und dem BKA zuständig.

Zu den ersten Opfern der RAF gehört der 32jährige Hamburger Polizeimeister Norbert Schmid. Er wird in der Nacht vom 22. Oktober 1971 bei der versuchten Festnahme eines weiblichen RAF-Mitglieds aus nächster Nähe von einer hinzueilenden Person erschossen. Bei der Frau soll es sich um Ulrike Meinhof gehandelt haben.

Einen ersten Höhepunkt erreicht der deutsche Terrorismus im Jahr 1972: Innerhalb von zwei Wochen explodieren Bomben in US-Armee-Quartieren in Frankfurt am Main und in Heidelberg, im Polizeipräsidium in Augsburg, auf dem Gelände des Landeskriminalamts München und im Hamburger Springer-Hochhaus.

Das »Kommando Petra Schelm« bekennt sich zu dem am 11. Mai 1972 auf das V. US-Korps verübten Sprengstoffanschlag in Frankfurt am Main. Die Berliner Friseurin hatte sich 1970 der RAF angeschlossen und war ein Jahr später bei einer Razzia in Hamburg erschossen worden. Ihre Legitimation für den Anschlag sieht die RAF in den US-amerikanischen »Verbrechen« an der vietnamesischen Zivilbevölkerung – sie habe als Reaktion auf den fortdauernden Krieg beschlossen, Anschläge auf US-amerikanische Ziele zu verüben. Im Bekennerschreiben des »Kommando Petra Schelm« heißt es: »Für die Ausrottungsstrategen von Vietnam sollen Westdeutschland und Westberlin kein sicheres Hinterland mehr sein. Sie müssen wissen, daß ihre Verbrechen am vietnamesischen Volk ihnen neue, erbitterte Feinde geschaffen haben, daß es für sie keinen Platz mehr geben wird in der Welt, an dem sie vor den Angriffen revolutionärer Guerilla-Einheiten sicher sein können.« Drei Rohrbomben zerstören bei dem Anschlag in Frankfurt das Eingangsportal sowie das Offizierskasino. Es gibt 13 Verletzte, der Oberstleutnant Paul A. Bloomquist stirbt an einem Splitter im Hals.

Am 12. Mai 1972 detonieren zwei Rohrbomben in der Polizeidirektion Augsburg. Nur wenige Stunden später explodiert auf dem Parkplatz des Landeskriminalamts in München ein mit Sprengstoff beladener Wagen. Auch hier gibt es Verletzte – ebenso wie bei der Explosion mehrerer Bomben im Hamburger Springer-Hochhaus. Vor allem Arbeiter werden dort verletzt.

Auf den gegen die RAF ermittelnden Richter am Bundesgerichtshof Wolfgang Buddenberg wird ebenfalls ein Anschlag verübt. Am 16. Mai 1972 explodiert in seinem Wagen ein Sprengsatz. Am Steuer sitzt jedoch nicht er, sondern seine Frau. Sie überlebt.

Bei dem Anschlag auf das Europa-Hauptquartier der US-Armee am 24. Mai 1972 in Heidelberg werden die US-Soldaten Clyde R. Bonner, Ronald A. Woodward und Charles L. Peck ermordet. Weitere Soldaten werden verletzt. Die Öffentlichkeit reagiert auf die Anschlagsserie nicht mit der von der RAF erhofften »Politisierung«, sondern mit Ablehnung und Abscheu.

Im Juni 1972 werden die führenden Köpfe der RAF festgenommen. Am 1. Juni faßt die Polizei in Frankfurt am Main Andreas Baader, Jan-Carl Raspe und Holger Meins und sechs Tage später in Hamburg Gudrun Ensslin. Ulrike Meinhof wird am 15. Juni in Hannover verhaftet. Die RAF verändert die Bundesrepublik: Ihr Terror zieht vom Bundestag beschlossene gesetzliche Einschränkungen von Verteidigerrechten, die Einführung neuer Straftatbestände und Änderungen der Strafprozeßordnung nach sich. Die Taten der RAF, der Bewegung 2. Juni und der Revolutionären Zellen, zweier weiterer terroristischer Gruppen, die sich in der Bundesrepublik bilden, sind in den siebziger Jahren der Auslöser für Schritt für Schritt verschärfte Sicherheitsgesetze – auf Kosten der Freiheit.

Die Kluft zwischen dem Staat auf der einen und der RAF und ihren Sympathisanten auf der anderen Seite vergrößert sich immer mehr. Die »Solidarität mit den Genossen« drückt sich vor allem in der Gründung von Organisationen wie der Roten Hilfe und Folterkomitees aus, die zur Unterstützung der inhaftierten RAF-Mitglieder ein bundesweites Netz in verschiedenen Groß- und Kleinstädten aufbauen. Für die Sympathisanten bestätigt insbesondere der Gefängnisneubau in Stuttgart-Stammheim den Verdacht menschenverachtender Haftbedingungen. Die RAF bekommt durch die Diskussion um die Haftbedingungen eine Bedeutung, die sie bis dahin nie hatte.

Der Besuch des französischen Philosophen Jean-Paul Sartre bringt den inhaftierten RAF-Mitgliedern ebenfalls politischen Bedeutungszugewinn. Am 4. Dezember 1974 trifft er Andreas Baader im Gefängnis. Daniel Cohn-Bendit, damals in der Frankfurter Sponti-Szene und der Betriebsprojektgruppe Revolutionärer Kampf engagiert, der auch Joschka Fischer angehört, hat maßgeblichen Einfluß auf das Zustandekommen des Treffens genommen. Cohn-Bendit ist zunächst als Dolmetscher vorgeschlagen, wird dann jedoch von der Leitung der JVA abgelehnt. Er muß während des Gesprächs vor dem Gefängnis warten.

Am 9. November 1974 stirbt das RAF-Mitglied Holger Meins nach fast zwei Monaten Hungerstreik trotz Zwangsernährung in der Justizvollzugsanstalt Wittlich. Sein Tod zieht im Sympathisantenfeld der RAF eine Radikalisierung nach sich – und quer durch die politischen Splittergruppen, die aus der Studentenbewegung hervorgegangen sind, wird über die Legitimität von »Gewalt gegen Sachen« und »Gewalt gegen Personen« diskutiert. Von der Notwendigkeit und Legitimität »revolutionärer Gegengewalt« ist die Rede. In vielen Städten der Bundesrepublik und des westeuropäischen Auslands kommt es zu Demonstrationen und Protestkundgebungen. Nicht nur RAF-Sympathisanten gehen damals davon aus, Meins sei ermordet worden. Bei manchen wächst die Überzeugung, gegen den Staat »zurückschlagen« zu müssen. Vor allem ein Foto trägt zu dieser Wahrnehmung bei: Holger Meins' Anwalt Klaus Croissant hat das Obduktionsfoto des Toten herausgeschmuggelt. 39 Kilo wog der Inhaftierte zuletzt. Der Terrorist Hans-Joachim Klein, Mitglied der Revolutionären Zellen, wird das Bild fortan bei sich tragen, um den Haß auf den Staat nicht abflauen zu lassen. Er ist nicht der einzige, der so empfindet. Die Haftbedingungen und Hungerstreiks von Mitgliedern der RAF und der Bewegung 2. Juni, der Vietnamkrieg, die unbewältigte Nazivergangenheit, Militärdiktaturen in Südeuropa, der Putsch in Chile – all dies festigt unter den Terroristen im Untergrund und unter ihren Sympathisanten weiter die Überzeugung, in einer Welt der »Repression« zu leben.

Einen Tag nach dem Tod von Holger Meins wird der Berliner Kammergerichtspräsident Günter von Drenkmann ermordet. Aus Stammheim lautet der Kommentar der inhaftierten RAF-Mitglieder zu dem Mord: »Wir weinen dem toten Drenkmann keine Träne nach. Wir freuen uns über eine solche Hinrichtung. Diese Aktion war notwendig, weil sie jedem Justiz- und Bullenschwein klargemacht hat, daß auch er – und zwar heute schon – zur Verantwortung gezogen werden kann.« Der Mord sorgt in der Öffentlichkeit für große Betroffenheit – auch in Teilen des linken Milieus löst er Abscheu und Entsetzen aus. Von Drenkmann war Zivilrichter, nie Strafrichter gewesen.

Wenige Tage vor der Wahl zum Berliner Abgeordnetenhaus entführt die Bewegung 2. Juni am 27. Februar 1975 den Vorsitzenden der Berliner CDU, Peter Lorenz. Der Politiker wird fünf Tage lang in einem Kellerraum in Berlin-Kreuzberg gefangengehalten. Die Bewegung 2. Juni fordert die Freilassung von sechs in deutschen Gefängnissen inhaftierten »Genossen«. Die Regierung Schmidt geht auf die Forderung ein und läßt die Terroristen Verena Becker, Gabriele Kröcher-Tiedemann, Rolf Pohle, Rolf Heißler und Ingrid Siepmann nach Aden im Süd-Jemen ausfliegen. Horst Mahler, inzwischen Mitglied der RAF und seit Oktober 1970 in Haft, hat einen Austausch abgelehnt. Die Spirale der Gewalt dreht sich weiter. Denn in der zweiten Generation der RAF, die während der ersten Hälfte der siebziger Jahre nachgerückt ist, hat sich die Überzeugung gefestigt, ihre inhaftierten »Genossen« befreien zu müssen. Das wird in den folgenden Jahren Hauptziel des Terrorismus der RAF sein. Kontakt zu den Inhaftierten besteht über ein Informationssystem, das ihre Rechtsanwälte zum Teil mittragen.

Um die Mitglieder im Gefängnis freizupressen, nimmt das RAF-»Kommando Holger Meins« am 24. April 1975 elf Geiseln in der deutschen Botschaft in Stockholm. Es verlangt von der Bundesrepublik die Freilassung von 26 inhaftierten Terroristen, darunter Gudrun Ensslin, Ulrike Meinhof und Andreas Baader. Die Geiselnehmer ermorden den Verteidigungsattaché Andreas Baron v. Mirbach, um die schwedische Polizei zum Rückzug aus den unteren Etagen des Botschaftsgebäudes zu zwingen. Einige Stunden später erschießen die Terroristen den Botschaftsrat für Wirtschaft Dr. Heinz Hillegaart. Ihre Forderungen hatte die Bundesregierung zuvor abgelehnt. Nur wenige Minuten vor Mitternacht – die schwedische Polizei hat sich auf die Stürmung der Botschaft vorbereitet – explodiert der von den Terroristen installierte Sprengstoff. Das RAF-Mitglied Ulrich Wessel stirbt bei der Explosion, die übrigen Mitglieder des »Kommando Holger Meins« werden festgenommen, als sie und die Geiseln aus dem brennenden Botschaftsgebäude fliehen.

Am 9. Mai 1976 erhängt sich Ulrike Meinhof in ihrer Zelle. Danach kulminieren die Ereignisse im Jahre 1977. Am 7. April – es ist Gründonnerstag – ermorden zwei Mitglieder der RAF in Karlsruhe Generalbundesanwalt Siegfried Buback, seinen Chauffeur Wolfgang Göbel sowie den Chef der Fahrbereitschaft der Bundesanwaltschaft Georg Wurster. Der Tathergang: Als der Dienstwagen Siegfried Bubacks an einer roten Ampel hält, feuern zwei Mitglieder der RAF von einem Motorrad aus mit Maschinenpistolen in das Auto. Das RAF-»Kommando Ulrike Meinhof« bekennt sich zu den Morden. Von »klammheimlicher Freude« über das Attentat ist in dem von einem Studenten aus Göttingen verfaßten »Buback-Nachruf« die Rede. Er erscheint in einer Göttinger AStA-Studentenzeitung. Der Schreiber nennt sich »Mescalero«. 44 Hochschullehrer und vier Anwälte verbreiten den »Mescalero«-Artikel mit der Begründung, einen

Denkprozeß über die Gewaltverhältnisse in der Gesellschaft in Gang bringen zu wollen. Beigelegt ist dem Text ein Artikel von Rosa Luxemburg über die Ermordung des zaristischen Generalgouverneurs.

Eine aufgeregte gesellschaftliche Diskussion über die geistigen Wegbereiter des Terrorismus und der Solidarität aus dem universitären Umfeld mit den Terroristen entzündet sich. Das öffentliche Klima scheint das Selbstbewußtsein der inhaftierten RAF-Mitglieder zu heben: Sie verlangen eine gerichtliche Anerkennung als kämpfende Gruppe im Sinne des Völkerrechts, die Zuerkennung des Status von Kriegsgefangenen nach der Haager Landkriegsordnung und plädieren auf Legalisierung ihrer Anschläge als völkerrechtlich zulässig gegen den »Aggressor USA«.

Eine Serie von Terroranschlägen folgt kurz nach dem Attentat auf Siegfried Buback. Horst Herold, der damalige Präsident des Bundeskriminalamts, wird später über sie sagen, sie hätten »in ihrer Intensität und raschen Folge alles bisher Dagewesene in den Schatten gestellt«.

Am 30. Juli 1977 versucht ein Kommando der RAF Jürgen Ponto, den Vorstandsvorsitzenden der Dresdner Bank, zu entführen. Er setzt sich zur Wehr und wird dabei erschossen. Dem RAF-Kommando gehören Christian Klar, Brigitte Mohnhaupt und Susanne Albrecht an. Es ist die Perfektion der Heimtücke: Albrecht ist die Tochter eines alten Schulfreundes von Jürgen Ponto. Daß sie Mitglied der RAF ist, ahnt er nicht. So können sich die Terroristen unverdächtig Zutritt zum Hause Ponto verschaffen. Sie setzen nach der Ermordung des Vorstandsvorsitzenden und ihrem damit verfehlten Ziel seiner Entführung weiter alles daran, die inhaftierten RAF-Mitglieder aus dem Gefängnis freizupressen.

Im August 1977 schlägt zunächst ein Anschlag auf das

Gebäude der Bundesanwaltschaft in Karlsruhe fehl. Das RAF-Mitglied Peter-Jürgen Boock hatte dafür einen Raketenwerfer entwickelt. Später wird Boock angeben, während des Aufbaus des Raketenwerfers seien ihm Zweifel an der Aktion gekommen, weswegen er den Anschlag sabotiert habe. Die Gruppe macht weiter.

Am 5. September wird der Arbeitgeberpräsident, Präsident des Bundesverbandes der Deutschen Industrie (BDI) und Vorstandsmitglied von Daimler-Benz, Hanns Martin Schleyer, entführt. Im Austausch gegen ihn verlangt das »Kommando Siegfried Hausner« die Freilassung der inhaftierten RAF-Mitglieder Andreas Baader, Gudrun Ensslin, Jan-Carl Raspe, Verena Becker, Werner Hoppe, Karl-Heinz Dellwo, Hanna Krabbe, Bernhard Rössner, Ingrid Schubert, Irmgard Möller und Günter Sonnenberg. Die Bundesregierung spielt in den Verhandlungen mit den Entführern auf Zeit und hofft, daß in der Zwischenzeit das Versteck Hanns Martin Schleyers entdeckt und die Geisel befreit werden kann. Die Ereignisse eskalieren schließlich und zwingen die Regierung Schmidt zum Handeln, als ein vierköpfiges arabisches Entführerkommando zur Unterstützung der Forderungen des »Kommando Siegfried Hausner« am 13. Oktober 1977 das Lufthansa-Passagierflugzeug »Landshut« auf dem Weg von Mallorca nach Frankfurt am Main entführt. In Aden erschießt der Anführer der Terroristen den Flugkapitän Jürgen Schumann. Die Flugzeugentführung endet schließlich am 18. Oktober 1977 in Mogadischu. Es gelingt Beamten der GSG 9 mit Unterstützung des britischen SAS (Special Air Service), die Geiseln an Bord lebend zu befreien. Bis auf ein Mitglied des Entführerkommandos werden die Terroristen während der Flugzeugstürmung erschossen. Die RAF-Mitglieder Andreas Baader, Gudrun Ensslin und Jan-Carl Raspe begehen nach Bekanntwerden der Nachricht von der Geiselbefreiung noch in derselben Nacht Selbstmord. Im Umfeld der RAF verbreitet sich die These von einer staatlichen Hinrichtung. Am Abend des 19. Oktober 1977 wird die Leiche des erschossenen Hanns Martin Schleyer im französischen Mülhausen im Kofferraum eines Autos gefunden.

Das RAF-Grundsatzpapier »Guerilla, Widerstand und antiimperialistische Front« leitet zu Beginn der achtziger Jahre eine neue Phase des Terrors ein. Eine neue, dritte Generation hat sich gebildet. Die meisten Mitglieder der zweiten Generation sind mittlerweile in Haft. Fortan soll sich der behauptete Befreiungskampf der RAF »gegen den Imperialismus in Europa« richten. Ziel der Terroristen ist die Bildung einer antiimperialistischen Front – grenzüberschreitend in ganz Europa. Horst Herold nennt dies im Rückblick die »brutalste Phase« der RAF.

Ein erster Anschlag mißlingt: Der Zeitzünder einer Bombe, die 1984 kurz vor Weihnachten auf dem Gelände der NATO-Schule in Oberammergau detonieren soll, versagt wegen eines Schaltfehlers. Der verwendete Sprengstoff war einige Monate zuvor in Belgien gestohlen und Teile davon schon bei einem Anschlag französischer Terroristen der Action directe verwendet worden. Die RAF hat eine Allianz mit der terroristischen Gruppe aus Frankreich geschmiedet.

Am 1. Februar 1985 ermordet die RAF Dr. Ernst Zimmermann, den Vorstandsvorsitzenden der Motoren- und Turbinen-Union (MTU). Morgens klingelt eine Briefbotin am Gartentor der Zimmermanns in Gauting nahe München. Der Frau von Ernst Zimmermann sagt die Botin, ihr Mann müsse den Empfang des Briefs mit seiner Unterschrift bestätigen. Als Ingrid Zimmermann die Frau ins Haus läßt, taucht plötzlich ein Mann mit Maschinenpistole auf und bedroht das Ehepaar. Getrennt voneinander werden Ernst und Ingrid Zimmermann gefesselt. Ernst Zimmermann wird von dem bewaffneten Eindringling und der vermeintlichen Briefbotin ins Schlafzimmer geführt und dort durch einen Kopfschuß getötet.

Ein Anschlag auf die US-Airbase in Frankfurt am Main am 8. August 1985 fordert zwei Tote und elf Verletzte. Morgens gegen halb acht explodiert auf dem Gelände der Airbase eine Autobombe. Der US-Soldat Frank H. Scarton und die zivile Angestellte Becky Jo Bristol werden getötet. Neben Toten und Verletzten verursacht die Explosion der Bombe einen Sachschaden von rund einer Million Deutsche Mark. Den präparierten Wagen hatten die Terroristen ungehindert auf dem Flugplatz abstellen können: In Wiesbaden hatten sie zuvor den 20jährigen US-Soldaten Edward Pimental erschossen, um in den Besitz seines Ausweises zu gelangen und so leicht Zugang zum Gelände der US-Airbase zu erhalten. RAF und Action directe bekennen sich in einer gemeinsamen Erklärung zu der Tat.

Der kaltblütige Mord an Edward Pimental stößt auch in weiten Teilen der RAF-Sympathisantenszene auf heftige Kritik. Drei Wochen später versucht die Gruppe, ihre Tat in einem Brief zu rechtfertigen, der bei der *Frankfurter Rundschau* eingeht: »Wir haben Edward Pimental erschossen, den Spezialisten für Flugabwehr, Freiwilliger bei der US-Army und seit drei Monaten in der BRD, der seinen früheren Job an den Nagel gehängt hat, weil er schneller und lokkerer Kohle machen wollte, weil wir seine ID-Card gebraucht haben, um auf die Airbase zu fahren. (…) Nach Vietnam, Libanon, Grenada und der offiziellen Einführung der Air-Land-Battle-Doktrin, der Offensivstrategie für Blitzkriege in der Dritten Welt und Angriffe gegen die sozialistischen Staaten im Osten, muß jeder GI begreifen, daß er dafür bezahlt wird, Krieg zu führen, d.h. alle müssen begreifen, daß Krieg ist, und sich entscheiden (...) Die militärischen Basen, Einrichtungen, Kommandostellen der US-Streitkräfte, der NATO sind Kriegsgebiet.« Die Kritik – auch aus dem Sympathisantenfeld – reißt auch nach diesem Schreiben nicht ab. Einige Monate später räumt die RAF in einem neuen Brief ein, die Ermordung Edward Pimentals sei ein strategischer Fehler gewesen – in »allen Angehörigen der US-Streitkräfte an jedem Ort und zu jeder Zeit« werden aber weiterhin »militärische Angriffsziele« gesehen.

Die RAF mordet weiter: Am 9. Juli 1986 wird Karl Heinz Beckurts, Vorstandsmitglied der Siemens AG, in Straßlach nahe München in seinem Wagen gemeinsam mit seinem Fahrer Eckhard Groppler durch eine ferngesteuerte Bombe getötet. Karl Heinz Beckurts galt als einer der bedeutendsten Industriemanager und Atomphysiker seiner Zeit.

Am 10. Oktober 1986 wird Gerold von Braunmühl, Politischer Direktor im Auswärtigen Amt in Bonn, von zwei vermummten Personen vor seinem Haus erschossen. Das RAF-»Kommando Ingrid Schubert« bekennt sich zu dem Attentat und begründet den Mord unter anderem damit, Gerold von Braunmühl sei »Vertreter des militärisch-industriellen Komplexes« gewesen.

Am 9. November 1989 fällt die Mauer. In den folgenden Jahren zeigt sich, wie weitreichend das Unterstützernetzwerk der Staatssicherheit der Deutschen Demokratischen Republik für die terroristischen Gruppen Westdeutschlands griff. Bis heute ist dieser Teil deutsch-deutscher Geschichte noch im Prozeß der Aufarbeitung – ebenso wie die Frage, wie weit die Teilhaberschaft des sowjetischen Geheimdiensts, Komitee für Staatssicherheit (KGB), an dieser

Unterstützung reichte. Als sicher gilt durch den Bericht des KGB-Überläufers Wassili Mitrochin die sowjetische Unterstützung der palästinensischen Terroristengruppe Wadi Haddads, die wiederum eng mit den westdeutschen Terroristengruppen vernetzt war.

Drei Wochen nach dem Mauerfall, am 30. November 1989, ermordet die RAF Alfred Herrhausen, den Vorstandsvorsitzenden der Deutschen Bank. Herrhausens Wagen fährt morgens auf dem Weg von Bad Homburg nach Frankfurt am Main durch eine Lichtschranke, wodurch die Explosion einer Bombe ausgelöst wird. Eine Hauptschlagader Herrhausens wird zerfetzt, er verblutet noch am Tatort. Zu dem Mord bekennt sich das RAF-»Kommando Wolfgang Beer«.

Zum letzten Opfer eines Mordanschlags der Terroristen wird am 1. April 1991 der Vorsitzende der Treuhandanstalt, Detlev Karsten Rohwedder. Durch die Fensterscheibe seines Arbeitszimmers im ersten Stock des Hauses wird er erschossen. Panzerglas schützt nur die Räume im Erdgeschoß. Eine zweite Kugel trifft die Ehefrau, Hergard Rohwedder, die ins Zimmer stürzt, nachdem sie den ersten Schuß gehört hat. Sie wird am Arm verletzt.

Nach den Morden an Alfred Herrhausen und Detlev Karsten Rohwedder kommt in den folgenden Jahren die These auf, nicht die RAF habe die Attentate begangen. Spekuliert wird darüber, ob die Gruppe von Geheimdiensten unterwandert worden sei.

Bei einer Festnahmeaktion in Bad Kleinen am 27. Juni 1993 wird der Beamte der GSG 9, Michael Newrzella, im Schußwechsel mit dem RAF-Mitglied Wolfgang Grams erschossen. Auch Wolfgang Grams kommt ums Leben. Er galt als Tatbeteiligter im Mordfall Rohwedder, der bis heute nicht aufgeklärt ist. Auch über diesen Fall hinaus haben die

Ermittler auf viele Fragen keine Antworten: Die Mehrzahl der der RAF zugeordneten Verbrechen nach 1985 – Sprengstoffanschläge, Morde und Raubüberfälle – konnte bis heute nicht aufgeklärt werden.

Eine Veränderung hin zur Deeskalation zeichnet sich erstmals in der ersten Hälfte der neunziger Jahre ab: Die Bereitschaft des Staates zu einem Wandel im Umgang mit der RAF und den Gefangenen erklärt der damalige Bundesjustizminister Klaus Kinkel zu Beginn des Jahres 1992 öffentlich. Auf die »Kinkel-Initiative« reagiert die RAF-Kommandoebene am 10. April 1992 mit einer Erklärung, in der sie unter Aufgabe des sogenannten Frontkonzepts ankündigt, die bewaffneten Aktionen gegen Repräsentanten von Staat und Wirtschaft einzustellen. Die Begründung: Die Gruppe wolle dem politischen Aspekt des revolutionären Kampfes Vorrang gegenüber dem »bewaffneten Kampf« einräumen. Um den Aufbauprozeß einer »sozialen Gegenmacht von unten« nicht zu gefährden, sei man zur Deeskalation bereit.

Am 20. April 1998 erklärt die RAF schließlich ihre Auflösung. »Heute beenden wir dieses Projekt. Die Stadtguerilla in Form der RAF ist nun Geschichte (...) Ab jetzt sind wir (...) ehemalige Militante der RAF«, steht in dem bei der Nachrichtenagentur Reuters eingegangenen Schreiben. Es wird von Experten als authentisch bewertet. Die Bilanz von 28 Jahren »bewaffnetem Kampf«: Tote und Verletzte. 500 Millionen Mark Sachschaden. 31 Banküberfälle, Beute: sieben Millionen Mark. 104 von der Polizei entdeckte konspirative Wohnungen. 180 gestohlene PKW, dazu über eine Million Asservate – Geld, Waffen, Sprengstoff, Ausweise. Zu den Folgen des Terrorismus zählen auch: weitreichende Eingriffe in das Rechtssystem der Bundesrepublik und eine Veränderung des innenpolitischen Klimas.

Die Auflösungserklärung enthält das Eingeständnis der Terroristen, keinen Weg zur Befreiung aufgezeigt zu haben – der Toten aus den eigenen Reihen wird gedacht und Helfern und Sympathisanten gedankt. Für die RAF endet die Geschichte hier. Auch zum Zeitpunkt der Auflösung beruft sie sich darauf, in der Bundesrepublik gewalttätige Verhältnisse vorgefunden zu haben, die nur mit der »Gewalt der Revolte« zu beantworten gewesen seien.

Die Gewalt der Gruppe hat tiefe Spuren in der Geschichte der Bundesrepublik hinterlassen. Wissenschaftler und Publizisten haben sich in den letzten drei Jahrzehnten vor allem mit der Frage beschäftigt, welche Faktoren es waren, die zur Entscheidung der RAF-Mitglieder für den »bewaffneten Kampf« führten. Eine Aufarbeitung und Analyse der Entstehungsgeschichte der RAF ist wichtig und notwendig. Eine Tabuisierung – auch der rückblickenden Auseinandersetzung der Täter mit ihren Motiven – wäre falsch. Dabei geht es um Verstehen, nicht um Verständnis. Wer sich indes die ganze Dimension der Geschichte der RAF verdeutlichen will, kann nicht bei der Betrachtung der Täter und ihrer Motive aufhören – dies wäre ein eingeschränkter Blick auf die Vergangenheit. Weithin bekannt ist, welche Positionen die Opfer bekleideten. Viele von ihnen wurden deswegen von der RAF ausgewählt. Erweitert man den Blick auf die Geschichte der Opfer nicht, sieht man die Toten durch den Filter, durch den die RAF sie wahrgenommen hat. Zu einer ernsthaften Auseinandersetzung gehört die Frage: Wer waren die Menschen, die zu Opfern des deutschen Terrorismus wurden?

Überfall auf die deutsche Botschaft in Stockholm

»›Wer ist v. Mirbach?‹ war die erste Frage der Mörder an die Geiseln«

Christa Baronin v. Mirbach über ihren Ehemann und Clais Baron v. Mirbach über seinen Vater

■ *Am 24. April 1975* stürmen mittags sechs mit Pistolen und Sprengstoff bewaffnete Personen die deutsche Botschaft in Stockholm: Siegfried Hausner (23), Lutz Taufer (31), Hanna Krabbe (29), Ulrich Wessel (29), Karl-Heinz Dellwo (23) und Bernhard Rössner (29). Mit elf Geiseln – unter ihnen der deutsche Botschafter Dr. Dietrich Stoecker – besetzen die Terroristen das obere Stockwerk der Botschaft und geben dem Stockholmer Büro der Deutschen Presse-Agentur (dpa) telefonisch ihre Forderungen durch: Andreas Baader, Gudrun Ensslin, Ulrike Meinhof und 23 weitere Terroristen sollen aus Gefängnissen der Bundesrepublik freigelassen werden. Die Botschaftsbesetzer nennen sich »Kommando Holger Meins«. Meins war im Zuge des dritten Hungerstreiks der RAF-Gefangenen nach fast zwei Monaten am 9. November 1974 in der JVA Wittlich trotz Zwangsernährung gestorben. Am Telefon drohen die Geiselnehmer, daß sie im Falle eines Eingreifens der Polizei das Gebäude mit 15 Kilo TNT sprengen würden.

Um die schwedischen Polizeibeamten, die sich in den unteren Etagen des Gebäudes aufhalten, zum Rückzug aus der Botschaft zu zwingen, droht das RAF-Kommando den

Verteidigungsattaché Andreas Baron v. Mirbach (44) zu erschießen. Mit Gaspatronen bereitet sich die schwedische Polizei weiter auf einen Angriff auf das Obergeschoß vor. Sie gibt der Forderung der Terroristen nicht nach. Zwei maskierte RAF-Mitglieder führen Oberstleutnant v. Mirbach ins Treppenhaus, um ihrer Drohung Nachdruck zu verleihen. Auf Geheiß der Terroristen, die kein Schwedisch sprechen, ruft er den Beamten auf Schwedisch zu: »Ich bin der Verteidigungsattaché. Bitte ziehen Sie sich zurück, sonst werde ich erschossen.« ■

Christa Baronin v. Mirbach
Witwe von Andreas Baron v. Mirbach

Ab September 1974 erhielt Andreas ernstzunehmende Warnungen, sein Leben sei bedroht. In der Bundesrepublik stand die offizielle Anklage gegen die fünf Kernmitglieder der Roten Armee Fraktion (RAF) – Andreas Baader, Gudrun Ensslin, Ulrike Meinhof, Jan-Carl Raspe und Holger Meins – kurz bevor. Die Kluft zwischen Terroristen und Sympathisanten auf der einen und dem Staat mit der überwältigenden Mehrheit der Bürger auf der anderen Seite war tief wie nie zuvor. Die RAF-Gefangenen hatten einen Hungerstreik begonnen. An deutschen Universitäten wurde zu Solidaritätsbekundungen mit der Gruppe aufgerufen, und schlug man die Zeitung auf, las man regelmäßig Meldungen sowohl über gewalttätige, steineschleudernde junge Demonstranten als auch über Polizisten, die mit Tränengas und Knüppeln gegen sie vorgingen. Es war eine bittere Entwicklung. Der Dialog zwischen dem Staat und den protestierenden Gruppen, die Ende der sechziger Jahre aus der Studentenbewegung hervorgegangen waren, schien abgebrochen.

Im Februar 1975 reiste mein Mann aus Schweden zu einer Konferenz der Verteidigungsattachés nach Bonn und berichtete dort von den Indizien, die Anlaß zur Sorge gaben. Er machte damals sehr deutlich, daß verstärkte Sicherheitsmaßnahmen in der Botschaft erforderlich seien. Die Lage sei ernst zu nehmen. Nachdem Andreas im Herbst 1974 zum ersten Mal einen anonymen Anruf erhalten hatte, daß sein Leben in Gefahr sei, hatte der Botschafter, dem Rat meines Mannes folgend, das Bundeskriminalamt (BKA) gebeten, die Sicherheitsvorkehrungen der Botschaft zu überprüfen. Nun, im Frühjahr 1975, verwies das BKA auf das Ergebnis dieser Untersuchung: Mit dem Prozeßbeginn gegen die Kernmitglieder der RAF im Herbst 1974 seien die Sicherheitsmaßnahmen erhöht worden und damit ausreichend. Heute weiß man, wie dürftig sie waren. Es gab wohl Beamte des Bundesgrenzschutzes im Gebäude, aber dennoch war es nicht schwer, hineinzugelangen. Die Terroristen konnten sich in Schweden vorbereiten, ohne aufzufallen. Sie hatten zudem wahrscheinlich darauf gesetzt, in diesem Land mehr Verständnis für den von ihnen behaupteten Befreiungskampf zu finden. Als das Schreckliche später wirklich geschah, konnte ich von zahlreichen deutschen Botschaften aus aller Welt die entsetzte Feststellung hören: »Was Mirbach mit allem Einsatz verhindern wollte, ist nun tatsächlich eingetreten.« Sein Bemühen um verstärkte Sicherheit für die Botschaft war in Behördenkreisen weithin bekannt.

Selbstverständlich bin ich auch von zahlreichen Menschen gefragt worden, warum er nicht einfach aus Stockholm fortgegangen ist, um sich in Sicherheit zu bringen.

Die einzige Behörde, die auf Andreas' Sorge mit tätiger Hilfe reagierte, war die schwedische Kriminalpolizei. Schon im Herbst 1974, nachdem er dort von den ersten Warnungen berichtet hatte, reagierte sie: Gaben wir bei uns im Haus Einladungen für schwedische sowie internationale Gäste, waren immer auch Kriminalbeamte im Smoking und mit unsichtbar getragener Waffe anwesend. Doch für die Sicherung des Botschaftsgebäudes wären deutsche Behörden zuständig gewesen.

Unser Leben veränderte sich mit dem Wissen, möglicherweise ein Ziel der RAF zu sein. Wann immer Andreas später als verabredet von seinen Reisen im Land zurückkehrte, rief er mich an. Umgekehrt ließ auch ich ihn immer wissen, wenn sich meine Pläne kurzfristig änderten. Wir beobachteten unsere Umgebung plötzlich aufmerksamer, vielleicht auch mißtrauischer. Ganz zu schweigen von der fortwährenden inneren Anspannung, in der wir lebten.

Ab Mitte der sechziger Jahre hatten sich an den Universitäten die ersten Stimmen geregt, das Verschweigen der Taten und der persönlichen Verantwortung im Dritten Reich müsse ein Ende haben. Diese Forderung begrüßte Andreas. Er zeigte auch Verständnis für die besondere Emotionalität, die das Aufbegehren der Studenten begleitete. Denn ohne Zweifel gab es viele Deutsche, die das Dritte Reich gutgeheißen hatten, sich daran aber nicht mehr erinnern wollten und Fragen der Jüngeren lieber überhörten. Es war in seinen Augen ein wichtiger Schritt für die Gesellschaft, sich ehrlich und tiefgehend mit der eigenen Vergangenheit auseinanderzusetzen – daraus zu lernen und neu zu beginnen. Doch die moralische Empörung der Studenten wandelte sich mehr und mehr in Gewaltbereitschaft. Diese Entwicklung lehnte er ab. Das Aufkommen der ersten radikalen Aktionen 1967 nach dem Tod von Benno Ohnesorg verfolgte er mit großer Sorge. Es war ihm verständlich, daß sich die Studenten über die Umstände empörten, unter denen Benno Ohnesorg starb. Die gewaltsamen Ausschreitungen am 2. Juni 1967, zunächst zwischen Studenten und Schah-Anhängern – wie man später erfuhr, überwiegend Agenten des iranischen Geheimdienstes Savak – und am Abend vor der Oper mit der Berliner Polizei waren hart und erbittert gewesen. Doch im Gegensatz zu den Mitgliedern der Studentenbewegung vermutete Andreas im Tod Benno Ohnesorgs keinen Mord. Es war fraglos ein tragisches, ein furchtbares Ereignis; dennoch war der Schuß des Polizisten Karl-Heinz Kurras aber wohl keine gezielte Aktion, sondern aufgrund der Unübersichtlichkeit und Hitzigkeit der Situation gefallen. Doch die Opposition der Studenten sah sich durch den Tod Ohnesorgs und den Freispruch von Karl-Heinz Kurras in ihrer Einschätzung bestätigt, daß die Bundesrepublik ein faschistischer Polizeistaat sei.

Die nun einsetzende Entwicklung beunruhigte meinen Mann stark. Wir sprachen viel über die Themen, die im Zentrum der Diskussionen der Studentenbewegung standen: über die Verhältnisse an den Universitäten, den Faschismusvorwurf, den Vietnamkrieg, die Hausbesetzungen in Frankfurt am Main und anderen Städten, die atomare Nachrüstung, den Sozialismus der Sowjetunion und der Deutschen Demokratischen Republik (DDR), natürlich auch über die chinesische Kulturrevolution und die Vorstellungen, die manche Studenten dazu propagierten. Andreas konnte die Art des Aufbegehrens der Jüngeren, die durch die Straßen zogen, »Ho-Ho-Ho-Chi-Minh!« riefen und ihre Mao-Bibeln über den Köpfen schwangen, nicht nachvollziehen. Man hörte doch davon, wie die Kritiker Mao Zedongs terrorisiert wurden. Diese Widersprüche in ihrem Denken und Handeln sahen die Studenten jedoch nicht.

Die Bewunderung für Mao und gleichzeitig der Kampf für die Freiheit im eigenen Land ergaben eine absurde Mischung. Für die Demonstranten zählte nur, daß die chinesische Kulturrevolution gegen die Prägung der westlichen Denk- und Lebensweisen gerichtet war. Die Demütigung, Mißhandlung und Ermordung von Maos Kritikern blendeten sie aus.

Ähnlich verhielt es sich in Andreas' Augen mit dem Imperialismusvorwurf gegen die USA aufgrund des Vietnamkriegs. Der Bundesrepublik warfen die Studenten vor, keinen Widerspruch gegen die Kriegsführung der USA einzulegen. Auch meinen Mann entsetzte das Ausmaß der Leiden unter der vietnamesischen Zivilbevölkerung. Doch die von den Studenten bekundete Solidarität mit dem nordvietnamesischen Staatspräsidenten Ho Chi Minh, der mit der Sowjetunion und mit China paktierte, war ihm unverständlich. Schließlich war auch bekannt, wie in der Sowjetunion und in Nordvietnam mit Systemkritikern umgegangen, wie brutal sie unterdrückt und weggesperrt wurden. All das stand im Widerspruch zu einem der wichtigsten Ideale der Protestbewegung: der Freiheit. Die Auseinandersetzung der Studenten mit dem real existierenden Sozialismus fand jedoch nicht statt.

Nach der Bundestagswahl am 28. September 1969 bildeten SPD und FPD die Regierungskoalition. Willy Brandt hatte dazu aufgerufen, »mehr Demokratie zu wagen«! In allen politischen Lagern bemühte man sich, die unzufriedenen Jugendlichen und Studenten wieder für einen Dialog zu gewinnen. Einige verweigerten sich dem jedoch und entschieden sich für den sogenannten »bewaffneten Kampf«. Schließlich befreite eine kleine Gruppe, zu der Ulrike Meinhof und Gudrun Ensslin gehörten, Andreas Baader gewaltsam aus der Haft. Wenig später erklärte die RAF dem Staat den »Krieg« – für meinen Mann war das schwer nachzuvollziehen. Seine Kindheit und Jugend waren von Krieg, Flucht und Verlust geprägt, was zwei totalitäre Regime verschuldet hatten.

Die Studenten der sechziger Jahre waren in den letzten Kriegsjahren oder nach 1945 zur Welt gekommen, sie hatten Gewalt – zumindest wohl in den allermeisten Fällen – nie bewußt und unmittelbar erlebt. Andreas kannte sie, denn als der Zweite Weltkrieg endete, war er 14 Jahre alt. Bereits als Kind hatte er Unfreiheit, Unterdrückung und Staatsterror im nationalsozialistischen Regime erlebt. Er schätzte die Bundesrepublik als gutes, freiheitliches System – das durch die Gründerväter und -mütter geplant und im Grundgesetz verankert worden war.

Ohne Frage gab es die Notwendigkeit, sich ernsthaft mit der Vergangenheit auseinanderzusetzen – das sah er auch. Aber schon in der Studentenbewegung hatte es eine teils sehr begrenzte Wahrnehmung der Wirklichkeit gegeben: So beklagten die Jüngeren, es gebe keine wahre Freiheit. Dabei war ihr Protest nur möglich, weil das Recht auf freie Meinungsäußerung im Grundgesetz garantiert ist. Merkwürdig, daß dieser Widerspruch nicht gesehen wurde.

Sicher, es war in unserer Gesellschaft damals noch nicht zur Routine geworden, alle demokratischen Spielregeln, die im Grundgesetz verankert sind, tatsächlich zu nutzen. Auch in dieser Hinsicht hat die Studentenbewegung Positives zur Gesellschaftsentwicklung beigetragen, so sind heute zum Beispiel öffentliche Meinungskundgebungen und kontroverse politische Diskussionen etwas Alltägliches. Damals indes teilten die meisten Deutschen die Anliegen dieser protestierenden Gruppierung nicht. Es war eine wahrhaft schwierige gesellschaftliche Situation. Der Dialog wurde leider nicht beharrlich genug gesucht – und das Nichtverstehen auf beiden Seiten trug letztlich zu den schnell verhärteten Fronten ab Mitte der sechziger Jahre bei. Doch in einem autoritären, gar faschistischen Staat – wie ihn die RAF ab 1970 anprangerte – hätten die Studenten ihren Protest nicht öffentlich artikulieren können.

Auch das Argument der RAF-Mitglieder, sie hätten in der Bundesrepublik gewaltsame Verhältnisse vorgefunden und deswegen selbst zu gewaltsamen Mitteln greifen müssen, hatte mit der Wirklichkeit nichts zu tun. Diese jungen Menschen nahmen die Realität durch den Filter ihres politischen Kampfzieles wahr. Zudem waren sie nicht frei in ihren Entscheidungen und ihrer Vorgehensweise, wenngleich manche von ihnen das meinten und vielleicht immer noch meinen. Andreas vertrat schon ab Beginn der siebziger Jahre die These, die RAF werde von Ostberlin und indirekt auch von Moskau aus gesteuert. Heute weiß man durch die »Akte Konkret« (Die Bundesbeauftragte für die Unterlagen des Staatssicherheitsdienstes der ehemaligen Deutschen Demokratischen Republik Zentralstelle Berlin; Bettina Röhl: *So macht Kommunismus Spaß. Ulrike Meinhof, Klaus Rainer Röhl und die Akte Konkret.* Europäische Verlagsanstalt, 2006) und die umfassende Dokumentation des russischen KGB-Überläufers Wassili Mitrochin (Christopher Andrew, Wassili Mitrochin: *Das Schwarzbuch des KGB 2. Moskaus Geheimoperationen im Kalten Krieg.* Propyläen, 2006), daß diese Vermutung richtig war. Dazu paßt auch die Entdeckung nach dem Fall der Mauer, daß einige Terroristen mit Wissen und Billigung der DDR dort untergetaucht waren. Die Sichtweise meines Mannes – seine Beurteilung, daß die RAF von der DDR und der Sowjetunion unterstützt werde – hatte viel mit seiner Kindheit und Jugend zu tun.

Andreas kam am 9. April 1931 in Riga zur Welt. Er wuchs geprägt durch die Geschichte der Deutschbalten auf, die im Baltikum stets Minderheit waren und ihre Kultur zu jeder Zeit gegen die Machtansprüche anderer hatten behaupten müssen. So hatte die Generation vor ihnen als russische Untertanen die erste Russische Revolution von 1905 als Folge des verlorenen russisch-japanischen Krieges erlebt. Dies war der erste Einbruch kommunistischer Unruhe in das deutsch-baltische Idyll. Viele Deutsche, vor allem Gutsbesitzer und Pastoren, wurden dabei umgebracht oder nach Sibirien verschleppt oder verloren Hab und Gut. Diese Revolution war jedoch nur das Wetterleuchten für die zwölf Jahre später auflodernde zweite Russische Revolution, die die Welt noch lange erschüttern sollte. Auch unter den Deutschbalten brachte sie tiefgreifende Verluste und auch wieder Tod und Verbannung mit sich. Es folgte die Unabhängigkeit der baltischen Staaten von Rußland, die zur entschädigungslosen Enteignung allen Landbesitzes der deutschen Bevölkerung und zu deren Entfernung aus dem öffentlichen Dienst führte. Damit war die deutsche Minderheit weitgehend ihrer Lebensgrundlage beraubt.

Als Folge des Hitler-Stalin-Pakts, der das Baltikum im August 1939 der Sowjetunion zuschlug, wurde Andreas schließlich selbst als Achtjähriger zusammen mit seiner Familie zwangsweise nach Posen umgesiedelt. Dieses Schicksal teilten alle Deutschbalten. Andreas' Familie kehrte nach Riga zurück, als die Stadt von den deutschen Truppen im Zweiten Weltkrieg eingenommen wurde. Von dort floh er 1944 mit der deutschen Oberschule Riga auf abenteuerlichen und gefahrvollen Wegen bis auf die Hallig Süderoog in der Nordsee. Der Mutter gelang die Flucht mit den übrigen drei Kindern ebenso wie dem Vater, der später aus dem »Volkssturm« zur Familie zurückkehrte.

Die Eindrücke von Flucht und Verlust sowie von der Barbarei der daran beteiligten totalitären Regime blieben tief verankert in Andreas' Bewußtsein. Schon früh wuchs in ihm das Wissen, wie schutzlos das Leben ohne den Mantel eines wehrhaften und den einzelnen Menschen achtenden Staates ist. Das eigene Erleben und die Kenntnis der Geschichte förderten seinen Entschluß, Berufssoldat zu werden.

Am 1. Februar 1956 trat Andreas mit den ersten Soldaten in die neu gegründete Bundeswehr als Panzergrenadier ein. Den wehrhaften Schutz gegen Machtansprüche und Machtmißbrauch sah er als unerläßlich an – insbesondere an der Nahtstelle zwischen den damaligen Machtblöcken von »Ost und West«. Er glaubte zudem als praktizierender Christ an die Verpflichtung, sein demokratisches Staatswesen verteidigen zu sollen, auch und gerade gegen eine dezidiert atheistische Bedrohung wie den Sowjetkommunismus.

Die Entscheidung, Berufssoldat zu werden, zog häufige Diskussionen mit Gegnern der Aufrüstung, auch grundsätzlichen Gegnern der Bundeswehr nach sich. Andreas stellte sich jeder Meinung mit Offenheit, obgleich ihm als Soldat – wie allen Soldaten damals – manchmal regelrecht Verachtung entgegenschlug. Doch auf diese reagierte er mit großer Ruhe und Gelassenheit. Seinen Kritikern hielt er stets entgegen, daß er als Soldat in der Bundesrepublik auch ihr Recht auf freie Entscheidungen, zum Beispiel auch ihre Entscheidung gegen den Kriegsdienst, verteidige.

Clais Baron v. Mirbach (43)
Sohn von Andreas Baron v. Mirbach

Ob ich je darüber nachgedacht habe, den gleichen beruflichen Weg einzuschlagen wie mein Vater? Als Kind fand ich alles Militärische faszinierend, wurde darin aber von meinem Vater immer wieder dezidiert gebremst. Daß ich mit Spielzeugsoldaten und -indianern spielte, nahm er eher resignierend hin. Ich weiß noch heute, daß ich Jahre betteln mußte, bis er mir schließlich ein Spielzeuggewehr kaufte. Bekam er mit, daß ich eine Spielzeugwaffe auf Menschen richtete, wurde er fuchsteufelswild. Nicht einmal im Spaß sei so etwas erlaubt. Gerade das Faszinierende, das vom Soldatischen, von Waffen, Panzern, Uniformen und ähnlichem ausgeht, war ihm zutiefst zuwider. Nie durften wir seine Dienstwaffe anfassen oder auch nur in deren Nähe kommen. Er lehrte uns heiligen Respekt vor dem Furchtbaren, das der Ausübung des soldatischen Handwerks innewohnte. Uns war stets klar, daß er seinen Beruf eher als notwendige, auf sich zu nehmende Pflicht betrachtete denn als Lust. So kam in mir trotz großen Interesses nie ernsthaft der Wunsch auf, Offizier zu werden.

Christa v. Mirbach

Andreas' beruflicher Weg führte ihn ab 1963 über den Generalstabslehrgang an der Führungsakademie der Bundeswehr in Hamburg zu verschiedenen Verwendungen als Generalstabsoffizier bei der Bundeswehr und der NATO. Sein Interesse an Schweden war damals schon groß, so schrieb er seine Abschlußarbeit an der Akademie über Karl XII. von Schweden. Als das Angebot kam, in Stockholm den Posten des Verteidigungsattachés zu übernehmen, nahm er mit Freude an. 1973 begann er seine Tätigkeit an der Botschaft. Wir lebten uns schnell in Schweden ein. Es waren schöne Jahre. Die Menschen begegneten uns offen, herzlich und unkompliziert. Von offizieller Seite war man sehr bemüht, uns das Land in seinen vielfältigen Aspekten nahezubringen. Wir fanden wunderbare Freunde in diesen Jahren, was sich nicht zuletzt nach den späteren schrecklichen Ereignissen deutlich zeigte. Doch bis dahin war das Leben in Schweden interessant und schön. Unsere Zwillinge, die 1963 zur Welt gekommen waren, liebten das Land ebensosehr wie wir.

Clais v. Mirbach

Ob wir damals etwas von der drohenden Gefahr geahnt haben? Meine Schwester und ich lebten in Stockholm wie im Paradies, sehr sorglos und frei. Nicht im Traum wären wir auf die Idee gekommen, daß das Leben unseres Vaters in Gefahr schwebte. Wir sprachen mit ihm zwar darüber, was er tagsüber in der Botschaft zu tun gehabt hatte, doch daß die RAF etwas mit uns zu tun haben könnte, war für uns unvorstellbar. Ich kann mich gut daran erinnern, daß wir die Lorenz-Entführung sehr bewußt wahrgenommen hatten. Meine Schwester und ich waren noch Kinder; als wir 1973 nach Stockholm zogen, waren wir zehn Jahre alt. Da wir noch so jung waren, hatten wir zu den gesellschaftspolitischen Hintergründen vor dem Anschlag keine eigenen Vorstellungen. Klar war für uns bei unserer Erziehung nur, daß es überhaupt keine Rechtfertigung dafür geben konnte, andere Menschen zu entführen oder gar umzubringen.

Mein Vater begegnete meiner Schwester und mir von Kindheit an auf Augenhöhe. Wir mußten uns unser Wissen über den Nationalsozialismus nicht aus der Schule oder Fernsehdokumentationen zusammenklauben. Wir haben früh in der Familie über das Dritte Reich und all das

Schreckliche gesprochen, das es mit sich gebracht hatte. Der systematische Mord an den Juden und die ganze Schrecklichkeit der braunen Diktatur war ein Thema, das offen besprochen wurde, übrigens ebenso wie die Schrecklichkeiten der roten Diktatur. Bei uns zu Hause wurde keine Frage verdrängt, keine Antwort verschwiegen. Mein Vater betonte uns gegenüber, wie wichtig es sei, über die Vergangenheit zu sprechen. Uns war klar, daß er sich ganz bewußt der Aufgabe verschrieben hatte, eine Wiederholung solcher Zustände zu verhindern, und daß er auch deshalb Soldat geworden war. Die Bedrohung der Freiheit durch eine neue Diktatur sah er im aggressiven Ostblock, gegen den man sich notfalls mit der Waffe verteidigen müsse. Über Natur und Absichten des Sowjetkommunismus hatte er sehr klare Vorstellungen. Er war ein guter Kenner der Geschichte im allgemeinen und seiner Familiengeschichte im besonderen, die seit Beginn des 20. Jahrhunderts von den Angriffen der Bolschewiken geprägt war und bis zur fürchterlichen Flucht vor den anrückenden Russen gegen Kriegsende reichte. Mein Vater hat uns auf ganz natürliche Weise vermittelt, daß Geschichte etwas Essentielles ist, das man kennen muß, um daraus für Gegenwart und Zukunft zu lernen.

Christa v. Mirbach

Zu Beginn des Jahres 1975 gab es erneut Anzeichen dafür, daß das Leben meines Mannes bedroht war. Kurze Zeit nach der erwähnten Konferenz der Verteidigungsattachés in Bonn im Februar 1975 wurde Peter Lorenz entführt. Seine Entführung – so stellt es sich mir heute dar – war die Generalprobe für alles, was danach an terroristisch motivierten Übergriffen folgte.

■ *Am 27. Februar 1975,* drei Tage vor der Wahl zum Berliner Abgeordnetenhaus, wird Peter Lorenz entführt. Er ist zum zweiten Mal Spitzenkandidat der Berliner CDU für das Amt des Regierenden Bürgermeisters. Seine Entführer, die der Bewegung 2. Juni angehören, wollen damit die Freilassung von Horst Mahler, Verena Becker, Gabriele Kröcher-Tiedemann, Ingrid Siepmann, Rolf Heißler und Rolf Pohle erzwingen.

Bis auf Horst Mahler, der einen Austausch ablehnt, werden die Gefangenen am 2. März 1975 nach Aden im Jemen ausgeflogen. Der Pastor und frühere Berliner Bürgermeister Heinrich Albertz begleitet die Terroristen auf dem Flug. Im Fernsehen gibt er die festgelegte Losung »So ein Tag, so wunderschön wie heute« bekannt, woraufhin Peter Lorenz am 4. März 1975 von den Entführern freigelassen wird. Bei der Wahl vom 2. März war die Berliner CDU mit 43,9 Prozent der Stimmen erstmals stärkste Partei geworden, verfehlte aber die absolute Mehrheit. Bürgermeister von Berlin bleibt der bisherige Amtsinhaber Klaus Schütz, der eine sozialliberale Koalition führt. ■

Christa v. Mirbach

Wir diskutierten den Entführungsfall Peter Lorenz auch mit Freunden intensiv. Andreas vertrat die Meinung, daß man einer gewalttätigen Minderheit nicht nachgeben dürfe. Damit öffne man die Tür für weitere Taten. Ich nahm zu dem Thema mit zitterndem Herzen gar nicht erst Stellung, denn man konnte sich die Folgen ausrechnen, wenn die Regierung nicht auf die Forderungen der Terroristen eingehen würde. Sie entschied sich schließlich für den Austausch. Zwar war es eine Erleichterung, daß Peter Lorenz aus seiner

Geiselhaft erlöst worden war, doch auf der anderen Seite spürte man: Dies ist der Auftakt für weitere Taten. Wer einmal einen Erfolg erzwingt, versucht es auch ein zweites Mal. So schrecklich es klingen mag, war es im Grunde aus der Sicht der Terroristen ein kluger Zug, als nächstes Ziel eine Botschaft zu wählen und dort gleich mehr als eine Geisel zu nehmen. Die Terroristen konnten davon ausgehen, daß die Bundesregierung sich schwertun würde, mehrere Menschen zu opfern. Sie wußten auch, daß es von außen für die lokale Polizei nicht einfach sein würde, gegen sie vorzugehen. Botschaften sind exterritoriales Gebiet und damit war klar, daß die schwedischen Autoritäten nur in Absprache mit der Bundesregierung – und demnach verzögert – eingreifen würden.

Wenige Wochen später bewahrheitete sich auf furchtbare Weise, was wir befürchtet hatten. Die Botschaft wurde von einem Kommando der RAF überfallen und mein Mann als eine der Geiseln genommen.

■ *24. April 1975:* Nachdem die schwedische Polizei sich auch nach erneuter Forderung des RAF-Kommandos nach etwa einer Stunde nicht zurückzieht, feuern zwei Terroristen mehrere Schüsse auf Andreas v. Mirbach ab. Einige Stunden später stirbt er in der Stockholmer Universitätsklinik. ■

Christa v. Mirbach

Bedroht von einer Waffe der Terroristen im Rücken, mußte Andreas mit der Polizei über deren Abzug aus der Botschaft verhandeln. Sollte dies nicht geschehen – so die Drohung der Terroristen –, werde er erschossen. In seiner Traueransprache anläßlich der Beerdigung meines Mannes beschrieb Dr. Georg Leber, der damalige Verteidigungsminister, die Situation in der Botschaft: »›Wer ist v. Mirbach?‹ Das war die kaltblütige Frage der Mörderstimme an die Angehörigen der deutschen Botschaft. Auf die Frage sagte Andreas v. Mirbach: ›Das bin ich.‹ Seine Antwort kam ohne Zögern. Es war nicht nur die Antwort auf eine Frage: Der Soldat Andreas v. Mirbach stellte sich mit allem, wofür er als Person geradestand.«

Etwa eine Stunde lang hatte mein Mann über den Countdown seiner eigenen Erschießung zu verhandeln. Gegenüber den Polizisten mußte er immer wieder auf das Ende des von der RAF an die Bundesregierung gestellten Ultimatums hinweisen. Als die Verhandlungen erfolglos blieben, wurde er nach dem letzten Wortwechsel mit der Polizei aus unmittelbarer Nähe von hinten mit fünf Schüssen in Kopf, Rücken, Becken und Beine niedergestreckt. Anschließend warfen die Terroristen den noch Lebenden mit dem Kopf voran die Treppe hinunter.

Dort lag er, schwer röchelnd auf den Treppenstufen – einsam und im Niemandsland –, bis eine aus gesundheitlichen Gründen freigelassene Geisel die Nachricht in die Freiheit brachte, daß Andreas noch lebe. Nach langwierigen Verhandlungen mit den Terroristen wurde er nach circa einer Stunde von zwei schwedischen Beamten, die nur in Unterhosen gekleidet waren, geborgen. Andreas wurde in der Universitätsklinik von Stockholm noch operiert, doch er starb gegen 18 Uhr abends – wenige Tage nach seinem 44. Geburtstag.

■ *Nach den Schüssen auf Andreas v. Mirbach* ziehen sich die Polizeibeamten aus dem Untergeschoß der Botschaft in ein Nebengebäude zurück.

Bundeskanzler Helmut Schmidt spricht mit dem schwedischen Premierminister Olof Palme. Um 20 Uhr teilt Lennart Geijer, der Justizminister Schwedens, den Geiselnehmern mit, daß die Bundesrepublik sich gegen den Austausch der Geiseln entschieden habe. Zur Botschaftsbesetzung hatte Bundeskanzler Helmut Schmidt im Krisenstab, dem unter anderem der rheinland-pfälzische Ministerpräsident Helmut Kohl und der SPD-Fraktionsvorsitzende Herbert Wehner angehörten, gesagt: »Meine Herren, mein ganzer Instinkt sagt mir, daß wir hier nicht nachgeben dürfen. Würde der Forderung nachgegeben«, so Schmidt, »dann zerbröckelt jede Autorität des Rechtsstaats.«

Mehrfach spricht der schwedische Justizminister Geijer in den folgenden Stunden mit den Geiselnehmern, bietet den Terroristen freies Geleit an. Sie bleiben kompromißlos und beharren auf ihren Forderungen. Gegen 22.30 Uhr erschießen sie den Botschaftsrat für Wirtschaft der deutschen Botschaft, Dr. Heinz Hillegaart (64): Sie führen ihn an eines der Botschaftsfenster. Hillegaart ruft nach draußen, wo Polizei, Journalisten und Schaulustige stehen: »Hier ist Hillegaart, hört ihr mich? Ich habe euch etwas mitzuteilen.« Dann schießt einer der Terroristen ihm von hinten in den Kopf.

Als nächste Geisel soll der Kulturreferent Arno Elfgen erschossen werden.

Kurz bevor gegen Mitternacht des 24. April 1975 die schwedische Polizei die Botschaft unter Einsatz von Betäubungsmitteln stürmen will, explodiert der von den Geiselnehmern installierte Sprengstoff. Bis heute ist nicht geklärt, wer ihn zur

Explosion gebracht hat. Eine These lautet, die Täter hätten es versehentlich selbst getan. Das RAF-Mitglied Ulrich Wessel kommt bei der Explosion ums Leben. Die übrigen Terroristen und ihre Geiseln fliehen aus dem brennenden Gebäude. Die RAF-Mitglieder werden festgenommen und in die Bundesrepublik ausgeflogen. Der schwerverletzte Siegfried Hausner stirbt Anfang Mai in der intensiv-medizinischen Abteilung des Gefängnisses Stuttgart-Stammheim an einem Lungenödem.

Am 20. Juli 1977 werden Karl-Heinz Dellwo, Bernhard Rössner, Hanna Krabbe und Lutz Taufer nach 99 Verhandlungstagen wegen gemeinschaftlichen Mordes in zwei Fällen sowie Geiselnahme und versuchter Nötigung eines Verfassungsorgans alle zu zweimal lebenslänglicher Freiheitsstrafe verurteilt. Offen bleibt, wer von den Tätern Andreas v. Mirbach und Heinz Hillegaart erschoß. Augenzeugen gibt es nicht. ■

Christa v. Mirbach

Nach dem Überfall auf die Botschaft kam schnell die Diskussion über die Todesumstände von Siegfried Hausner auf. Aus dem Sympathisantenfeld der RAF wurden heftige Anschuldigungen gegen die Regierung Schmidt laut: Die schnelle Überstellung Hausners in die Bundesrepublik sei angesichts seiner Verletzungen einer unterlassenen Hilfeleistung gleichgekommen – der Staat habe Hausners Tod absichtlich herbeigeführt. Die Stimmung unter den Sympathisanten war stark aufgeheizt, es gab vor allem in Hamburg, Berlin und Frankfurt – den Zentren des Protests – Demonstrationen und Kundgebungen. So konnte ich immer wieder in Hamburg und andernorts Parolen wie »Rache für Hausner« oder »Der Staat hat Hausner ermordet« auf Plakaten oder an Hauswänden lesen. Heute würde ich sagen, daß man anhand dieser Racheaufrufe sehen konnte, wie weit sich die Kluft zwischen dem Staat und den meisten Bürgern einerseits sowie den Terroristen und ihren Sympathisanten andererseits verbreitert hatte.

Ich weiß nicht, in welcher gesundheitlichen Verfassung Siegfried Hausner nach der Explosion war und inwieweit der zweistündige Flug in die Bundesrepublik seinen Zustand verschlechterte. Grundsätzlich sollte jedem Verwundeten medizinische Versorgung zuteil werden, das ist meine Überzeugung. Auch Siegfried Hausner ist damals, nach der Explosion in der Botschaft, von schwedischen Ärzten versorgt worden. Zugleich darf man nicht vergessen – und es schien mir, als würde das von den Sympathisanten übersehen –, daß er wie alle anderen Mitglieder des RAF-Kommandos den Kampf gegen die Bundesrepublik ausdrücklich hatte führen wollen. Seine Verwundung war die Konsequenz, das Risiko war er selbst eingegangen. Der Tod Siegfried Hausners wurde von den Terroristen und denen, die mit ihnen solidarisch waren, benutzt, um den Mythos von der schlechten Behandlung und den menschenverachtenden Haftbedingungen der inhaftierten RAF-Mitglieder »weiterzustricken«.

Was den Vorwurf der unterlassenen Hilfeleistung betrifft, so scheint er mir überzogen. Siegfried Hausner wurde in Stammheim, soweit ich weiß, von guten Ärzten behandelt. Wenn man bedenkt, wie unmenschlich die RAF-Leute mit meinem Mann und Dr. Hillegaart umgegangen sind, während sie selbst aber ein paar Stunden später Humanität für sich vom Staat verlangten, sieht man, daß sie mit zweierlei Maß gemessen haben. Für sich verlangten sie Menschlichkeit, nachdem sie keine Stunde zuvor gemordet hatten.

Und auch von den Familien der Opfer erwartete der Staat Raison: Unmittelbar nachdem Andreas während der Operation gestorben war – gerade hatte man mir seine noch körperwarmen Ringe und die Uhr in die Hand gelegt –, erklärte ein BKA-Beamter: »Wir müssen Ihren Mann sofort obduzieren, um anhand der Projektile feststellen zu können, wer die Mitglieder dieser Gruppe sind.« Ich stimmte zu, um damit zur Rettung der übrigen Geiseln beizutragen.

Clais v. Mirbach

Man sollte nicht vergessen, daß auch die schwedische Regierung damals darauf drängte, Siegfried Hausner so schnell wie möglich in die Bundesrepublik zu transportieren. Sie hatte die Sorge, es könne zu weiteren Anschlägen der RAF in Schweden kommen, wenn Hausner in Schweden im Krankenhaus liege oder gar stürbe. Im übrigen hatten sich die Terroristen bewußt dazu entschieden, diese und andere Gefahren einzugehen. Einmal abgesehen von ihrer Entscheidung, überhaupt die Botschaft zu stürmen, hätten sie sogar dann noch zurückgekonnt: die schwedische Regierung unter Premierminister Olof Palme hatte den Terroristen freies Geleit angeboten – wenn sie die Geiseln gehen ließen. Das hatte das RAF-Kommando abgelehnt. Es war seine klare Entscheidung, die Botschaft gewaltsam zu besetzen, Menschen umzubringen und die Geiselnahme weiterzuführen, also mit äußerster Härte rücksichtslos vorzugehen. Es scheint mir auch angesichts des sonst bemühten revolutionären Pathos etwas kindisch und bar jeder Größe, dann darüber zu lamentieren, daß einer der ihren vom Todfeind nicht in dieses Krankenhaus gebracht wurde, sondern in jenes.

■ *Bis November 1992* befindet sich Bernhard Rössner in der Justizvollzugsanstalt Straubing in Haft. Wegen psychischer Erkrankung Rössners verfügt Justizministerin Sabine Leutheusser-Schnarrenberger eine Strafaussetzung für 18 Monate. Rössner unterzieht sich in der Nähe von Kassel einer therapeutischen Behandlung; Bundespräsident Richard von Weizsäcker begnadigt ihn knapp zwei Jahre nach Beginn der Strafaussetzung – die Begnadigung wird im Mai 1994 wirksam. Lutz Taufer wird im April 1995 in Celle vorzeitig aus der Haft entlassen; Karl-Heinz Dellwo, der im gleichen Gefängnis einsaß, im Mai 1995. Hanna Krabbe kommt im Mai 1996 nach 21jähriger Haft in Lübeck vorzeitig frei. ■

Clais v. Mirbach

Hört man heute, wie die Täter ihren Überfall und die Morde schildern, klingt das auf verstörende Weise selbstgerecht, was die Motive anlangt, und distanziert, was die Morde betrifft. Als hätten nicht sie selbst mit eigener Hand Menschen aus Fleisch und Blut umgebracht, sondern als seien Figuren in einem imaginären Spiel verschoben worden, auf das sie kaum Einfluß hatten.

■ *Der im Jahr 2003* gedrehte schwedische Dokumentarfilm »Stockholm '75« beschäftigt sich mit dem Überfall auf die deutsche Botschaft. In dem Film des Regisseurs David Aronowitsch schildert Karl-Heinz Dellwo seine Version der Geschichte. Dellwo spricht von den Idealen, mit denen er nach Stockholm gereist sei, und von der Gerechtigkeit, für die er kämpfen wollte. Zur Ermordung der beiden Botschaftsangehörigen gibt er an, es sei ein politischer und moralischer

Fehler gewesen, daß die Diplomaten Andreas v. Mirbach und Heinz Hillegaart erschossen wurden. ■

Clais v. Mirbach

Ganz so »harmlos«, wie es der Begriff »erschießen« nahelegen möchte, war es aber nicht. Zwar ist jeder Mord bereits an sich grausam, doch macht es auch einen Unterschied, wie er geschieht. Meinem Vater haben die Mörder Kugeln in Kopf und Rücken, Arme und Beine geschossen, ihn kopfüber eine Steintreppe hinuntergeworfen und ihn dort halbtot liegen und leiden lassen. Heinz Hillegaart haben sie theatralisch zum Fenster marschieren lassen, um ihn in Todesangst angeblich eine Botschaft ausrichten zu lassen, während sie ihn kaltblütig von hinten in den Kopf schossen. Was mit Herrn Elfgen geschehen wäre, den sie als nächstes Opfer bestimmt hatten, kann man nur ahnen. Diese Fakten führen die Selbstdarstellung der Terroristen als menschenfreundliche Idealisten, die höherer Ideale zuliebe gegen ihren eigenen Willen geradezu zum Kampf gezwungen wurden, ad absurdum.

■ *Am 4. Mai 1994* druckt die *Süddeutsche Zeitung* einige Auszüge aus einem Fernsehinterview, das Bernhard Rössner nach seiner Begnadigung gegeben hat: »Der von Bundespräsident Richard von Weizsäcker begnadigte Ex-Terrorist Bernd [Bernhard] Rössner (47) betrachtet seine Schuld als ›abgetragen‹. Im ZDF sagte Rössner, das wolle er von der Gesellschaft dadurch honoriert wissen, daß er wieder in ihr leben dürfe. Rössner, der sich seit 18 Monaten in psychiatrischer Behandlung befindet, hatte mit fünf weiteren RAF-Terroristen im April 1975 die deutsche Botschaft in Stockholm überfallen. Bei dem Überfall wurden zwei Diplomaten ermordet. Er empfinde keine Reue und kein Bedauern gegenüber den Opfern und ihren Angehörigen, meinte Rössner. ›Krieg ist Krieg, und vorbei ist vorbei‹, sagte er. Heute sei Gewaltanwendung die falsche Methode, politische Ziele zu erreichen.« ■

Clais v. Mirbach

Ich bin sehr dafür, daß jeder seine Meinung öffentlich sagen darf, auch wenn sie abwegig ist. Das soll für jeden gelten, auch für die Mörder meines Vaters. Ich wünschte mir aber, daß die Öffentlichkeit solchen Selbstverklärungen und Verharmlosungen entschiedener entgegenträte. Rechtsradikalen Tätern ließe man derlei aus gutem Grund nicht durchgehen, Linksradikale umweht eine nicht gerechtfertigte Aura der Nachsicht und des Verständnisses. Auch rechtsradikale Täter versuchen, sich als Opfer zu gerieren; gleichwohl sind die Opfer andere und sie sollten bei aller Täterfixiertheit nicht vergessen werden. Für meinen Vater war das Leben mit dem Überfall auf die Botschaft für immer zu Ende. Seine Angehörigen erhielten auf ihre Weise »lebenslang«, nicht im rechtlichen Sinne wie die Mörder, sondern im buchstäblichen Sinne. Auslöser war der Mordentschluß von Menschen, die meinen Vater nicht einmal kannten. Es reichte, in ihm einen Repräsentanten des »Schweinesystems« zu sehen. Er war aber kein Schwein, er hatte nie in seinem Leben jemandem etwas zuleide getan, schon gar nicht den Tätern selber. Er hatte es sich im Gegenteil zur Aufgabe gemacht, auch ihre Freiheitsrechte notfalls mit der Waffe in der Hand zu verteidigen.

Dagegen haben alle überlebenden Mörder meines Vaters die Möglichkeit, nach der Haft noch einmal neu anzufangen. Die Mörder zeigen dies selber ganz offensiv. Im Film »Stockholm '75« gewährt Karl-Heinz Dellwo dem Zuschauer auch Einblick in seinen Alltag. Er zeigt seine Lebensgefährtin, die aus dem gleichen Umfeld kommt wie er. Das Signet der RAF ist während des Interviews minutenlang in seiner Küche zu sehen. Man stelle sich einen rechtsradikalen Mörder vor, der in seiner Wohnung einschlägige Zeichen aus der Naziszene vorzeigt. Diese plakative Verklärung des Revolutionären wird bekräftigt durch seine aktuellen öffentlichen Äußerungen zu politischen Ereignissen. Dellwo stellt sich nicht nur in Fernsehinterviews und Filmen dar, er gibt Radiointerviews zu allgemeinen Themen, hält Vorträge über »politischen Widerstand in der Nachkriegszeit« und diskutiert öffentlich über Hartz IV. Dellwo sieht sich offenbar immer noch auf einer moralisch höheren Stufe als den Großteil der Gesellschaft, als einer, der Ungerechtigkeiten aufdeckt und diese von seiner überlegenen Warte herab kommentiert. In jedem Moment profitiert er dabei von den rechtsstaatlichen Grundsätzen unseres Landes, die er zwar vor rund dreißig Jahren noch zerstören wollte, die aber seine vorzeitige Haftentlassung ermöglichten und die ihm Unterstützung durch öffentliche Gelder gewähren.

Ich will nicht mißverstanden werden: Ich gönne Karl-Heinz Dellwo seinen Neuanfang. Ich bekomme meinen Vater nicht dadurch zurück, daß es den Tätern schlecht geht. Doch mich wundert, daß ehemalige oder Noch-Mitglieder der RAF auf diese Weise Selbstdarstellung betreiben können, ohne daß die Gesellschaft sie in ihre Schranken weist.

Daß sich die Täter zumindest in der Öffentlichkeit sensibler mit ihrer Schuld auseinandersetzen, ist vermutlich zuviel verlangt. Vielleicht können die Terroristen nur auf diese Weise mit ihrer Schuld leben, indem sie sie schlicht verdrängen oder verniedlichen. Das allerdings käme dem Verhalten ehemaliger Nazis, die nach Ende des Zweiten Weltkriegs ihre Verantwortung verdrängten und von Trauer über ihre Opfer nichts wissen wollten, nahe. Eine seltsame Schleife der Geschichte, denn die Empörung über diese Verdrängung war eine der auch für mich nachvollziehbaren Wurzeln der Studentenbewegung, aus der später die RAF und damit die Mörder meines Vaters hervorgingen.

Wie wir heute zum Rechtsstaat stehen? Ich glaube im Grundsatz ebenso an den Rechtsstaat wie mein Vater, dessen Credo es war, daß der Rechtsstaat auch die Rechte seiner Gegner garantiert. Aber angesichts der konkreten Erfahrung, daß der Rechtsstaat den Mord nicht verhindert hat, sondern im Gegenteil einen treuen Diener geopfert hat, vielleicht opfern mußte, gibt es bestimmt auch niemanden in unserer Familie, der den Rechtsstaat für perfekt hielte.

Was das Verhalten des Rechtsstaats bei den Haftentlassungen anbelangt, empfand ich es als unangemessen, davon über die Medien zu erfahren. Ich finde, daß der Staat uns vorher hätte benachrichtigen sollen, daß wir demnächst den Mördern unseres Vaters auf der Straße begegnen können. Ich hatte deswegen Herrn von Weizsäcker angeschrieben, der seinerzeit Rössner begnadigt hatte. Im Fall der in Celle einsitzenden Mörder, die später freigelassen wurden, ist das immerhin geschehen, nachdem die niedersächsischen Stellen von unserer Verstimmung wegen der Umstände der Rössner-Begnadigung erfahren hatten.

Die uns gegenüber abgegebene Begründung, die Täter hätten bereut und dem Terrorismus abgeschworen, empfand ich als unehrlich, weil offensichtlich falsch. Man hätte uns auch unumwunden sagen können: Wir lassen diese RAF-Mitglieder aus staatspolitischen Gründen frei, um dadurch den Terrorismus zu überwinden. Damit waren wir in unserer Rolle als Staatsbürger durchaus einverstanden. Wir wollten nicht, daß die Anschläge fortgesetzt würden und es noch mehr Opfer gäbe. Wir waren bereit, unseren Teil dazu beizutragen und auch den Anblick zu ertragen, daß die Mörder frei herumlaufen und öffentlich auftreten, ohne zu bereuen. Durch die Begnadigungen konnte der Staat das Feindbild zerstören, welches das Hauptargument des »bewaffneten Kampfes« war. Ohne Häftlinge keine Befreiung von »Genossen« und keine »Isolationsfolter«. Angesichts der Auflösung der RAF im Jahre 1998 läßt sich im nachhinein sagen, daß dies richtig war. Doch die von Staatsseite behauptete Reue war wohl Wunschdenken. Uns jedenfalls hat nie ein Zeichen persönlichen Bedauerns von seiten der Täter erreicht.

Ob ich den Tätern diese Gedanken gern ins Gesicht sagen würde? Das ist für mich nur schwer vorstellbar, ganz sicher nicht auf der derzeitigen Basis fehlender Reue. Ein Gespräch mit jemandem, der die Position einnimmt, das eigentliche Opfer sei er selbst, die Ermordung meines Vaters sei allenfalls ein taktischer und moralischer Fehler gewesen, geschichtlich aber notwendig, ist sinnlos.

Bei alledem kann ich nicht einmal bestätigen, überhaupt kein Verständnis für den Ansatz der Terroristen zu haben. Ich schließe auch nicht grundsätzlich aus, daß es unter Ausnahmeumständen richtig sein kann, sich gegen staatlich strukturierte Gewalt zu wehren. Ich bin kein Pazifist, und die Männer des 20. Juli bewundere ich zum Beispiel zutiefst, ebenso wie das mein Vater getan hat. Auch habe ich später den *Baader Meinhof Komplex* von Stefan Aust gelesen und kann bis zu einem gewissen Punkt Wut und Empörung der Studentenbewegung und der APO nachvollziehen: Daß man nicht wie 1967 von den Schergen des Schahs niedergeprügelt werden wollte, mit Kontinuitäten von im Dritten Reich begonnenen Karrieren aufräumen wollte, Überreaktionen des Rechtsstaats erlebte, sich bei Demonstrationen den Polizeikohorten auf der Straße gegenüber machtlos fühlte, all das kann ich nachvollziehen. Doch ein tragfähiges Argument für Gewalt bis hin zu Morden liefert nichts davon.

In der Bundesrepublik existierte kein »Schweinesystem«, kein Unterdrückungsapparat, der Gewalt rechtfertigen konnte. Schon gar nicht im Deutschland der sozialliberalen Koalition, die schließlich dezidiert »mehr Demokratie wagen« wollte. Die Bundesrepublik war bei all ihren gesellschaftlichen Problemen stets ein freiheitlicher Staat, der genügend Möglichkeiten bot, Veränderungen gewaltlos zu bewirken. Weder mein Vater noch irgend jemand sonst hätte dafür sterben müssen.

Christa v. Mirbach

In Stockholm wurden mein Mann und Dr. Hillegaart ermordet. Auch Siegfried Hausner und Ulrich Wessel starben. Ob es den Tätern schwerfällt, mit dieser Gewissenslast zu leben? Es fühlt sich merkwürdig für mich an, doch in meiner Erinnerung werden die überlebenden Täter und ich für immer verbunden bleiben – in der Erinnerung an den blutüberströmt Zerfetzten, der damals in der Botschaft auf der Treppe lag. Jedenfalls wird dieses Bild für mich nie verblassen. Ebensowenig wie die Erinnerung daran, wie Heinz Hillegaart am Fenster der Botschaft durch einen Schuß in den Kopf getötet wurde.

Nach Andreas' Tod hatte ich erwogen, mit den Tätern im Gefängnis über ihre Schuld zu sprechen. Ich wollte nicht etwa mit ihnen darüber diskutieren, was sie zu ihren Taten motiviert hatte. Nein, ich wollte ihnen eine Möglichkeit aufzeigen, wie sie mit ihrer Gewissenslast umgehen könnten. Auch sie mußten – so dachte ich – von den furchtbaren Bildern ihrer Handlungen verfolgt werden. Ich wollte ihnen davon berichten, daß es einen Gott gibt, der durch Jesus Christus Schuld vergibt und die Möglichkeit zu einem Neuanfang schenkt. Ich weiß, daß Andreas mein Handeln befürwortet hätte. Von diesem Plan ließ ich nach längerem Überlegen jedoch ab. Ich wußte inzwischen, daß meine Schritte in der Öffentlichkeit Aufmerksamkeit erregten. Dieser hätte es besonders getan. Mein Zugehen auf die Täter hätte falsch interpretiert werden können. Die Stärke, auch noch mit weiteren Reaktionen der Öffentlichkeit umzugehen, hatte ich nicht mehr, das spürte ich sehr deutlich. Ich benötigte alle Kraft, um mit meinen Kindern ein neues Leben aufzubauen.

Heute sind die damals zu zweimal lebenslanger Haft verurteilten Täter schon seit vielen Jahren frei, was sie der demokratischen Rechtsordnung der Bundesrepublik verdanken. Gerade diese freiheitliche Ordnung und unser Wertesystem zu verteidigen war mein Mann einmal als Soldat angetreten. Welch ungeheuerliche Ironie des Schicksals! Im übrigen sind Andreas und Heinz Hillegaart die ersten, deren Leben durch eine staatliche Entscheidung im Zusammenhang mit der RAF geopfert wurden.

Darum ist das Sterben der beiden Attachés an der deutschen Botschaft in Stockholm – im Bild des klassischen Dramas betrachtet – das drängende Moment und die treibende Kraft bis zum irrsinnigen Höhepunkt des Konflikts. Vom

Anfang bis zum bitteren Ende wird das Drama dieser Auseinandersetzung von einer Blutspur der Opfer (selbstverständlich auch der Täter) begleitet – mögen sie aus dem Hinterhalt ermordet worden sein oder als Geiseln ihr Leben verloren haben. Andere Opfer, die überlebten, erlitten durch den Terror der RAF schwere psychische Störungen.

Über meine Trauer und ihre Aufarbeitung möchte ich nicht sprechen. Aber ich betone, daß wir einen guten Weg aus der Trauer gefunden haben. Meine Kinder und ich stehen im Leben – und blicken nach vorn. Dazu gehört auch, den »Raub« des Liebsten anzunehmen und das Grauen in das weitere Leben einzubeziehen. Ich empfinde es als Geschenk, daß mein Lebensweg – wenngleich durch den Mord vollkommen verändert – erfüllt war und ist.

Warum ich heute über die Ereignisse von Stockholm und die Ermordung meines Mannes spreche? Bisher hatte ich die häufigen Bitten um ein Interview strikt abgelehnt. Daß ich mich damals tatsächlich aus der öffentlichen Berichterstattung herausgehalten habe, verdanke ich auch der erfahrenen Beratung der wunderbaren Marion Gräfin Dönhoff [Herausgeberin der *Zeit*, am 11. März 2002 gestorben]. Nun aber sollen meine Erinnerungen und Gedanken dazu beitragen, den Blick auf die ganze Geschichte der RAF zu ermöglichen. In den letzten drei Jahrzehnten hat es viele Auseinandersetzungen mit den Tätern und ihren Motiven gegeben. Mitunter wurde dabei eine von Mythen verklärte Geschichte der RAF geschrieben und die Gruppe durch eine Art Robin-Hood-Romantik glorifiziert. Für viele Jüngere, die die Ereignisse in ihren Abläufen nicht genau kennen, stellt sich die Vergangenheit der Täter in einem positiven Licht dar – »sie haben wenigstens etwas gegen die Mißstände in der Welt getan«. Die Widersprüchlichkeit ihres Denkens, die

Sinnlosigkeit ihres Mordens und die Tragweite ihrer übrigen Verbrechen werden dabei verharmlost. Für mich war es deshalb wichtig, mir die Kraft abzuringen und die Geschichte der RAF zu erzählen, wie und soweit wir sie erlebt haben.

Clais v. Mirbach

Wie ich mit der Möglichkeit umgehe, jederzeit den Mördern meines Vaters auf der Straße begegnen zu können? Das ist eine schwierige Frage, mit der ich mich möglichst nicht beschäftige. Ich hoffe, das geschieht nie; ich weiß nicht, wieviel Atavistisches in mir schlummert, wie ich in einem solchen Moment reagieren würde. Der Mensch ist nicht durch und durch gut, der Firnis der Zivilisation ist dünn. Dafür sind nicht nur diejenigen Beweis, die zu Terroristen geworden sind; das gilt für ihre Opfer und alle übrigen Menschen in gleichem Maße. Was meine Mutter sich in den ersten beiden Jahren nach dem Mord überlegt hatte, respektiere ich sehr, würde es mir aber nicht zutrauen. Ich glaube zwar auch, daß es für die Täter einen Weg gäbe, angemessen mit ihrer persönlichen Schuld umzugehen. Für mich sehe ich dabei unter den gegebenen Umständen aber keine Rolle. Die Verpflichtung gegenüber meiner Familie ist viel größer. Das Leben geht weiter, trotz der großen Lücke und der Narben. Trotz allem gibt es bei uns in der Familie viel Glück, und wir haben alle gelernt, nach vorn zu blicken.

Das blutige Ende der Geiselnahme in Stockholm

»Er war der Auffassung, man müsse mit der Studentengeneration mehr reden«

Claudia Hillegaart und Dr. Viveka Hillegaart über ihren Vater

Claudia Hillegaart (52)
Tochter von Dr. Heinz Hillegaart

Ein Mitschüler meiner Schule in Stockholm kam in der Mittagspause auf mich zu und fragte: »Hast du schon etwas von deinen Eltern erfahren? Auf die deutsche Botschaft ist ein Anschlag verübt worden.« Er hatte die Nachricht gerade im Radio gehört. Mein Vater war eine der Geiseln.

■ *1975* ist Dr. Heinz Hillegaart seit sechs Jahren an der deutschen Botschaft in Stockholm als Botschaftsrat für Wirtschaft tätig. Er hat eine Frau und drei Kinder. Claudia Hillegaart, die älteste Tochter, ist 20 Jahre alt und im Abschlußjahr an einer privaten schwedischen Kunstschule. Seine zweite Tochter Viveka ist 17 Jahre alt und besucht ein schwedisches Gymnasium. Der 13jährige Sohn geht auf die Deutsche Schule in Stockholm. ■

Vom Sekretariat der Schule rief ich bei der Polizeizentrale in Stockholm an und sagte, ich sei die Tochter von Heinz Hillegaart, einer der Geiseln in der deutschen Botschaft. Ich wollte, daß meine Geschwister und ich Begleitschutz nach Hause bekamen. Denn zu Hause erreichte ich niemand.

Vor dem Überfall auf die Botschaft hatte es einige bedenkliche Hinweise gegeben, daß das Leben unseres Vaters bedroht sei und auch unsere Familie ins Visier von – heute weiß man es – Terroristen geraten war. Im Frühjahr 1975 war unsere Mutter in Stockholm auf der Straße von einem fremden Mann auf deutsch angesprochen worden. Er war eine seltsame Erscheinung und trug einen Bart, der ganz offensichtlich angeklebt war. Den genauen Wortlaut weiß ich nicht mehr, aber sinngemäß sagte dieser Mann unserer Mutter: »Das Leben der Mitarbeiter der deutschen Botschaft ist in Gefahr.« Wir haben nie herausgefunden, wer er war. Unsere Mutter erzählte unserem Vater davon und danach sprach er gegenüber seinen Botschaftskollegen an, ob die Sicherheitsmaßnahmen erhöht werden sollten. Es war nicht die Zeit, in der man solche Vorfälle als unbedeutend oder als unangenehmen Spaß eines Wichtigtuers abtat. Der Tod des RAF-Mitglieds Holger Meins im Herbst 1974 hatte in der Bundesrepublik im Umfeld der Sympathisanten hohe Wellen der Entrüstung geschlagen. Man hätte davon ausgehen müssen, daß die RAF einen Schlag gegen den Staat plante.

Einige Wochen vor der merkwürdigen Begegnung auf der Straße war in unserem Garten eine kleine Menschengruppe aufgetaucht, die unser Haus fotografierte. In Schweden werden nur wenige Grundstücke durch Zäune abgetrennt, so war es nicht schwer gewesen, in unseren Garten zu gelangen. Unsere Mutter sprach diese Leute an, wer sie seien und warum sie das Haus fotografierten. Sie antworteten, sie seien Journalisten vom *Spiegel* und arbeiteten an einer Dokumentation über Diplomaten. Unsere Mutter bat darum, ihre Ausweise sehen zu dürfen. Natürlich, man werde sie schnell aus dem Auto holen, lautete die Antwort. Die angeblichen Journalisten gingen zum Wagen, doch statt mit ihren Presseausweisen zurückzukehren, fuhren sie davon. Unsere Mutter benachrichtigte die schwedische Polizei. Der Vorfall wurde aufgenommen und auch in der Botschaft diskutiert.

Die Anzeichen der Bedrohung mehrten sich in der folgenden Zeit. Andreas v. Mirbach erhielt von einem anonymen Anrufer die Warnung, sein Leben sei gefährdet. Einen anonymen Anruf mit gleicher Botschaft hatte er schon im Herbst 1974 bekommen. In seiner Funktion als Verteidigungsattaché meldete er die Vorfälle dem Bundeskriminalamt. Doch trotz dieser Kette von seltsamen und besorgniserregenden Ereignissen wurden die Maßnahmen zum Schutz der Botschaftsangehörigen und ihrer Familien vom BKA nicht erhöht. Rückblickend hätten natürlich Konsequenzen gezogen werden müssen. Damals jedoch konnte sich wohl keiner der Verantwortlichen vorstellen, daß es zum Ernstfall kommen könnte. Die Botschaft war nicht besonders gesichert. Es gab Beamte des Bundesgrenzschutzes im Gebäude, aber im Grunde konnte jeder hineinlaufen. Dies zeigte sich am 24. April entsetzlicherweise, denn die Terroristen schafften es mit Leichtigkeit, in die Botschaft zu gelangen.

Nachdem ich von dem Überfall erfahren und bei der Polizei angerufen hatte, fuhr ich zur Stockholmer Polizeizentrale. Am Telefon hatte die Polizei meine Bitte abgelehnt, mir und meinen Geschwistern Schutz bis nach Hause zu gewähren. Man hatte vielleicht Zweifel an meiner Glaubwürdigkeit gehabt. In der Zentrale der Stockholmer Polizei traf ich auf einige Mitarbeiter der deutschen Botschaft. Ich erfuhr, daß die Geiselnahme ihren Anfang in der Konsularabteilung genommen hatte. Vielen Anwesenden war es noch gelungen, ins Freie zu kommen. Elf Personen, darunter mein Vater, waren von den bewaffneten Geiselnehmern festgehalten und in den dritten Stock der Botschaft gebracht worden. Ich bat die Polizei erneut darum, daß mein jüngerer Bruder, meine Schwester und ich einen Beamten als Begleitschutz bekämen, um sicher nach Hause zu kommen. Doch die schwedischen Beamten lehnten erneut ab, obwohl die Botschaftsmitarbeiter bezeugten, daß ich die Tochter von Dr. Heinz Hillegaart sei. Ich fuhr allein mit dem Zug nach Hause. Wir wohnten etwas außerhalb von Stockholm in einem Vorort.

Dr. Viveka Hillegaart (48)
Tochter von Dr. Heinz Hillegaart

Ich hatte früh Unterrichtsschluß gehabt. Zu Hause erzählte mir meine Mutter von der Geiselnahme. Die Ehefrau des deutschen Botschafters, Dr. Dietrich Stoecker, hatte sie angerufen. Es war ein Schock, man konnte es gar nicht fassen. Unwirklich klangen die Ereignisse, die unsere Mutter mir schilderte: Wie die schwedische Polizei innerhalb von Minuten zur Stelle gewesen war und die untere Etage der Botschaft besetzt hielt. Die Terroristen forderten ihren Abzug und bedrohten Andreas v. Mirbach. Alle Geiseln benutzten sie als Druckmittel gegen die Bundesregierung. Daß sich der eigene Vater in einer lebensbedrohlichen Situation befindet, wird einem nur langsam bewußt. Man konnte nichts tun, außer zu warten. Noch wußten wir nicht, was die Terroristen von der Bundesregierung verlangten, was mit den Geiseln geschehen sollte. Heute ist bekannt, daß sie dem Büro der Deutschen Presse-Agentur in Stockholm gegen 13.30 Uhr mitteilten, sie seien das RAF-»Kommando Holger Meins« und hätten Botschaftsmitglieder gefangengenommen, um in der Bundesrepublik inhaftierte Mitglieder ihrer Gruppe freizupressen. Von dieser Forderung hörten wir zum ersten Mal im Laufe des Nachmittags aus den Fernsehnachrichten.

■ *Gegen 15.30 Uhr* rufen die Terroristen erneut im Stockholmer Büro der Deutschen Presse-Agentur an und geben bekannt, daß sie die Freilassung von 26 inhaftierten RAF-Mitgliedern fordern, darunter die führenden Köpfe der ersten Generation der Gruppe: Gudrun Ensslin, Andreas Baader, Ulrike Meinhof und Jan-Carl Raspe. ■

Claudia Hillegaart

Wir waren auf das angewiesen, was im Fernsehen mitgeteilt wurde. Heute ist das unvorstellbar. Einer betroffenen Familie steht im Fall einer Geiselnahme ein Beamter der Polizei oder des Bundeskriminalamts zur Seite, um sie über die Vorgänge auf dem laufenden zu halten. Außerdem würde die Familie von einem Psychologen betreut und hätte Personenschutz, ohne daß die Betroffenen selbst darum bitten müßten. Anhand der dürftigen Maßnahmen sieht man, wie unvorbereitet die Behörden auf einen terroristischen Anschlag waren. Es gab keine Routine im Umgang mit solchen Fällen.

Viveka Hillegaart

Trotz des Drucks konnten wir nur Ruhe bewahren. Noch gab es keine Meldung, ob die Bundesregierung die Forderungen der Terroristen erfüllen würde. Keiner von uns ahnte, daß sich das Schicksal unseres Vaters in wenigen Stunden entscheiden würde. Natürlich hoffte ich wie alle in unserer Familie, daß alles nur mögliche getan würde, um ihn und die anderen Menschen zu retten. Für mich – damals ja noch relativ jung – war es unvorstellbar, daß der Staat nicht alles tun würde, um die Menschen in der Botschaft zu befreien. Für unsere Mutter war es besonders schlimm: Sie mußte nicht nur das hilflose Warten ertragen, sondern stand zudem unter dem Schock, am Vormittag selbst bedroht worden zu sein. Zwei Wagen hatten sie auf dem Rückweg von Stockholm zu unserem Haus verfolgt, noch bevor sie von dem Botschaftsüberfall erfahren hatte.

Claudia Hillegaart

Die beiden Autos waren immer wieder dicht aufgefahren und hatten versucht, den Wagen unserer Mutter an den Straßenrand zu drängen. Wir vermuten, daß die Terroristen auch eine Geisel außerhalb der Botschaft nehmen wollten. Das würde auch erklären, warum die angeblichen *Spiegel*-Journalisten unser Haus und Grundstück ausgekundschaftet hatten. Sie hatten meine Mutter gesehen, kannten das Kennzeichen ihres Wagens und unsere Privatadresse.

Viveka Hillegaart

Es kann kein Zufall gewesen sein. Doch bis heute kennen wir die Hintergründe nicht. Da sich unsere Mutter nur an die Wagentypen erinnerte, nicht aber an die Kennzeichen, konnte die Spur nicht verfolgt werden. Unsere Mutter hatte ihren Verfolgern nur dadurch entkommen können, daß sie in verkehrter Richtung in eine Einbahnstraße abgebogen war. Der Gegenverkehr schnitt den Verfolgern den Weg ab, sie konnten nicht abbiegen.

Claudia Hillegaart

Ich kann nicht mehr genau sagen, ob wir durch die Fernsehnachrichten von der Ermordung Andreas v. Mirbachs erfuhren oder ob Frau Stoecker uns informierte. Die Terroristen hatten von hinten auf ihn geschossen und ihn so schwer verletzt, daß er Stunden später in der Universitätsklinik von Stockholm starb. Sein Tod machte auf furchtbare Weise deutlich, daß die Terroristen ihren Drohungen unerbittlich Taten folgen ließen.

■ *Am Nachmittag des 24. April 1975* wird Bundeskanzler Helmut Schmidt von der Geiselnahme in der deutschen Botschaft in Stockholm in Kenntnis gesetzt. Er entscheidet sich schließlich mit seinem Krisenstab gegen einen Austausch. Am Abend, gegen 20 Uhr, wird der schwedische Justizminister Lennart Geijer von dem Beschluß der Bundesregierung unterrichtet. Er akzeptiert diese Entscheidung im Namen der schwedischen Regierung und übermittelt den Terroristen in der deutschen Botschaft telefonisch, daß die Bundesregierung ihre Forderungen kompromißlos zurückgewiesen habe. ■

Claudia Hillegaart

Die Meldung von der Absage der Regierung Schmidt wurde im Radio und Fernsehen verbreitet. Damals war es das schlimmste Gefühl, weiter so hilflos zu sein und zugleich zu wissen, daß der eigene Vater keine Hilfe von der Regierung der Bundesrepublik bekommen würde. Das »Kommando Holger Meins« war sicher durch den Ausgang der Entführung von Peter Lorenz – das Nachgeben der Regierung Schmidt – in seinem Plan ermutigt worden, die deutsche Botschaft in Stockholm zu überfallen. Lorenz' Freilassung lag keine zwei Monate zurück (siehe Seite 56). Hätte Helmut Schmidt sich so kurz darauf erneut erpressen lassen, wäre zwar mit großer Wahrscheinlichkeit unser Vater nicht ermordet worden, aber es hätte ebenso wahrscheinlich bald an anderer Stelle RAF-Opfer gegeben. Auf politischer Ebene ist Helmut Schmidts Entschluß nachvollziehbar.

Doch – und das ist ein gewichtiges »doch« – die Regierung Schmidt hätte versuchen können, die Terroristen hinzuhalten, indem sie vorgegeben hätte, auf ihre Forderungen einzugehen. Möglicherweise hätte sich so ein Weg finden lassen, um an einer Strategie zur Befreiung der Geiseln zu arbeiten. Vielleicht hätte das RAF-Kommando Geiseln freigelassen, wenn aus der Bundesrepublik die Nachricht gekommen wäre, daß man sich auf einen Austausch vorbereitet. Man hätte Spezialkräfte einsetzen können, um die Geiseln zu befreien. Aber es gab in den Köpfen der Verantwortlichen in Bonn offenbar keinen geistigen Spielraum, den Terroristen mit mehr psychologischem Geschick entgegenzutreten. Zumindest damals noch nicht.

Einige Jahre später, als 1977 die Lufthansa-Maschine »Landshut« entführt wurde, agierten sie mit mehr strategischer Finesse (siehe Seite 184). 1975 indes wurden Maßnahmen, wie sie heute selbstverständlich wären, nicht überdacht. Der RAF kompromißlos deutlich zu machen, daß die Regierung nicht verhandeln werde, hatte auch mit der Persönlichkeit Helmut Schmidts zu tun. Heute würde man mit den Terroristen in einen Dialog treten, sie täuschen, wenn es nötig und möglich wäre – immer im Hinblick darauf, das Leben der Geiseln zu retten. Wenn der amtierende deutsche Außenminister Frank-Walter Steinmeier oder sein Vorgänger Joschka Fischer sich für die Freilassung von deutschen Geiseln im Ausland einsetzten und einsetzen, herrscht eine Offenheit gegenüber möglichen Mitteln, die es 1975 nicht gab.

Viveka Hillegaart

Helmut Schmidt wollte eine klare Linie ziehen. Während eines Kondolenzbesuchs bekräftigte später auch der damalige Außenminister Hans-Dietrich Genscher, die Regierung habe sich – die Entführung von Peter Lorenz im Hinterkopf – nicht anders entscheiden können. Die Bundesregierung befürchtete zu Recht, daß sie bei einem erneuten Nachgeben die Tür für eine Vielzahl weiterer Erpressungsversuche öffnen würde. Zudem waren die Forderungen des RAF-»Kommando Holger Meins« so hoch, daß die Regierung ihre Verantwortung gegenüber denen, die bei einer Freilassung der Inhaftierten in Gefahr gekommen wären, stark vernachlässigt hätte. 26 Terroristen wollten die Geiselnehmer freipressen. Die kriminellen Taten, die ihr Freikommen möglicherweise ausgelöst hätte, waren unkalkulierbar. Ihre zerstörerische Haltung gegenüber der Bundesrepublik hatte die RAF seit 1970 durch Taten und Worte deutlich gemacht. Es war eine schwere Entscheidung für Helmut Schmidt, das bezweifle ich nicht. Sein Entschluß bedeutete jedoch auch, daß die Bundesregierung die Versehrtheit und im schlimmsten Fall den Tod der Geiseln in Kauf nahm. Vielleicht glaubte er nicht, daß die Terroristen bei ihrer »Sieg oder Tod«-Haltung bleiben und tatsächlich Geiseln erschießen würden. Ich habe darüber oft nachgedacht.

Wie meine Schwester meine ich, es wäre taktisch klüger gewesen, die Bundesregierung hätte den Geiselnehmern ihren Entschluß nicht direkt mitgeteilt. Durch Taktieren und Täuschen der Täter hätte sich vielleicht die Möglichkeit ergeben, einige der Geiseln, im besten Fall alle, zu befreien – und die Terroristen festzunehmen. Man hätte Tote auf beiden Seiten vielleicht vermeiden können. Die Geiseln zu Opfern der Staatsraison werden zu lassen, hätte die letzte Möglichkeit sein sollen.

Die schwedische Regierung versuchte im Anschluß an die Absage der Bundesregierung, einen Kompromiß mit den Terroristen einzugehen. Justizminister Lennart Geijer informierte unsere Mutter telefonisch von den Bemühungen, die er unternahm. Doch die schwedische Regierung hätte das RAF-Kommando wahrscheinlich mit keinem Angebot umstimmen können. Sie war in den Augen der Terroristen nur ein Pseudo-Verhandlungspartner. Es ging ihnen allein darum, ihre Forderungen gegenüber der Bundesregierung durchzusetzen. Dialogbereitschaft existierte nicht. Alle Versuche der schwedischen Regierung waren hoffnungslos.

▪ *Am Abend des 24. April* versucht der schwedische Justizminister mehrfach, die Geiselnehmer in der Botschaft zum Einlenken zu bewegen. Er bietet ihnen freies Geleit an, wenn sie ihre neun Gefangenen gehen lassen. Doch die Terroristen drohen damit, jede Stunde eine Geisel zu erschießen, wenn ihre Forderungen nicht erfüllt würden.

Gegen 22.30 Uhr wird der Botschaftsrat für Wirtschaft Dr. Heinz Hillegaart von den Terroristen an ein geöffnetes Fenster im Obergeschoß der Botschaft geführt. Er ruft: »Hallo, hört ihr mich?« Dann wird der 64jährige erschossen.

Welches Mitglied des RAF-Kommandos sein Mörder ist, ist bis heute ungeklärt.

Kurz vor Mitternacht geht ein Beben durch das Botschaftsgebäude, Feuer bricht aus. Der von den Terroristen angebrachte Sprengstoff ist explodiert. Die schwedische Polizei hatte sich gerade darauf vorbereitet, das Gebäude zu stürmen. Polizisten werden von dem Explosionsdruck zu Boden geworfen. Wer den Sprengstoff zur Explosion brachte, ist bis heute nicht geklärt. Es gibt die Vermutung, die Kette von Detonationen sei durch ein Versehen der Terroristen ausgelöst worden. Das Mitglied des »Kommando Holger Meins«, Ulrich Wessel, stirbt. Die übrigen RAF-Mitglieder und ihre Geiseln fliehen aus dem in Brand stehenden Gebäude. Die Polizei nimmt die Täter fest. Sie werden in die Bundesrepublik ausgeflogen. Siegfried Hausner stirbt Anfang Mai in der intensiv-medizinischen Abteilung des Gefängnisses Stuttgart-Stammheim an einem Lungenödem.

Die Leiche von Heinz Hillegaart verbrennt in der Botschaft. ■

Claudia Hillegaart

Frau Stoecker überbrachte mir am Telefon die Nachricht, daß unser Vater tot sei. Die Terroristen hatten ihn wohl als zweites Opfer ausgesucht, da er zum Zeitpunkt der Geiselnahme stellvertretender Botschafter war. Der eigentliche stellvertretende Botschafter war in Urlaub, und unser Vater nahm in dessen Abwesenheit diese Position ein. Er wurde, das berichteten uns Überlebende des Überfalls später, namentlich aus der Gruppe der Geiseln aufgerufen. Er hat sich sofort gemeldet. Auch Andreas v. Mirbach war namentlich aufgerufen worden. Das RAF-Kommando wählte ihn wohl als erstes Opfer zur Hinrichtung, weil er Bundeswehrsoldat war – und damit in ihren Augen ein Vertreter des Unterdrückerstaates. Eine Wahrnehmung, die wie alle Vorwürfe der Terroristen nichts mehr mit der Realität zu tun hatte. Den Botschafter Dr. Dietrich Stoecker wollten die Terroristen wohl nicht als zweites Opfer ermorden, weil sie damit ihre höchste Karte ausgespielt hätten. Er war der ranghöchste Angehörige der deutschen Botschaft, ein Druckmittel, das sie sich erhalten wollten. Es gab eine Liste, die die Reihenfolge, in der die Geiseln erschossen werden sollten, festlegte. Als nächstes Opfer sollte der Kulturreferent Arno Elfgen umgebracht werden.

Viveka Hillegaart

Wenige Tage nach dem Überfall fand die Trauerfeier für die ermordeten Geiseln statt. Nach der kirchlichen Zeremonie wurde auf dem Stockholmer Flughafen ein Staatsakt für die Ermordeten abgehalten. Eine Kapelle spielte Marschmusik und die deutsche Nationalhymne. Vor uns standen die Särge, bedeckt mit Deutschlandflaggen – all dies hatte nichts mit unserem Vater zu tun. Dieser vorgegebene Ablauf des Abschiednehmens ließ keinen Raum für private Augenblicke der Trauer. Wenn ich heute zurückblicke, waren es für uns zusätzliche dramatische Momente, die wir durchstehen und bei denen wir Haltung bewahren mußten. Zumal es einen Tag nach der Trauerfeier in Stockholm einen zweiten Staatsakt in Bonn gab. Ich weiß nicht, ob diese Veranstaltung für uns gut war. Mir hat das viel abverlangt.

Wir haben uns nach dem Mord an unserem Vater gegenseitig in der Familie sehr stark unterstützt und auf diese Weise einen Umgang mit dem Verlust gefunden. Claudia und mir hat unsere enge Schwesternbeziehung geholfen, die uns von klein auf verbindet. Wir waren nach dem Anschlag auch schon in einem Alter – 17 und 20 Jahre alt –, um unserer Mutter ein Halt zu sein, die sich wiederum um unseren jüngeren Bruder kümmerte.

Wir hätten sicher noch glückliche Jahre mit unserem Vater verbringen können – zehn oder 15 wären es bestimmt gewesen. Der Raub, der durch den Mord stattgefunden hat, ist für mich das Schlimmste. Ein Raub auf verschiedenen Ebenen: Unserem Vater ist das Leben genommen worden und uns die Möglichkeit, noch ein Stück unseres Lebens mit ihm zu verbringen. Wir hatten immer ein gutes, herzliches und offenes Verhältnis zu ihm – und obgleich man lernt, mit dem Verlust zu leben, bleibt eine Lücke, die sich niemals schließt. Da es immer ein wichtiger Teil der Lebensphilosophie unseres Vaters war, haben wir uns nach seiner Ermordung bemüht, nach vorn zu blicken. Auch meine Mutter hat uns diese Haltung mitgegeben. In der Todesanzeige, die nur wenige Tage nach dem Mord veröffentlicht wurde, fand dies Ausdruck in dem Satz: »Die Karawane zieht weiter.« Das Leben geht weiter. Es wird weitergehen, wollten wir damit sagen. Es geht immer weiter, auch ein Gewaltakt von Terroristen kann diese Haltung nicht brechen. Unser Vater hätte es nicht anders gewollt.

Claudia Hillegaart

Es gibt Filmaufnahmen von der Ermordung unseres Vaters. Man sieht ihn am Fenster stehen und dann getroffen zusammensinken. Kurz nachdem die Botschaftsbesetzer mittags ihre Geiseln genommen hatten, waren Fernsehteams gekommen und hatten von außen gefilmt, was im Obergeschoß der Botschaft passierte. Den Schuß zu hören und das Geräusch, wie der Körper unseres Vaters nach vorne fällt, ist immer noch schlimm. Obwohl der Mord so viele Jahre zurückliegt und Verlust und Trauer verarbeitet sind. Furchtbar bleibt die Gewalt, die Ermordung unseres Vaters. Jeder Mensch muß irgendwann sterben. Es ist weniger sein Tod, den ich als schlimm empfinde, als die Umstände seines Sterbens. Typisch für ihn waren zeitlebens seine Offenheit und Lebensfreude gewesen. Gewalt hatte sein Leben zum Schluß bestimmt und beendet – ein Ende, das im Gegensatz zu allem stand, woran er geglaubt und wofür er sich eingesetzt hatte.

▪ *Am 10. April 1911* wird Heinz Hillegaart in Hamburg geboren. Als Jugendlicher reist er viel durch Europa, vor allem nach England und Norwegen führt ihn sein Weg einige Male. 1933 beginnt er in der englischen Hauptstadt an der London School of Economics, Wirtschaft und Politische Wissenschaft zu studieren. Nach seinem Studienabschluß kehrt er nach Deutschland zurück und studiert in München ab 1938/39 Volkswirtschaft. 1940/41 leistet er Kriegsdienst, bevor er 1943 zum Dr. rer. pol. promoviert wird. Die Erfahrungen während der Nazidiktatur prägen ihn tief: »Das Kesseltreiben gegen Minderheiten, die nicht dem arischen Ideal entsprachen, die Uniformierung und Gleichschaltung der Gesellschaft in allen öffentlichen und privaten Bereichen des Lebens«, erinnert sich Claudia Hillegaart, »waren ihm zutiefst zuwider. Besonders der Verlust seiner persönlichen Freiheitsrechte hatte ihn tief geprägt und dazu geführt, daß er Autoritäten nie einfach akzeptierte, ohne sie zu hinterfragen.« Heinz Hillegaart heiratet nach Kriegsende und arbeitet zunächst als Kaufmann in seiner Fischereifirma. 1951 tritt er in den wiedergegründeten Auswärtigen Dienst ein. Nach Verwendungen in Bonn in den Jahren 1951/52 nimmt er seine Arbeit am deutschen Konsulat im pakistanischen Karachi auf. Die nächste Station seiner diplomatischen Laufbahn ist Indien: Ab Mitte der fünfziger Jahre arbeitet er im deutschen Konsulat in Kalkutta. In Indien wird 1954 seine älteste Tochter Claudia geboren. 1957 kommt im schwedischen Göteborg, wo er zu dieser Zeit im Auswärtigen Dienst tätig ist, seine Tochter Viveka zur Welt. Rangun in Myanmar, damals Birma, ist die nächste Station. Dort wird sein Sohn geboren. 1964 kehrt die Familie nach Bonn zurück, wo sie bis 1969 bleibt. »Typisch für unseren Vater war«, so die Erinnerung von Viveka Hillegaart, »sich immer wieder auf neue Abenteuer einzulassen, immer wieder neue Herausforderungen zu suchen. Sonst hätte er im Alter von 40 Jahren nicht noch einmal einen vollkommen neuen Berufsweg eingeschlagen. Er interessierte sich sehr für fremde Kulturen, dachte nie in Klischees. Er war ein sehr ungewöhnlicher Mensch. Er ermutigte uns von klein auf zur Auseinandersetzung mit anderen Meinungen – und dazu, eine eigene Position zu formulieren. Das eigenständige Denken zu fördern war eine seiner wichtigsten Erziehungsmaximen. Vor dem Hintergrund der damaligen Zeit eher eine Seltenheit. Zumal unser Vater – 1911 geboren – ein relativ alter Vater war. Doch anders als viele seiner Altersgenossen lehnte er strenge Familienhierarchie und autoritäre Erziehung ab. Er förderte unsere Eigenständigkeit, hielt nichts davon, daß Mädchen die zweite Geige spielen sollten, während Jungen in allem bestärkt wurden – auch dies war eher eine Seltenheit in den fünfziger und sechziger Jahren. Er ermunterte uns, einen eigenen Beruf anzustreben und durch eigenes Einkommen unabhängig zu sein. Diesen Weg sind wir schließlich auch gegangen.« ■

Ab Mitte der sechziger Jahre forderten Studenten in der Bundesrepublik immer lauter, die Vergangenheit und die Verantwortlichkeiten im Dritten Reich müßten geklärt und aufgearbeitet werden. Unser Vater hatte dafür Verständnis. Er war zwar im Krieg gewesen, aber nie Mitglied der NSDAP. Daher brach für ihn nach dem Ende des Dritten Reichs kein ideologisches Glaubensgerüst zusammen. Das machte es ihm leichter als anderen seiner Generation, sich mit der Vergangenheit auseinanderzusetzen. Er erkannte, daß ein Großteil seiner Generation verdrängte und so tat, als hätte es die zwölf Jahre unter Hitler nicht gegeben. Die Menschen richteten sich gemütlich in ihren bürgerlichen Moralvorstellungen ein und blendeten die Frage nach Mitverantwortung, gar Mitschuld aus. Es verblüffte unseren Vater nicht, daß manche der Jüngeren sich mit diesen in ihren Augen verlogenen Vorstellungen von Moral nicht anfreunden konnten. Der Ruf nach Reformen und dem Ende der Ordinarienuniversität, daß die »alten Zöpfe« wegmüßten, war ein Teil des Studentenprotests. Unser Vater empfand es als richtig, daß die Studenten auch Vorschläge für den Lehrplan einbringen und insbesondere die Auseinandersetzung mit dem Dritten Reich in die Hörsäle holen wollten. Sehr wohl verstand er auch, daß der Vietnamkrieg mit seinen unzähligen Opfern unter der Zivilbevölkerung die Empörung der Studenten nach sich zog, den Formen ihres Protests stand er allerdings teils kritisch gegenüber. Doch er akzeptierte ihr Recht darauf, ihre Meinung frei äußern zu dürfen.

Bedingt durch die eigene Lebensgeschichte war unser Vater stets bemüht, den Dialog aufrechtzuerhalten und Kompromisse im Miteinander zu finden. Er war Diplomat –

weit über seine berufliche Tätigkeit hinaus. Stets Anstrengungen zu unternehmen, um zu einer gemeinsamen Lösung zu kommen, das war wohl das Charakteristischste an ihm. Proteste gegen den Vietnamkrieg, die geplanten Notstandsgesetze und für Universitätsreformen – all dies war in seinen Augen demokratische Normalität.

Doch er begriff auch die Schwierigkeit, die im Aufbegehren der Studenten lag: Ihre Forderung nach Aufarbeitung kollidierte mit dem nach den Erfahrungen der Weimarer Republik und dem Ende des Dritten Reichs weithin herrschenden Interesse in der Bevölkerung nach Ruhe, Ordnung und Wohlstand. Im Gegensatz zu den Studenten, die ja zu Recht Aufarbeitung forderten, hatte die Generation ihrer Eltern unter den Kriegsfolgen zu leiden gehabt: Zerstörung, Verlust von Familienangehörigen und Besitz, Heimatvertreibung und Notlage in den ersten Jahren. Unser Vater verstand daher auch, daß die Überlebenden des Zweiten Weltkriegs froh waren, mit dem Leben davongekommen zu sein und nun nach vorn blicken wollten. Die Last des Dritten Reichs war groß, man schaute lieber nicht zurück. Eine schwierige gesellschaftliche Situation, daß daraus Konflikte erwuchsen, war unausweichlich. Unser Vater sah das Defizit an gelebter Demokratie in der Nachkriegszeit, aber man konnte vielleicht nicht mehr erwarten. Zugleich kann man verstehen, daß es für die Kinder dieser Generation wiederum ein Zustand war, mit dem sie sich nicht zufriedengeben wollten.

Für die Radikalität der Jüngeren, die ab Mitte der sechziger Jahre stetig wuchs, hatte unser Vater allerdings kein Verständnis mehr. Es endete endgültig mit den Kaufhausbränden in Frankfurt am Main im April 1968. Sie waren die Wende zur organisierten Gewalt und stellten eine neue, verurteilenswerte Stufe der Eskalation dar. Unser Vater beobachtete kritisch, wie sich zahlreiche Studenten mit den Brandstiftern solidarisch erklärten. Viele von ihnen warfen dem Staat vor, ein faires Urteil für Gudrun Ensslin, Andreas Baader, Thorwald Proll und Horst Söhnlein sei von einem Gericht der Bundesrepublik nicht zu erwarten.

Unser Vater nahm die Brandstiftung als vereinzelte anarchistische Tat wahr. An Terrorismus dachte man damals noch nicht. 1968 war ich 13 Jahre alt, und mir schien die Aktion in Frankfurt vollkommen unsinnig. Mit Feuer und Sachschaden in Deutschland war doch niemandem geholfen! Aus heutiger Sicht indes begann damals, was 30 Jahre andauern sollte: In Frankfurt zeigte sich erstmals die Zerstörung ohne jeden Sinn, die sich später in allen Taten der Baader-Meinhof-Gruppe wiederfindet – und ihre Wahrnehmung, Teil einer globalen Widerstandsbewegung zu sein und gegen Mißstände in der Dritten Welt zu kämpfen. Für mich rückte das Thema Brandstiftung damals rasch wieder in den Hintergrund. Mich beschäftigten andere Dinge: Bis zu unserer Rückkehr nach Deutschland war Englisch meine meistgesprochene Sprache gewesen, das zog nun manche Schwierigkeit in der Schule nach sich.

Ob wir in der Zeit auch gegen unsere Eltern aufbegehrten, wie es so viele Jüngere taten? Ein wenig tut man das in dieser Lebensphase wohl immer. Doch unser Aufwachsen verlief aufgrund der Umzüge, die der Beruf unseres Vaters mit sich brachte, anders als bei vielen anderen in unserem Alter. Wir wechselten alle vier Jahre die Schule, mußten immer wieder neu Anschluß an Schulkameraden suchen. Die Familie war unsere Konstante – wie eine kleine Insel, die immer da war und auf die man sich zurückziehen konnte. Wir wären sicher nicht auf die Idee gekommen, zu Hause alles in Frage zu stellen, alles Private für politisch zu erklären und gegen unsere Eltern auf die Barrikaden zu gehen. Die Nähe zu unseren Eltern war, trotz mancher Auseinandersetzung, stets ungebrochen. Wir identifizierten uns auch wenig mit der Gesellschaft in der Bundesrepublik, hatten die meiste Zeit unseres Lebens im Ausland verbracht. Die Studentenproteste waren interessant, weckten auch meine Neugier – aber sie schienen wie aus einer anderen Welt.

Viveka Hillegaart

Ich erinnere mich, daß wir mit unseren Eltern 1972 zum ersten Mal über die RAF sprachen. Im Mai hatten die Terroristen Anschläge auf die US-Hauptquartiere in Frankfurt am Main und Heidelberg verübt sowie auf das Polizeipräsidium in Augsburg.

Unser Lebensgefühl änderte sich im Herbst 1974. Die Gespräche wurden ernster – ein beunruhigter Unterton schwang mit einem Mal mit –, als vor Gericht Anklage gegen die führende Riege der RAF erhoben wurde. Obwohl wir die Atmosphäre in der Bundesrepublik nicht unmittelbar erlebten, spürten wir, daß sich etwas verändert hatte. Da waren die Fronten schon vom Terror verhärtet, die gegenseitigen Vorwürfe beider Seiten erbitterter und Vermittlung zwischen ihnen nicht mehr möglich. Ulrike Meinhof, Gudrun Ensslin, Andreas Baader, Jan-Carl Raspe und Holger Meins traten in einen Hungerstreik. Unsere Eltern hatten nie Angst vor der RAF, aber man nahm die Bedrohung, die vom »bewaffneten Kampf« ausging, ernst.

■ *Am 9. November 1974* stirbt nach fast zwei Monaten Hungerstreik Holger Meins in der Justizvollzugsanstalt Wittlich. Zum Zeitpunkt seines Todes wiegt er noch 39 Kilo.

Für viele ehemalige Mitglieder der Studentenbewegung, die sich seit 1970 in zahlreichen aus ihr hervorgegangenen Splittergruppen engagieren, wird der Tod von Holger Meins zum Schlüsselerlebnis. Er bewirkt einen enormen Schub an Wut und läßt die Überzeugung wachsen, daß man gegen den Staat und seine Verantwortlichen mit militanten Mitteln vorgehen müsse. Diskussionen über Gesellschaftskritik scheinen keine Lösung mehr zu bieten, sondern einzig noch das Handeln.

In den Tagen nach dem Tod von Holger Meins kommt es in vielen Städten der Bundesrepublik und des westeuropäischen Auslands zu Demonstrationen und Protestkundgebungen – getragen von dem Vorwurf, der bundesdeutsche Staat lasse seine Gefangenen verhungern. ■

Claudia Hillegaart

Der Tod von Holger Meins entwickelte enorme Wirkkraft. Ich glaube, viele Sympathisanten nahmen ihn als Märtyrertod wahr. Mich hat es nicht berührt, daß Holger Meins Leben endete. Sein Sterben war die Konsequenz des Hungerstreiks, für den er sich selbst entschieden hatte. Ich sah den Staat nicht in der Verantwortung, wie so viele andere in meinem Alter in der Bundesrepublik. Wie ich über die RAF dachte – meine distanzierte Sicht – hatte wohl auch damit zu tun, daß wir im Ausland lebten und viele Schwingungen, die damals durch die Gesellschaft der Bundesrepublik gingen, nicht erlebten. Es war in meiner Schule in Stockholm auf dem Schulhof kein Thema, ob man mit der RAF solidarisch sein sollte. Die Emotionalität, mit der solche Themen in Deutschland diskutiert wurden, kam bei uns gar nicht erst auf.

Kritisch dachte ich hingegen darüber, wie in der Bundesrepublik mit den Ideen und Schriften der RAF umgegangen wurde. Ich erinnere mich, daß ich – damals 19 Jahre alt – viel mit unserem Vater über die Terroristen diskutierte. Von Ulrike Meinhof hatte ich einige Texte gelesen, die den Kampf der RAF begründen sollten. Ich hatte keine Sympathien für die Gruppe, hätte es aber für richtig gehalten, die Texte von Ulrike Meinhof in Seminaren an der Universität zu diskutieren und in Schulbüchern abdrucken zu lassen, statt das Gedankengut der Terroristen zu tabuisieren – wie es damals weitgehend geschah. Unser Vater sah in meinen Ideen nicht unbedingt den ersten Schritt zur Lösung, doch auch er war überzeugt, daß man eine Meinung nicht entkräften könne, wenn man sie nicht zur Diskussion freigab. Nur so könne man ihr etwas entgegensetzen. Den erhöhten Fahndungsdruck hielt er zugleich für richtig. Die RAF-Mitglieder waren in seinen Augen Kriminelle, aber motiviert durch politische Vorstellungen. Deshalb glaubte er daran, daß man sich auch mit ihren Texten auseinandersetzen müsse, um ihre Ideen und Ziele als nicht haltbar zu entlarven.

Nur wenige Wochen vor seiner Ermordung diskutierten wir dieses Thema. Und obwohl wir damals von den unheildrohenden Anzeichen wußten, hätte ich nie geglaubt, daß wirklich ein Anschlag verübt werden würde. Wir alle waren zwar vorsichtiger geworden und beobachteten unser Umfeld genauer, aber keiner in unserer Familie glaubte letztlich daran, daß es zum Schlimmsten kommen könnte.

Unser Vater hatte sich von der Bedrohung in seinem Denken und Handeln nicht einschränken lassen. Er war ein unerschrockener, nie resignierender Mensch. Er war stets bei dem geblieben, wovon er überzeugt war – unter Inkaufnahme seiner Gefährdung. Wenige Tage vor dem Überfall und der Geiselnahme demonstrierten junge Deutsche vor der deutschen Botschaft in Stockholm. Sie beklagten, daß in der Bundesrepublik keine freie Meinungsäußerung möglich sei, und prangerten die Vorgehensweise der Polizei während Protestkundgebungen, aber auch die Vorstellung von gelebter Demokratie in der Gesellschaft an. Die Bundesrepublik, das war für sie ein Schimpfwort – das konservativste Land des Westens, in dem in ihren Augen immer noch faschistische Strukturen Wirkungsmacht besäßen. Ihre Proteste waren laut und aggressiv. Unser Vater ging hinunter auf den Vorplatz der Botschaft und diskutierte mit den Demonstranten. Ein Dutzend Menschen mögen es gewesen sein, nicht mehr. Jeder kann hier sagen, was er will, erklärte ihnen unser Vater. Doch wenn man wahre Freiheit anstrebe, müsse man die Grenzen anderer respektieren. Freiheit war für ihn eng verknüpft mit geistiger Freiheit, die die Grundlage für Toleranz und die Anerkennung von Andersdenkenden ist. Man müsse Freiheit manchmal auch mit Geduld begegnen, war seine Position gegenüber den Demonstranten: Es gäbe Phasen, in denen eine Gesellschaft den Umgang mit neuen Freiheiten erst lernen müsse, auch er halte die Konsolidierung der Nachkriegsgesellschaft nicht für abgeschlossen. Abends erzählte er uns von der Demonstration, er war zufrieden. Man hätte sich mit den jungen Leuten unterhalten können, es sei nach anfänglichen Schwierigkeiten ein guter Austausch gewesen – und man müsse mit dieser Generation mehr reden.

■ *Gegen Mitternacht des 24. April 1975* endet der Überfall auf die Botschaft mit drei Toten: Andreas v. Mirbach, Dr. Heinz Hillegaart und Ulrich Wessel. Die Polizei findet letzteren sterbend an der Rückseite des Gebäudes, nachdem es in der Botschaft zu den Detonationen gekommen war. Der Explosionsdruck hatte Ulrich Wessel hinausgeschleudert. Ein zweites Mitglied des »Kommando Holger Meins« stirbt Anfang Mai im Gefängnis von Stammheim. Siegfried Hausner war durch die Explosionen schwer verletzt worden. Sein Tod zieht heftige Anschuldigungen aus dem RAF-Sympathisantenfeld gegenüber der Bundesregierung nach sich. Ihr wird vorgeworfen, Hausner sei gestorben, weil er trotz seiner Verletzungen in die Bundesrepublik ausgeflogen worden war. ■

Viveka Hillegaart

Ich weiß nicht, welche medizinischen Maßnahmen für Siegfried Hausner wichtig gewesen wären, ich kenne die Unterlagen seines Falls nicht. Grundsätzlich bin ich der Überzeugung, daß jeder Verletzte medizinische Hilfe erhalten sollte. Soweit ich weiß, wurde Siegfried Hausner zunächst in Stockholm behandelt und dann ausgeflogen. Ob der Flug zur Verschlechterung seines Zustands beigetragen hat, kann ich nicht beurteilen. Aber ich kann die Motive der Regierungen in Bonn und Stockholm nachvollziehen. In Schweden hatte man wohl Sorge, es könne zu Unruhen oder weiteren Taten der RAF kommen, wenn Siegfried Hausner im Land bliebe. Er war selbst ein erklärter Gegner der Bundesrepublik, es kann daher auch nicht verwundern, daß das Bundeskriminalamt ihm gegenüber entsprechende Maßnahmen ergriff. Das Risiko, verletzt zu werden, hatte er zudem selbst auf sich genommen. Das Kommando der RAF hatte den Sprengstoff in die Botschaft gebracht.

Claudia Hillegaart

Ich sehe den Fall Hausner wie meine Schwester. Eine bewußt herbeigeführte Verschlechterung von Siegfried Hausners Gesundheitszustand scheint mir unvorstellbar. Daß nach seinem Tod Anschuldigungen gegenüber der Bundesrepublik laut wurden, überraschte aber nicht. Aus Sicht der RAF-Mitglieder kam die Überstellung Hausners in die Bundesrepublik wohl der Förderung seines Todes gleich. Diese Wahrnehmung fügte sich in ihr Bild vom menschenverachtenden Staat. Es ging ihnen nur um ihre Sache und um ihre Leute, da können die Vorwürfe nicht verwundern. Heute ist indes weithin bekannt, daß die Haftbedingungen der Inhaftierten in Stammheim weit humaner waren, als sie von den RAF-Mitgliedern und ihren Anwälten damals dargestellt wurden. So mag es auch im Fall Hausner eine Überzeichnung der Umstände gegeben haben.

Viveka Hillegaart

Unser Vater wäre 1976, ein Jahr nach dem Überfall auf die Botschaft, in Pension gegangen. Wir hatten geplant, bis zum Sommer 1976 in Stockholm zu bleiben, damit ich in Schweden noch mein Abitur machte. Danach wäre die Familie nach Deutschland umgezogen. Nach der Ermordung unseres Vaters blieben wir in Stockholm. Wir wohnten weiter in unserem Haus. Da wir Kinder noch in der Ausbildung waren, fand die Familie bald zu einer gewissen vordergründigen Normalität zurück. Die Schule ging weiter. Vor Claudia stand die Frage, wo sie ihr Studium beginnen wollte.

Claudia Hillegaart

Ich zog Ende 1975 nach Hamburg, um Kunst zu studieren. Dort kam ich schnell mit Mitgliedern der linken Szene in

Kontakt. Es war unumgänglich: Man mußte nur eine Frage an den AStA haben, und schon kannte man einige Linke. Ich hatte keine Abneigung, auch keine Berührungsängste – und man darf nicht vergessen, daß es neben der Debatte um die RAF auch andere Themen gab, die im linken Milieu diskutiert und umgesetzt wurden. Stadtteilarbeit, Kinderläden, Frauenhäuser – es gab viele produktive Gestaltungsphantasien. Würde man auf die siebziger Jahre zurückblicken und nur die RAF sehen, wäre dies ein eingeschränkter Blick auf die gesellschaftliche Entwicklung. Doch es gab natürlich die Diskussion um die »Solidarität mit den Genossen«, was ich als unangenehm empfand und wovon ich mich fernhielt, so gut es ging. Ich beteiligte mich nie an Debatten in der Universität, obgleich ich manchmal das Bedürfnis dazu hatte. Doch der Verlust meines Vaters lag noch nicht lange zurück. Ich fühlte mich nicht stark genug für Auseinandersetzungen vor vielen Menschen. Zudem wäre ich meinen Kontrahenten rhetorisch damals nicht gewachsen gewesen. Natürlich hatte ich mit meinen Eltern immer Deutsch gesprochen, aber es war eine ganz andere Sprache als die, die an der Universität gesprochen wurde. Im studentischen Milieu der siebziger Jahre galt man etwas, wenn jeder Satz von marxistischem Vokabular durchdrungen war. Und ich hätte als Solidaritätsgegnerin der RAF eine Minderheitsposition bezogen, unter den gegebenen Voraussetzungen wollte ich mir das nicht zumuten. Im linken Milieu wurde nämlich gemeinhin anerkannt, daß die Mitglieder der RAF die gleichen Wurzeln wie die Mitglieder des Protestmilieus hatten. Diese Haltung vertraten auch Leute innerhalb des linken Milieus, die Gewalt ablehnten. Im Hamburger Protestmilieu existierte eine ideelle, teils auch auf persönlichen Kontakten aufbauende Nähe zur RAF. Wer die Gruppe kritisierte, wurde mit dem Vorwurf konfrontiert, er habe mit seiner Distanzierung einen Prozeß der Entsolidarisierung eingeleitet. Diese Haltung änderte sich erst 1977 aufgrund der Ermordung von Jürgen Ponto und Hanns Martin Schleyer sowie der »Landshut«-Entführung (siehe Seite 184). Bis dahin gab es in den Köpfen eine gewisse Solidaritätsgleichschaltung, was die RAF betraf – selbst wenn nicht alle ihre Taten befürworteten.

Ich lebte in Hamburg unter meinem Namen. Die Taten der RAF waren ein ständiges Thema an der Universität. Dennoch wurde ich nur ein- oder zweimal von Kommilitonen darauf angesprochen, ob ich mit Heinz Hillegaart verwandt sei. Und es waren keine politisch engagierten Studenten, die das wissen wollten. Aus dem linken Milieu fragte mich nie jemand. Obwohl es nahegelegen hätte. Vielleicht kam die Frage nie, weil man sich dann mit den unangenehmen Folgen – den unausweichlichen Wahrheiten, die die RAF-Taten nach sich zogen – hätte auseinandersetzen müssen. Wenn über die Solidarität mit den Genossen diskutiert wurde, ging es ja meist auch um die Gemeinsamkeiten, die immer noch oder zumindest im vergangenen Engagement von Mitgliedern wie Ulrike Meinhof oder Gudrun Ensslin gesehen wurden. Als Ulrike Meinhof Selbstmord beging, glaubten viele Linke, der Staat habe sie umgebracht – das nur als ein Beispiel, um zu verdeutlichen, was damals in den Köpfen vorging. Mich zu fragen, ob ich mit dem ermordeten Heinz Hillegaart verwandt sei, hätte bedeutet, sich anhören zu müssen, wie die Geschichte der RAF nach ihren Morden weitergeht: von Verlust und Trauer zu erfahren und davon, daß die Terroristen blindwütig mordeten. Ihre Opfer entsprachen nicht dem Bild des bösen Repräsentanten eines Unterdrückerstaats. Dieser Staat existierte nur in der Phantasie der RAF-Mitglieder.

Im privaten Umfeld sprach ich manchmal über die RAF. Einmal erlebte ich tatsächlich, wie ich als Denunziantin beschimpft wurde. Einem Bekannten erzählte ich im Zusammenhang mit der RAF davon, daß ich beim Verfassungsschutz um Materialeinsicht gebeten hatte. Der Hintergrund war, daß mir in Stockholm nach dem Botschaftsüberfall im Zuge der kriminalistischen Ermittlungen Fotos von Personen vorgelegt worden waren, die als Unterstützer des RAF-Kommandos verdächtigt wurden. Mich ließ auch Monate später, als ich schon in Hamburg wohnte, der Gedanke nicht los, daß ich einen Mann kannte. Aber ich konnte mich nicht erinnern, woher. Deshalb bat ich den Verfassungsschutz, noch einmal Einblick in das Material nehmen zu dürfen. Ich glaube bis heute, diesen Mann schon vor dem Überfall in einem privaten Zusammenhang gesehen zu haben. Doch ich erinnere mich nicht genauer. Der Bekannte, dem ich von meiner Vermutung erzählte, kritisierte mein Verhalten damals heftig: Ich würde Unschuldige denunzieren und in den Fokus der Verfolgung durch den Verfassungsschutz rücken.

Viveka Hillegaart

Ich blieb in Schweden, um Biologie zu studieren. Mein Studentenleben war unpolitisch. Wie in der Bundesrepublik und anderen westeuropäischen Ländern gab es in Schweden auch eine starke linke Bewegung an der Universität, die aber nicht militant war. Diskussionen über die RAF wurden in meiner Umgebung nur selten geführt. In Deutschland hingegen bekam in den siebziger Jahren ja auch jeder Nichtbetroffene durch den erhöhten Fahndungsdruck ein Gefühl für den Terror der RAF. Doch als Angehörige eines Opfers verfolgt man natürlich die Entwicklung. Es war furchtbar anzusehen, daß die Eskalation und die Gewalttaten der

RAF zu- und nicht abnahmen. Da ich meinen Vater durch die RAF verloren hatte, konnte ich besonders gut nachempfinden, wieviel Schlimmes die Anschläge in den Familien der Opfer anrichteten. Zugleich festigte sich in mir die Gewißheit, daß es keinen hundertprozentigen Schutz vor Anschlägen gibt. Das hatte ich sehr früh durch die Ermordung meines Vaters erkennen müssen, und die folgenden Attentate bestätigten dieses Wissen auf traurige Weise.

Claudia Hillegaart

Jedes System hat seine Schwächen – und es wird wohl immer wieder Menschen geben, die sie erkennen und versuchen, sich daraus einen Vorteil zu verschaffen, um ihre Ziele durchzusetzen. Das war mir auch vorher bewußt.

In den ersten Jahren nach der Ermordung unseres Vaters dachte ich darüber nach, mit den Tätern in Kontakt zu treten. Viele Fragen waren nach ihrer Tat offengeblieben: Aus welchem Grund war unser Vater als Opfer aufgerufen worden? Wir haben nur Vermutungen warum. Welcher Logik folgten die RAF-Mitglieder bei der Wahl ihrer Opfer? Interessierte es sie überhaupt, wer ihre Opfer waren? Das waren auf der einen Seite die Fragen, die mich in meinem Innern bedrängten. Es gab aber auch eine zweite Seite, die mich schließlich von einem Kontakt zu den Tätern abhielt. Dieser Seite in mir war klar, daß ich von ihnen nur starre Begründungen hören und ein Treffen für mich eine große Belastung sein würde. Auch wollte ich unsere Mutter nicht belasten und beunruhigen. Es war ja unkalkulierbar, welche Reaktionen mein Besuch im Gefängnis bei der RAF und unter ihren Sympathisanten ausgelöst hätte. Unser aller Vertrauen darauf, in Sicherheit zu leben, war brüchig geworden – das unserer Mutter besonders, nachdem sie selbst bedroht worden war. Sie hatte ohnehin Sorge um uns und eine einstweilige Verfügung erwirkt, die jede Verbreitung von Informationen über uns verbot. Ich wollte die Ängste in ihr nicht verstärken. Und in den folgenden Jahren ließ das Interesse, den Tätern gegenübertreten zu wollen, immer mehr nach. Das ist bis heute so geblieben. Fragen, auf die ich gern Antworten hätte, würden sie ausweichen. Und so bleibt nichts, weswegen ein Kontakt einen Sinn ergeben würde. Man kann nicht über Logik sprechen, wo es keine Logik geben kann.

Viveka Hillegaart

Ich hieß es gut, daß die Täter in den neunziger Jahren vorzeitig aus der Haft entlassen wurden. Damit brachte der Staat Bewegung in die Reihen der Sympathisanten und der im Untergrund lebenden Terroristen und nahm ihnen das Argument, mit dem die RAF seit Mitte der siebziger Jahre immer wieder neue Mitglieder gewonnen hatte: die angeblich unmenschlichen Haftbedingungen. 1992 hatte die RAF erklärt, ihre Anschläge gegen Repräsentanten des Staats und der Wirtschaft einzustellen. Danach war es ruhig geblieben. Es war richtig, Mitte der neunziger Jahre ein neues Kapitel der Geschichte aufzuschlagen, und dazu waren die Begnadigung und die vorzeitigen Haftentlassungen notwendig. Ich hatte die hohen Strafen für die Täter 1977 für richtig gehalten. Mord verdient höchste Bestrafung, nur so kann der Rechtsstaat dem Täter seine Grenzen aufzeigen. Es hätte knapp zwei Jahrzehnte später aber keinen Sinn gehabt, in der Vergangenheit zu verharren und das Strafmaß bis zum Ende beizubehalten. Wichtiger war, in der Lösung des Konflikts weiterzukommen. Ein Zeichen der Reue von den Tätern hat uns nie erreicht, aber das erwarte ich auch nicht.

Reste ihrer damaligen Denkmuster sind wohl noch heute in ihren Köpfen, doch sie haben ihren Mitteln abgeschworen. Das ist das Entscheidende. Daß sie ihre Taten in der Form nicht mehr begehen würden, ist wahrscheinlich die einzige Reue, die sie zeigen können.

Die Trauerarbeit ist irgendwann abgeschlossen, und man lebt mit dem Verlust, aber ein gewisses Interesse an den Lebenswegen der Täter bleibt. Welche Faktoren spielten eine Rolle für ihre Radikalisierung? An welchem Punkt entschieden sie sich für die Gewalt? Welche gesellschaftlichen und biographischen Hintergründe bedingten ihren Weg in den Terrorismus? Spielte es eine Rolle, ob sie aus gutem oder schlechtem Elternhaus kamen? Sprachen ihre Eltern mit ihnen über Politik, über das Dritte Reich? Oder waren die Moralvorstellungen sehr überhöht? Wurde in den Familien überhaupt miteinander gesprochen? Die Auseinandersetzung ist wichtig, nur so kann man aus der Geschichte lernen. Ich habe den Dokumentarfilm »Stockholm '75« des schwedischen Regisseurs David Aronowitsch gesehen, in dem Karl-Heinz Dellwo seine Geschichte erzählt. Berührt haben mich darin besonders die Schilderungen der Verwandten von Karl-Heinz Dellwo. Ihr Leben wurde durch seine Entscheidung, sich der RAF anzuschließen, für immer beeinflußt – ohne daß sie die Möglichkeit hatten, über dieses Schicksal zu bestimmen. Für die Angehörigen der Täter muß es oft schwer gewesen sein. Ähnlich wie wir wurden sie von außen fortan durch einen Filter gesehen. Opfer bleibt man immer, der Vater oder Bruder eines Mörders ebenfalls.

Claudia Hillegaart

Ich stimme mit meiner Schwester überein, daß die vorzeitigen Entlassungen wichtig waren. Wenn der Staat die Haltung einnimmt: einmal Terrorist, immer Terrorist – dann bedeutet das die Fortsetzung des Kampfs bis zum bitteren Ende. Das ewige Skandalon der Haftbedingungen motivierte Mitglieder im linken Milieu zur Militanz, stachelte die Gewaltbereitschaft an und wurde deshalb gezielt von der RAF als Instrument der Nachwuchsrekrutierung benutzt. Man mußte den Zustand überwinden, in dem sich die RAF immer wieder auf die Sonderhaftbedingungen berufen konnte, um den mörderischen Terror weiterzutreiben. Auch hatten die Täter von Stockholm Mitte der neunziger Jahre lange genug eingesessen. Es muß irgendwann weitergehen im Leben – auch für die Täter. Unser Vater kommt nicht dadurch zurück, daß sie länger in Haft sitzen. Der Verlust ist von unserer Seite verarbeitet, und es muß eben weitergehen – im Leben, in der Geschichte.

Nach den Entlassungen hat vor allem Karl-Heinz Dellwo eine große Öffentlichkeit bekommen. Das Forum haben ihm die Medien angeboten. Viele interessiert es, seine Geschichte zu hören. Ein uninteressanter Mensch bekommt ja keine Plattform. Man darf den Tätern das nicht absprechen. Das Recht auf Meinungsfreiheit muß auch für die Täter gewahrt bleiben. Sonst fängt man an, Grundsätze unseres freiheitlichen Systems zu verändern und an den wichtigsten Pfeilern unserer Ordnung zu rütteln. Aber man kann als Interviewer im Gespräch mit einem Terroristen deutlich machen, daß man seine Motive nicht gutheißt. Das wäre mir wichtig – und ich habe diesen kritischen Journalismus manches Mal vermißt.

Viveka Hillegaart

Auch ich heiße es aus Gründen der Meinungsfreiheit gut, daß es für die Täter ein Forum gibt, um ihre Motive für den Weg in den Terrorismus zu erklären. Es wäre allerdings wünschenswert, wenn sie selbstkritisch auf die Vergangenheit blicken würden. Was sie getan haben, kann nicht gerechtfertigt werden. Nicht entschuldigt. Es kann dafür kein Verständnis geben. Aber zu verstehen versuchen sollte man. Darin liegt die Chance, eine Eskalation zwischen gesellschaftlichen Gruppierungen und dem Staat künftig zu verhindern. Gerade jüngeren Menschen sollte man eine ernsthafte Auseinandersetzung mit den sechziger und siebziger Jahren nahebringen und zugleich verdeutlichen, daß es sich beim Terror der RAF nicht um Desperadoromantik und Gerechtigkeitskampf handelte. Diese Tendenz der Verharmlosung und Verklärung der RAF gibt es vor allem in den letzten zehn Jahren. Sie zu fördern ist fatal.

Die Mitglieder der RAF griffen zu gewaltsamen Mitteln, weil sie glaubten, politische Mißstände zu bekämpfen. Was sie taten, geschah aber aus Selbstüberhöhung, dem Festhalten an kitschigem Heroismus, sicher auch der Sehnsucht nach hundertprozentiger Moral – mit Gerechtigkeit hatte all dies nichts zu tun. Wir sollten aber nicht allein die RAF und ihre verheerenden Irrtümer im Blick haben, wenn wir zurückschauen, sondern auch die Wege von Mitgliedern der Studentenbewegung, die Veränderungen zu mehr echter Menschlichkeit und Gerechtigkeit möglich gemacht haben – ohne den Einsatz von Gewalt.

Claudia Hillegaart

Wir stehen heute einer neuen lebensbedrohenden Vereinigung von Terroristen gegenüber, die größer ist, als die RAF es war, und in ihren Mitteln und Vorgehensweisen menschenvernichtender. Die Lehre aus der Geschichte – trotz der Unterschiede zwischen dem Terrorismus der siebziger

Jahre und dem der Gegenwart – kann nur die sein, den Dialog aufrechtzuerhalten und zu versuchen, jene, die heute noch im Sympathisantenkreis sind, nicht zu Tätern werden zu lassen. Natürlich haben Polizei, Staatsanwälte und Geheimdienste ihre Pflicht zu tun, aber die Lösung auf die Frage, wie man Menschen davon abhält, sich terroristischen Gruppen anzuschließen, liegt im Dialog. Wir sind verantwortlich auch für das, was in unserer Gesellschaft geschieht. Reden und Zuhören ist über alle Ausgrenzungen hinweg das Wichtigste.

Die Ermordung von Jürgen Ponto

»Er wollte nie ein Mittel für Erpressung werden«

Corinna Ponto über ihren Vater

■ *Am Samstag, dem 30. Juli 1977,* klingelt Susanne Albrecht, die 26jährige Tochter eines Schulfreundes von Jürgen Ponto, Vorstandsvorsitzender der Dresdner Bank, gegen 17 Uhr an dessen Haustür in Oberursel. Sie hat sich der Familie Ponto allein angemeldet, kommt aber in Begleitung eines der Familie unbekannten Paars. Bei dem Mann handelt es sich um das RAF-Mitglied Christian Klar, die Frau ist Brigitte Mohnhaupt, ebenfalls Mitglied der RAF. In der Hand hält Susanne Albrecht einen Blumenstrauß. Die drei werden eingelassen und ins Wohnzimmer geführt. Nach kurzem Wortwechsel erklärt die Gruppe Jürgen Ponto, sie sei ein Kommando der RAF – Ponto solle entführt werden. Es kommt zu einem Handgemenge, in dessen Folge fünf Schüsse auf den Bankier abgegeben werden. Die Terroristen fliehen. Jürgen Ponto erliegt wenig später in der Universitätsklinik Frankfurt am Main seinen Verletzungen.

Wie eine Rekonstruktion des Bundeskriminalamts später ergibt, war es Christian Klar, der das Feuer eröffnete, als sich der 53jährige Jürgen Ponto gegen den Entführungsversuch wehrte. Laut Urteil des Oberlandesgerichts Stuttgart wurde er von Brigitte Mohnhaupt erschossen.

Zu dem RAF-Kommando gehörte auch Peter-Jürgen Boock, der den Fluchtwagen vorbereitet hatte und fuhr. ■

Anne Siemens: Was war besonders typisch für Ihren Vater?

Corinna Ponto: Sein Humor. Seine umfassend gelebte Bildung. Seine Offenheit, auf Menschen und Probleme zuzugehen.

War er interessiert an politischen Vorgängen?

Hochinteressiert. Die Ostpolitik, die Öffnung zum Osten, an der er auch durch den damals Pionieraufbau zu nennenden Dialog wirtschaftlich mitwirkte, interessierte ihn sehr – aber immer und vor allem in der geistigen Auseinandersetzung und nicht nur in tagespolitischen Oberflächlichkeiten. In Moskau eröffnete er in der ersten Hälfte der siebziger Jahre die erste Filiale der Dresdner Bank. Dasselbe Interesse hatte er für die Beziehungen zu China. Auch der gesamte nahöstliche Raum war neben den wirtschaftlichen Themen natürlich politisch und besonders auch kulturell sein zentrales Anliegen.

War Ihr Vater ein anwesender Vater?

Ja. Er ist es bis zum heutigen Tag.

Wie war die Atmosphäre in Ihrem Elternhaus in den siebziger Jahren?

Allen Themen gegenüber sehr offen – und bestimmt nicht bleiern. Das Blei wurde woanders gegossen. Es war ein angenehmes, lebendiges, fast leicht-lässiges Frankfurter Bürgertum, das bei uns zu Hause gelebt wurde – mit Gästen aus Politik und Kultur. Mein Vater war ein umfassend politisch interessierter Mensch, immer aber im Kontext von Geschichte und vor allem Kunst. Er kannte die Spielpläne von Theatern und Opernhäusern oder die Ausstellungspläne von Kunstmuseen im Land weit besser als Aktienkurse oder Börsenberichte. Das Wort Börsenbericht habe ich in meinem Elternhaus nie gehört, das kenne ich überhaupt erst, seit es unvermeidlich vor allen Nachrichten auftaucht. Eine Karriere wie die meines Vaters wäre heute wahrscheinlich so nicht mehr möglich.

Warum?

Er stammte aus einem gutbürgerlichen Elternhaus mit viel musischem Hintergrund. Sein Onkel war der Schauspieler Erich Ponto, andere in der Familie waren Musiker und Maler. Mein Vater selbst war kein ausgebildeter Wirtschaftler, sondern rutschte als Justitiar, aber vor allem als bekannt brillanter Redner und über den Tellerrand hinausschauender Denker in den Job. Wenn ich mir die heute tätigen Fachleute anschaue, sehe ich immer weniger vergleichbare Charaktere. Mein Vater sah auch immer in beide Richtungen: viel zurück und weit nach vorn.

▪ *Am 17. Dezember 1923* wird Jürgen Ponto in Bad Nauheim geboren. Einige Jahre seiner Kindheit verbringt er im südamerikanischen Ecuador. Im Zweiten Weltkrieg wird Jürgen Ponto 1944 als einfacher Soldat bei Stalingrad schwer verwundet. Nach Kriegsende studiert er in Hamburg Rechtswissenschaften und legt das Erste und Zweite Staatsexamen ab. Vorübergehend arbeitet er nach dem Studium journalistisch für die *Hamburger Akademische Rundschau*, kurz auch als Anwalt.

1952 kommt Jürgen Ponto als Jurist zur Dresdner Bank und wird 1969 Sprecher des Vorstands. Viel Anerkennung erhält Ponto vor allem für den Ausbau der internationalen Geschäftsbeziehungen des Hauses. Neben seiner Tätigkeit für die Dresdner Bank berät er gelegentlich auch den damaligen Bundeskanzler Helmut Schmidt.

Jürgen Ponto ist verheiratet mit Ignes Ponto, geborene von Hülsen. Sie haben zwei Kinder – Stefan und Corinna. ■

Anne Siemens: Im April 1975 hatte ein Kommando der Gruppe die deutsche Botschaft in Stockholm überfallen und zwei Botschaftsangehörige ermordet. Polizisten waren im Rahmen der Fahndung Opfer der RAF geworden. Am 7. April 1977 wurden in Karlsruhe Generalbundesanwalt Siegfried Buback und seine beiden Begleiter von der RAF getötet, um hier nur einige Beispiele zu nennen. Was hat Ihr Vater angesichts der Attentate der RAF empfunden?

Corinna Ponto: Er war sehr betroffen. Auch politisch unvorbereitet, aber natürlich spürend, daß eine neue Richtung eingeschlagen wurde, die man nicht absehen konnte – es war die Entstehungsphase eines neuen Klimas in Deutschland. Ein schwarzer Mantel breitete sich aus. Und so wie die Meteorologen sich heute nicht einig sind, ob es letztlich kälter oder wärmer werden wird auf der Erde, konnte man gerade Anfang der siebziger Jahre noch nicht richtig einschätzen, wohin die Entwicklung gehen würde, aber ein Klimawechsel lag eindeutig in der Luft. Seine Bedrohlichkeit war erstmals deutlich spürbar geworden, als 1974 der Berliner Kammergerichtspräsident Günter von Drenkmann ermordet worden war. Vor allem die Perfidie der Täter, Herrn von Drenkmann einen Blumenstrauß zu bringen, regte meinen Vater sehr auf. Für die geplante und genau vorbereitete Entführung meines Vaters am 30. Juli 1977 brachten die Mörder dann auch einen Strauß Blumen – einen verwelkten Heckenrosenstrauß. Daß die Eskalation, die 1974 begonnen hatte, bleiben würde, stand für meinen Vater spätestens mit der Entführung des Berliner Politikers Peter Lorenz fest.

■ *10. November 1974:* Günter von Drenkmann, Präsident des Kammergerichts Westberlin und damit höchster Richter der Stadt, öffnet einem Mann die Wohnungstür, der sich über die Gegensprechanlage als Blumenbote ausgibt. In Wahrheit gehört er einem Kommando an, von dem vermutet wird, daß es zur Bewegung 2. Juni oder ihrem Umfeld gehörte (siehe Kapitel zur Geschichte der RAF, Seite 33). Sobald die Wohnungstür geöffnet ist, versucht das Terroristen-Kommando, den 64jährigen Günter von Drenkmann zu entführen. Es kommt zu einem Handgemenge, da von Drenkmann sich zur Wehr setzt – er wird dabei erschossen.

Peter Lorenz wird am 27. Februar 1975, drei Tage vor der Berliner Abgeordnetenhauswahl, von Mitgliedern der Bewegung 2. Juni entführt, die damit die Freilassung von sechs inhaftierten Terroristen erreichen wollen (siehe Kapitel Andreas Baron v. Mirbach, Seite 56).

Die Bundesregierung entscheidet sich im Fall Lorenz, auszutauschen. Am 4. März 1975 wird er von seinen Entführern freigelassen. ■

Anne Siemens: Wie hat Ihr Vater über die Entführung von Peter Lorenz gedacht?

Corinna Ponto: Das Entsetzen über die Entführung und die daran geknüpften Forderungen teilte sich meinem Vater geradezu physisch mit. Die Nachgiebigkeit den Terroristen gegenüber war ein heftiges Gesprächsthema zu Hause. Mein Vater vertrat dabei stets die Position, daß man Entführern nie nachgeben dürfe. Im elterlichen Freundeskreis gab es eine spürbare Empörung – viel mehr als Angst. Die nachfolgenden Attentate etwa auf die deutsche Botschaft in Stockholm 1975 oder auf den Generalbundesanwalt Siegfried Buback und seine Begleiter im Frühjahr 1977 wurden auch als Folgen jener Nachgiebigkeit der damaligen Regierung empfunden. Doch ich möchte hier kein falsches Bild zeichnen: Die Terroristen waren seit der Lorenz-Entführung ein Thema in meinem Elternhaus, jedoch sicher nicht das bestimmende.

Hatte Ihr Vater Angst vor einem Attentat der RAF?

Nein. Er war nicht ängstlich. Das hatte auch viel mit seiner inneren Sicherheit und Ruhe zu tun. Er hat sich bei dem Entführungsversuch ausdrücklich gewehrt. Er wollte nie ein Mittel für Erpressung werden. Da war er sehr entschlossen. Die Verletzung seiner Würde hat mein Vater nicht erleben müssen, da er nicht in irgendeine Form der Gefangennahme geriet.

So wie Hanns Martin Schleyer einige Wochen nach dem Attentat auf Ihren Vater.

Er und seine Familie mußten viel durchleiden. Jede Form der inszenierten Gefangennahme ist die verabscheuenswürdigste Äußerung menschlicher Art – ob das die Entführung und Geiselhaft von Hanns Martin Schleyer war oder – um den Bogen bis heute zu schlagen – ob es die Haftbedingungen in Abu Ghraib oder Guantanamo sind. Sie sind durch nichts und niemals zu rechtfertigen. Im Gegenteil: Jedes Argument hebt sich durch ein solches Vorgehen schon von selbst auf. Wenigstens diese Beraubung der Würde ist meinem Vater erspart geblieben, auch insofern, als die Terroristen – grob gesprochen – Feinde waren, aber ihn nicht persönlich meinten. Sie meinten nicht den Menschen Jürgen

Ponto, sondern seine »Position« – wie man heute sagt, seinen Job als Symbol für unser System. Für die RAF war mein Vater das System.

Wie haben Sie von dem Attentat auf Ihren Vater erfahren?

Ich war zu Besuch in London und wohnte bei der japanischen Pianistin Mitsuko Uchida, einer engen Freundin unserer Familie. Dort suchte mich ein leitender Mitarbeiter der Dresdner Bank London auf. Ich flog sofort nach Hause.

Ihre Mutter war im gleichen Raum, als ihr Vater erschossen wurde.

Meine Mutter war Zeugin und nur durch den Lichteinfall geschützt. Ein Lichtstrahl durch den Raum rettete ihr das Leben, da sie direkt im Schatten dahinter am Telefon saß. Ich war nur durch einen Zufall nicht zu Hause, sondern noch in London. Das heißt, das Leben »Unschuldiger«, wie es immer so fatal heißt – denn alle Opfer sind unschuldig gewesen –, war gleichsam auch auf der Liste der Terroristen. Von »Unschuldigen« zu sprechen ist in all den Zusammenhängen immer ein völlig falscher Sprachgebrauch.

Zu dem Kommando der RAF gehörte Susanne Albrecht, deren Vater …

… mit meinem Vater in Hamburg zusammen aufs Gymnasium gegangen war. Seitdem waren die beiden Freunde.

■ *Nach der Tat des 30. Juli 1977* flieht Susanne Albrecht und setzt sich später in die DDR ab. Dort kann die Rechtsanwaltstochter sich mit Hilfe der Stasi lange vor den BKA-Fahndern verbergen. Unter dem Namen Ingrid Jäger arbeitet Susanne Albrecht als Englisch-Übersetzerin an einer Ingenieurhochschule in Cottbus. Sie heiratet einen der dort tätigen Wissenschaftler. Als Inoffizielle Mitarbeiterin (IM) ist Susanne Albrecht für die Staatssicherheit tätig. Ihr Deckname lautet »Ernst Berger«. Ihr Mann taucht in Stasi-Akten als IM »Max Schubert« auf.

Neben Susanne Albrecht haben sich auch andere Terroristen aus der Bundesrepublik in die DDR abgesetzt: Monika Helbing, Christine Dümlein, Ekkehard Freiherr von Seckendorff, Werner Lotze, Silke Maier-Witt, Ralf Friedrich, Sieglinde Hofmann, Sigrid Sternebeck, Henning Beer und Inge Viett.

Ab Mitte der achtziger Jahre hält sich Susanne Albrecht mit ihrem Mann in Moskau auf. Sie kehrt 1990 nach Ostberlin zurück und wird im Juni desselben Jahres in einem Plattenbau in Berlin-Marzahn verhaftet. Ihr umfassendes Geständnis verhilft ihr im Prozeß 1991 zum Status einer Kronzeugin. Sie wird 1996 nach der Hälfte ihrer zwölfjährigen Haftstrafe vorzeitig entlassen. ■

Anne Siemens: Haben die Eltern von Susanne Albrecht nach dem Attentat versucht, sich mit Ihrer Familie in Verbindung zu setzen?

Corinna Ponto: Sie kamen gleich am Tag nach dem Attentat zu uns nach Oberursel zu Besuch. Es war ein sehr emotionales Aufeinandertreffen. Wie wir waren auch sie sprachlos. Aber – und nun kommt ein sehr schmerzhaftes »Aber«: Wir erfuhren später, leider unverzeihlich viel später, daß die Eltern Albrecht die Biographie ihrer Tochter sehr gut kannten und Susanne sogar mehrfach anwaltlich vertreten hatten, nach dem Überfall der RAF auf die Botschaft in Stockholm 1975 oder zum Beispiel bei Auffindung von Sprengstoff und gefälschten Pässen in ihrem Wagen. Und da es die Eltern waren, die Susanne bei uns im Sommer 1977 telefonisch anmeldeten und um eine Übernachtungsmöglichkeit für sie baten, ohne auch nur eine Andeutung oder einen Hinweis auf ihre politischen Aktivitäten zu geben, können wir das nicht vergessen.

Ihre Mutter ist dann kurze Zeit nach dem Attentat mit Ihnen und Ihrem Bruder in die USA umgezogen.

Wir sind damals notgedrungen nach Amerika gegangen, da bemerkenswerterweise während der Trauerfeier für meinen Vater in der Frankfurter Paulskirche in einer in unserem Garten gelegenen Holzhütte ein Sprengsatz explodierte. Und das geschah, obwohl Haus und Garten von der Polizei nach dem Attentat überprüft worden waren und seither bewacht wurden. Der oder die Täter konnten unerkannt flüchten. Zudem wurden der bei uns im Haus wohnenden Verwandtschaft, die zur Trauerfeier gekommen war, einige Geldbörsen entwendet. Wir gingen aus Deutschland weg, weil wir Angst um unsere Sicherheit hatten. Es gab trotz Angeboten von Regierungsseite keine Sicherheitsgarantien. Man konnte auch nicht abschätzen, welche Folgen auf meine Mutter zugekommen wären, hätte sie als Zeugin in Deutschland ausgesagt.

Welche Reaktionen erlebten Sie auf das Attentat?

Von der RAF oder ihren Sympathisanten mit Ausnahme eines veröffentlichten »Bekennerschreibens« keine – sieht man von dem Sprengsatz in unserem Garten ab, der möglicherweise aus diesen Reihen oder von der RAF selbst stammte. Bis heute sind die Umstände, wie und von wem er gelegt wurde, nicht geklärt. Davon abgesehen erreichten uns in den Tagen und Wochen nach dem Attentat zahllose fassungslose Briefe von Menschen, die uns ihr Mitgefühl ausdrückten. Die Mitarbeiter der Dresdner Bank organisierten einen Protestmarsch durch die Frankfurter Innenstadt und bekundeten so zwei Tage nach der Ermordung meines Vaters ihre Betroffenheit. Der Staat äußerte sich mit der großen Trauerfeier in der Paulskirche. Es dauerte aber 25 Jahre, bis erstmals ein Bundespräsident die Tat als kriminellen Mord einordnete und nicht als Ausdruck einer politischen Auseinandersetzung. Johannes Rau war der erste, der dies im Rahmen einer Trauerfeier für die Angehörigen der Opfer im Jahr 2002 in Berlin tat. Man hätte das auch sehr viel früher erwarten können. Es war wichtig, daß er die Dinge so aussprach.

Als Musikliebhaber hatte Ihr Vater 1972 im Verein mit Herbert von Karajan und mit Persönlichkeiten der deutschen Wirtschaft eine Stiftung gegründet, die junge Talente mit Meisterinstrumenten und zusätzlicher guter Ausbildung unterstützte. Ihr Vater sprach darüber hinaus als Vorsitzender des Gremiums Musik im Kulturkreis des Bundesverbandes der Deutschen Industrie (BDI) bei Stipendienvergaben ein gewichtiges Wort mit und rief eine »Arbeitsgemeinschaft zur Förderung des deutschen Musiklebens« zusammen. Als Erinnerung an ihn und um sein Engagement als Förderer von jungen Künstlerinnen und Künstlern dauerhaft weiterzuführen, gründeten Ihre Mutter Ignes Ponto und die Dresdner Bank noch 1977 die Jürgen Ponto-Stiftung, die heute in den vier Förderbereichen Musik, Bildende Kunst, Literatur und Darstellende Künste tätig ist.

Sehr schnell hatte unsere Familie nach der Ermordung meines Vaters die Idee der Jürgen Ponto-Stiftung. Sie entwickelte sich zum größten Teil aus Spenden aus der Bevölkerung, aber auch durch das besonders große Engagement der Dresdner Bank. Fünf Monate lang gingen Spenden ein und es ist schön zu sehen, daß die Stiftung mit ihrem hoch anerkannten Niveau der Anteilnahme der Spender gerecht geworden ist, und wir sind dankbar für den Erfolg der Stiftung.

Hat sich durch das Attentat Ihre Sichtweise auf den Staat verändert?

Sagen wir so, meine Sicht auf unser Wissen hat sich seither verändert. Meine Zweifel diesbezüglich bestehen bis heute fort – und haben sich gerade in letzter Zeit vergrößert. Wir leben in dieser scheinbar so gut informierten Zeit, vielfach wird sogar von einem Zeitalter der Überinformation gesprochen – davon kann keine Rede sein. Das betrifft alle Bereiche. Was wissen wir denn schon über den internationalen Terrorismus? Ich bezweifle unser Wissen und unsere Informationssysteme, habe ein trauriges Mißtrauen in die Politik entwickelt. Das gilt übrigens zum Teil auch für die Ethik der heute tätigen Wirtschaftler. Wir kennen immer nur Teile der Hintergründe, sind eine Landschaft der Botengänger geworden. Das geht durch alle Bereiche von Spendenaffären bis zum Terrorismus. Dort spielen sich wesentliche Details und wesentliche Wahrheiten ab. Das reicht von links nach rechts. In letzter Zeit verstärkt sich natürlich der Eindruck, daß der Umgang mit Terrorismus zum Beispiel inhaltliche Wege total verpasst hat. Es ist sprachlich bezeichnend, daß es bisher nur den Begriff vom *Krieg* gegen den Terror gibt, aber nicht eine inzwischen weltweit notwendige *Initiative* gegen jeglichen Terror – da darf es keine Unterschiede zwischen irgendwelchen Bevölkerungsschichten geben. Für eine solche Initiative wäre es höchste, allerhöchste Zeit. Aber glücklicherweise hat unser System fast ein eigenes Immunsystem, das es trotz manch berechtigtem Zweifel fortbestehen lässt.

Wie kann man sich dieses Immunsystem vorstellen?

Unser demokratisches System ist stark. Es schüttelt sich

immer wieder aus sich selbst zurecht – unabhängig von den jeweiligen Politikern, die mir zunehmend austauschbar erscheinen. Die Inhalte und Wege sind nicht immer nachvollziehbar und durchschaubar, aber die Mechanismen der Gesellschaft und der Macht sind sehr durchsichtig und gleichen sich auf allen Seiten, und damit ist wieder alles klar. Mit all seinen Schwächen ist in unserem System unterschiedliches Ringen möglich, findet so letztlich immer wieder ein Ausgleich statt, eine Balance zwischen unterschiedlichen gesellschaftlichen Strömungen und Gesellschaft und Macht. Das ist die Hauptsache. Die Wahrheit kennen wir nicht immer, viel ist in der Politik Fassade – aber die Wahrheit hinter einem Haus kennen wir auch nicht immer. Und dennoch steht das Haus.

Wenn Sie heute auf die letzten 30 Jahre zurückblicken: Wie bewerten Sie die Aufarbeitung und den heutigen Umgang mit der Geschichte der RAF?

Erst in den letzten Jahren hat allmählich eine Veränderung im Umgang mit dem Phänomen RAF stattgefunden – weg von dieser leichten Robin-Hood-Sympathie, die den Tätern von vielen aus der Gesellschaft oder aus den Medien entgegengebracht wurde. Lange hat es keine wirklich ehrgeizige Aufklärung gegeben. Auch journalistisch habe ich in dieser Hinsicht unglaublich viel vermißt, weil die RAF von Anfang an und bis vor wenigen Jahren auf eine viel zu hohe emotional-politische Ebene gehievt wurde, während eine ehrliche, quasi detektivische, analytisch-wissenschaftliche Ebene der Auseinandersetzung nicht betreten oder sogar gemieden wurde.

Welche Aspekte sind zu lange unberührt geblieben?

Allmählich beschäftigt man sich mit der Frage, ob und welche Rolle die sexuellen Abhängigkeiten und die Drogenabhängigkeiten in der Gründergruppe gespielt haben. Es gab für sie keine Grenzen mehr. Die sexuelle Revolution war erlebt. Die Mitglieder waren nun von dem Thrill zu etwas anderem, Neuem angezogen – der Lust am Untertauchen, dem »Abenteuer« am Durchschreiten des Eisernen Vorhangs – an der Gewalt. Lange waren diese Fragen tabuisiert – als gäbe es einen Kodex, die RAF nur auf einer hohen politischen Ebene zu analysieren. Ich behaupte zudem, die Terroristen hingen zum großen Teil an Fäden und Drähten, die sie wahrscheinlich selbst bis zum heutigen Tag nicht ganz durchschauen. Die wirklichen Drahtzieher saßen in den Höhlen und Palästen zwischen Ostberlin und Moskau. Und von dort führten die Spuren in den Jemen, nach Syrien, Palästina, Libyen und in andere Länder des Nahen Ostens. Beim internationalen Terrorismus hat sich nun dieser Befehls- und Auftragsraum in andere Höhlen, Zelte und Paläste verlagert. Natürlich wird auch heute dort zum Teil sicher mit westlichen Handys und dicken Bankkrediten aus aller Welt operiert. Und auch damals haben die Terroristen die stets unterschätzte Rolle der Geheimdienste nicht erkannt.

Wie haben Sie für sich einen Umgang mit dem Attentat gefunden?

Es ist ein langwieriger Prozeß. Zunächst habe ich mich innerlich immer gegen den Trauerrand gewehrt, den es plötzlich um jedes Bild meines Vaters gab, ja, um alles, was ihn betraf. Mein Vater war ein überaus lebenslustiger, starker Mensch, und plötzlich sollte alles so ernst, so schwarz, so getroffen sein. Opfer – das paßte überhaupt nicht zu ihm. Also habe ich vom ersten Moment an getrennt. Die Übelkeit, das Gelähmte kam innerlich in einen Karton, den ich teils bis heute nicht geöffnet habe. Dort muffelt es, gammelt es und stinkt es nach Gewalt und Hinterhalt. Diese Kiste mag ich nicht aufmachen. Daneben pendeln meine Gefühle zwischen Elektra-Phasen voll heller Wut – getragen von dem Vorwurf an die Terroristen »Warum habt Ihr nicht Eure eigenen Väter getroffen, sie sind auch Symbolgestalten?« – und der Gewißheit, daß man cooler und mit der Zeit analytischer wird.

Und auch emotionsloser?

Hoffentlich nicht. »Zeit heilt alle Wunden« ist eine ambivalente Redewendung. Zeit ist Raum. Und der öffnet sich manchmal auch ganz ungefragt.

In welchen Momenten?

Zum Beispiel ganz plötzlich auch in der Enkelgeneration. Was mich betrifft: Für mich war das Attentat auch eine Freiheitsberaubung. Die Täter fanden darin ihre Identität. Wir bekamen eine aufgezwungen. Da haßte ich.

Was genau macht es Ihnen so schwer?

Hat man nicht dieses Stigma des Opfer-Seins? Und die Freiheitsberaubung geht auf andere Weise auch über zwei Generationen. Meinen jungen Kindern wurde auch die Freiheit geraubt, mit dem Großvater zu albern, übermütig zu sein, ihn zu kitzeln oder auch mit ihm zu streiten, zu diskutieren. Ein großer Teil der eigenen Geschichte ist gestohlen. Mord ist immer auch Raubmord. Und klar ist: Die Täter der RAF hatten und haben immer die Möglichkeit gehabt, zu »Ex-Tätern« zu werden.

Was heißt das?

Wer einmal Opfer wurde, kann nie Ex-Opfer sein. Bei den Tätern wird heute doch vielfach von »ehemaligen« Terroristen gesprochen. Dieses »Ex« ist ein Privileg. Ich kenne keinen Ex-Mörder, auch keinen Ex-Kindesentführer. Ex-Terroristen nennen sie sich aber alle, die in der RAF waren und heute wieder in unserer Gesellschaft leben. Das Ex verwandelt sozusagen ein Minusvorzeichen in ein mir unbekanntes, diffuses Plus. Hat denn ein ehemaliger Terrorist einen klugen Appell an die nächste Generation gerichtet? Oder hat irgendein Ex-Terrorist wahrnehmbar eine Antiterrorismus-Bewegung in Gang gebracht?

Wir haben die Anti-Atomkraft-, die Öko- und zum Beispiel die Friedensbewegung – eine Antiterrorismus-Bewegung gibt es nicht. Das »Ex« dient nur zur Aufnahme in eine neue private Nische.

Wie denken Sie über die Begnadigung von verurteilten RAF-Mitgliedern?

Hätte sich irgendein Terrorist freiwillig gestellt, könnte man natürlich darüber nachdenken. Aber alle mußten doch erst von der Polizei mühsam gesucht und gefangen werden, wofür viele Steuergelder aufgewendet werden mußten. All das, damit die Täter letztlich zu »Ex-Terroristen« werden konnten. Gnade an sich ist ein elementares Thema und eine gute Sache, aber nicht vor dem Hintergrund von Verlogenheit. Mich persönlich hat jedenfalls nie eine aufrichtige, spannende, profilierte Distanzierung erreicht.

Die Familie des 1986 ermordeten Gerold von Braunmühl hat die Täter aufgefordert, in einen Dialog zu treten. Wie denken Sie über diesen Weg?

Die Familie von Braunmühl hat eine andere Geschichte als wir. Man darf nicht vergessen, daß meine Mutter Zeugin war und ich nur zufällig noch nicht zu Hause war. Ich wiederhole: Wir standen als Opfer gleichsam mit auf der Liste der Täter. Das schafft zum Teil eine andere Perspektive. Und vieles ist auch eine Kraftfrage. Irgendwann hat man nicht auch noch Energien für diesen oder jenen Weg. Zudem habe ich eine tiefe psychisch-physische Abneigung gegen jedwede Handlungsweise aus dem Hinterhalt. Da bin ich traumatisiert – was heute durch den internationalen Terrorismus eher noch zugenommen hat. Deswegen erreichte mich auch nicht die sogenannte Täter-Opfer-Attraktion.

Haben Sie mit Ihrem Vater viel über Politik diskutiert?

Ja, bei uns zu Hause wurde sehr viel politisch diskutiert. Mein Vater war jemand, der sich heftig aufregen und streiten konnte, doch seine Spezialität war, das meiste auch mit Augenzwinkern zu sehen. Ich erinnere mich an kein Gespräch ohne Humor und Hintergründigkeit.

Wie haben Sie, damals ein Teenager, die politische und gesellschaftliche Stimmung der siebziger Jahre empfunden?

Ich war auf einer nicht elitären, sehr liberalen und diskussionsfreudigen hessischen Gesamtschule. Es verging dort kaum ein Tag ohne politische Diskussionen. Wir haben wahrscheinlich ein paar hundert Vokabeln weniger gelernt, waren dafür aber interessiert und aufgeschlossen. Der Fokus war eindeutig auf die damals aktuellen gesellschaftspolitischen Themen gerichtet, besonders auf die der Frankfurter Szene.

In der ersten Hälfte der siebziger Jahre war in Frankfurt vor allem der sogenannte Häuserkampf ein Thema – die Besetzung von alten Villen, um damit Widerstand gegen Grundstücksspekulation und den Verlust von Wohnraum zu leisten. Daniel Cohn-Bendit mischte damals mit und auch Joschka Fischer, der zuvor versucht hatte, Betriebsarbeiter bei Opel zu politisieren. Die Frage, ob man sich mit der RAF solidarisch zeigen solle, wehte durch all die Gruppen, die nach dem Zerfall der Studentenbewegung nach neuen Wegen des Protests und der Gesellschaftsveränderung suchten.

Auch bei uns in der Schule hingen Demo-Aufrufe an den Wänden, und ich erinnere mich an einige Aktionen von Oberstufenschülern, die auf dem Schulhof zelteten und in Hungerstreik traten. Das war nach 1972, als die führenden

Köpfe der RAF im Gefängnis saßen. Doch letztlich ging es bei uns in der Schule zwar politisch heftig, aber unverkrampft zu. Die Aggressivität der Straßen von Berlin und Frankfurt erreichte uns nicht. Mich berührte die politische Emotionalität zwar, aber sie erfaßte mich nicht, da die Liberalität der Lehrer für mich viel auffing. Die allermeisten waren jung und sehr engagiert. Man konnte bei uns an der Schule über jedes Thema im Unterricht sprechen, keine Frage war tabu. Noch wichtiger war aber wohl: Die nationalsozialistische Ideologie hatte während des Dritten Reichs in unserer Familie nie Wurzeln geschlagen. So kam es bei mir nie zu dieser besonderen und extremen Emotionalität, ich hatte keinen Grund, vehement gegen meine Eltern aufzubegehren.

An einer Gesamtschule mit vielen linksorientierten Schülern: Wie gingen Ihre Mitschüler mit Ihnen – der Tochter des Vorstandsvorsitzenden der Dresdner Bank – um?

Viele wußten es gar nicht. Ich wurde als eigenständige Person wahrgenommen, nicht so sehr als Tochter meines Vaters. Und wie ich schon sagte, wir alle an dieser Schule hatten das große Glück, daß uns liberale und gesprächsbereite Lehrer unterrichteten. Es ging emotional zu, aber nie radikal. So kamen die Fronten, wie man sie dann zwischen den übriggebliebenen Gruppen aus der Studentenbewegung und dem sogenannten Establishment erlebte, gar nicht erst auf.

Wie bewerten Sie aus heutiger Sicht die Studentenbewegung? Gibt es positive Errungenschaften?

Ja, die Gründung der Partei der Grünen – ein Folgeprodukt der Studentenbewegung – hat zu einer umfassenderen und korrigierten politischen Landschaft beigetragen.

Wo setzt Ihre Kritik an?

Ebenso flapsig wie sarkastisch könnte man sagen, die Studentenrebellion mit ihren ab 1968 zunehmend gewaltsamen

Ausschreitungen war vielleicht noch eine Kinderkrankheit unserer noch relativ jungen Demokratie. Kinderkrankheiten waren vor der Entwicklung von Antibiotika auch noch tödlich. Demgegenüber steht aber bei der RAF der quasi direkte Übergang in den internationalen Terrorismus – und der ist keine Kinderkrankheit mehr, sondern ein bösartiger Auswuchs, ein Krebsgeschwür. Ansonsten sind wir durch das radikalste Zerfallsprodukt der Studentenbewegung – durch die RAF – der von den Terroristen geschmähte Sicherheitsstaat geworden. Wir sind eine durchleuchtete Gesellschaft geworden. Das fängt beim Gepäck an – ich erinnere mich noch, wie man bis Anfang der Siebziger ohne Durchleuchtungsapparate an Flughäfen auskam – und geht bis zu den Lauschangriffen und sonstigen Mechanismen der Ermittlungstechnik. Ein Politiker sagte mir einmal, der Tod meines Vaters sei »die Geburtsstunde der Leibwächter in der deutschen Wirtschaft und Gesellschaft« gewesen. Dieser Politiker fuhr im Juli 1977 ohne Schutzmaßnahmen in die Ferien und kam Anfang August mit Leibwächtern wieder. Seit den siebziger Jahren funktionieren unser Staat und die weltweiten Systeme nicht mehr ohne Schutz und Bewachung. Bewachung, Überwachung – nahe Begriffe und sie steigern sich jetzt doch noch täglich. Die Freiheit hat einen unermeßlichen Verlust erlitten, voraussichtlich für immer. Das sind die »Errungenschaften« des Terrorismus. Und da die Politiker und Wirtschaftler sich nicht mehr frei bewegen können, wird auch der Abstand zum Volk, zur Bevölkerung, immer größer. Auch inhaltlich.

Wie denken Sie über Karrieren wie die von Joschka Fischer und Otto Schily?

Wie in der neuen Fernsehtechnologie, wo man mehrere

Formate und Sender gleichzeitig sehen kann, habe ich bei Nachrichten über Herrn Schily immer seine Stammheim-Auftritte gleichzeitig gesehen, bei Herrn Fischer immer die Prügelszenen in Frankfurt und seine Präsenz bei einem PLO-Kongreß in Algier 1969 – später konnte er Frau Albright umarmen und küssen oder Israel die Ehre erweisen, diese Bilder erschienen unaufgefordert gleichzeitig. Daß diese Politiker einem persönlich sympathisch sein können, weil sie keine glatten Politiker sind, ist davon abgespalten. Daß beide, von denen ich bis heute nicht die ganze Wahrheit kenne, die aber durch die Macht der Bilder und Worte in jedem Fall ein Sympathisantenfeld gestärkt haben, als Außen- und Innenminister gleichzeitig Eckposten der deutschen Geschichte einnahmen – dies war natürlich beinahe so etwas wie Ironie des Schicksals und auch unangenehm. Aber man entwickelt sich auch dahin, daß man solche primären Fragezeichen unseres offenen Systems auch als seine Stärken und Chancen wahrnimmt – daß solche Wege überhaupt möglich sind. Da bin ich heute eindeutig angelangt.

Heute werden Symbole und Elemente der RAF vielfach in Kultur und Mode stilisiert und kommerzialisiert. Was halten Sie davon?

Die RAF und ihre öffentliche Rezeption waren ein Geistestrend, eine Mode, also paßt es doch. Aber ich erschrecke jedes Mal, wenn ich das RAF-Logo sehe – ob auf Plakaten oder T-Shirts. Nie würde eine Mode mit dem Judenstern oder mit dem Bild der Geschwister Scholl kreiert werden, da es hier um tiefe Inhalte geht. Nur mit einem Trend kann man Mode machen, nicht mit Motiven von wirklich geistiger, essentieller Substanz. Was den ganzen Bereich Kultur betrifft: Künstlerische Äußerungen kenne ich nur von einzelnen Film- und Theaterregisseuren und -autoren. Da hat mich bisher weder farblich noch inhaltlich etwas erreicht. Das gern zitierte »Wehret den Anfängen!« hat die Kunst bei diesem bestimmenden Thema des 20./21. Jahrhunderts völlig verpaßt. Zudem gibt es eine übrigens kaum untersuchte »Polit- und Waffen-Erotik«. Eine Anziehung, die mir rechts wie links zuwider ist. Als Kunst – und nicht Polit-Kitsch – kann ich nur das Bild der Schreibmaschine aus dem Zyklus »Zum 18. Oktober 1977« von Gerhard Richter anerkennen. Es ist nicht redselig, sondern beredt. Es ist einsam und tatkräftig. Die Gedanken dürfen sich in viele Richtungen ausbreiten. Sie breiten sich sozusagen von der Tastatur der Maschine aus. Das trifft für mich einen Kern. Außerdem symbolisiert es die Wahrheit über die bekannten und die vielen unbekannten Schreibtischtäter. Dieses Bild ist komplex und nicht eindimensional. Und nur komplex kann man sich dem Thema RAF und diesem Abschnitt der Geschichte nähern.

Kann man aus der Geschichte lernen?

Ganz grundsätzlich: Daß ein Dialog zwischen gesellschaftlichen Gruppen und dem Staat nie abreißen sollte. Für jetzt und die Zukunft würde ich mir eine soziale Bewegung gegen den sogenannten internationalen Terrorismus wünschen. Überhaupt empfinde ich die momentan vorherrschende Stille unserer Gesellschaft als fast unheimlich, in jedem Fall aber als bedauerlich. Gerade heute müßte es doch eine Bewegung geben, die dem internationalen Terrorismus und der Gewalt die Stirn bietet. Längst ist er doch in unser aller Lebenswelt eingedrungen. Wir können doch alle nicht mehr frei und ohne ein Stück Beklemmung unterwegs sein! Das haben die Terroristen ausgerichtet – sonst haben sie nur Schlimmstes angerichtet. Es gibt keine Sicherheit mehr – und auch die Politiker bewegen sich, gepanzert, in einer Täuschung. Es gibt keine Garantie. Weder für sie noch für ihre Familien, Kinder und Enkelkinder – und der Terrorismus heute zielt nicht länger auf Repräsentanten des Systems. Es geht ihm darum, anonym größtmöglichen Schrecken zu verbreiten. Allein mit Mitteln der Politik wird man den Terror, mit dem wir es heute zu tun haben, nicht beenden. Dazu bedarf es eines Engagements aus der Gesellschaft. Auch nicht nur aus unserer.

Geiselhaft und Ermordung von Hanns Martin Schleyer

»Keiner hatte gedacht, daß es wirklich passieren würde«

Hanns-Eberhard Schleyer über seinen Vater

■ *Gegen 17.30 Uhr am 5. September 1977* stoppen in Köln Peter-Jürgen Boock, Stefan Wisniewski, Willy Peter Stoll und Sieglinde Hofmann – sie alle gehören dem RAF-»Kommando Siegfried Hausner« an – den Dienstwagen des Arbeitgeberpräsidenten, Präsidenten des Bundesverbandes der Deutschen Industrie (BDI) und Vorstandsmitglieds von Daimler-Benz, Dr. Hanns Martin Schleyer. Die Polizisten in Schleyers Begleitschutz – Reinhold Brändle, Roland Pieler und Helmut Ulmer – und sein Fahrer Heinz Marcisz werden erschossen. Den 62jährigen Arbeitgeberpräsidenten zwingen die Entführer in einen weißen VW-Bus. Schleyer war in dem Kugelhagel unverletzt geblieben.

Um 18.11 Uhr meldet die Presseagentur Associated Press (ap) als erste das Attentat: »Auf den Präsidenten der Bundesvereinigung der Deutschen Arbeitgeberverbände, Hanns Martin Schleyer, ist am Montagnachmittag ein Attentat verübt worden.« ■

Hanns-Eberhard Schleyer (62)
Sohn von Dr. Hanns Martin Schleyer

Von der Stuttgarter Anwaltskanzlei, in der ich damals arbeitete, war ich im Auto auf dem Weg zur Staatsbibliothek, um etwas nachzuschlagen. So erfuhr ich es aus dem Munde eines Radionachrichtensprechers, Mobiltelefone gab es noch keine. Ich fuhr sofort zu dem Haus meiner Eltern, meine Mutter war bereits benachrichtigt worden: Terroristen hatten meinen Vater verschleppt. Auf seinen Fahrer und die zum Schutz meines Vaters bereitgestellten Polizeibeamten hatten die Entführer geschossen. Zwei der Polizisten waren kaum älter als 20 Jahre gewesen. Im gleichen Alter wie die Täter, doch das erfuhr ich erst später. Alle, die meinen Vater begleitet hatten, waren noch am Tatort gestorben.

■ *Um 18.49 Uhr* geht die erste Rundfunkmeldung heraus: In den Nachrichten »Echo des Tages« des NWDR wird berichtet, daß auf Hanns Martin Schleyer ein Attentat verübt worden ist. Um 19.47 Uhr findet die Polizei nach dem Hinweis eines Zeugen das Fluchtfahrzeug, einen weißen VW-Bus, in der Tiefgarage eines Hochhauses am Wiener Weg in Köln-Junkersdorf. Die Täter haben Schleyer zu diesem Zeitpunkt schon mit einem anderen Wagen in eine Hochhauswohnung in Erftstadt-Liblar gebracht, Adresse »Zum Renngraben 8« – etwa eine halbe Stunde Autofahrt westlich von Köln entfernt.

In der Dokumentation der Bundesregierung »Ereignisse und Entscheidungen im Zusammenhang mit der Entführung von Hanns Martin Schleyer und der Lufthansa-Maschine ›Landshut‹« heißt es später im Bericht zum Tathergang: »Am späten Nachmittag des 5. September befindet sich Dr. Hanns Martin Schleyer mit seinem PKW Mercedes 450 SEL, amtliches Kennzeichen K-VN 345, auf der Fahrt von der Bundesvereinigung der Deutschen Arbeitgeberverbände in Köln, Oberländer Ufer 72, zu seiner Wohnung in Köln-Braunsfeld, Raschdorffstraße 10. Sein Wagen wird gelenkt von dem Kraftfahrer Heinz Marcisz (41). Zum persönlichen Schutz Schleyers sind die Beamten Polizeihauptmeister Reinhold Brändle (41), Polizeimeister Roland Pieler (20) und Polizeimeister Helmut Ulmer (24) eingesetzt, die dem Fahrzeug Schleyers in einem Dienstfahrzeug der Polizei direkt folgen. (...) Unmittelbar nach dem Einbiegen in die Vincenz-Statz-Straße muß der Fahrer Schleyers stark bremsen. Quer zur Fahrbahn steht rechts – halb auf dem Gehweg, halb auf der Straße – ein gelber Mercedes-PKW, Kennzeichen K-LZ 589; links daneben liegt ein blauer Kinderwagen. Der Begleitwagen fährt auf den ersten Wagen auf. In dem Moment rennen vier Personen auf die Fahrzeuge zu. Sie eröffnen sofort das Feuer und töten mit gezielten Schüssen den Fahrer Schleyers und die drei Polizeibeamten. Ein Täter zerrt Schleyer aus dem Wagen und schleppt ihn mit Hilfe eines zweiten in einen an der Ecke der Friedrich-Schmidt-Straße bereitstehenden weißen VW-Bus, Kennzeichen K-C 3849. Die übrigen Täter springen ebenfalls in den VW-Bus, der unmittelbar danach in schneller Fahrt auf der Friedrich-Schmidt-Straße und der Junkersdorfer Straße in Richtung Kölner Weg davonfährt. Zeugen, die dem flüchtenden VW-Bus kurze Zeit folgen können, verlieren ihn in dem starken Verkehr auf der Junkersdorfer Straße aus den Augen.«

Hanns Martin Schleyer galt bereits seit 1975 als gefährdet (Sicherheitsstufe 3: »Anschlag nicht auszuschließen«). Anfang August 1977 lagen so starke Hinweise auf eine besondere Gefährdung vor, daß das Innenministerium des Landes Baden-Württemberg am 2. August 1977 mit sofortiger Wirkung die höchste Sicherheitsstufe 1 anordnete und hiervon den Bundesinnenminister unterrichtete. Beide Ministerien stimmten in der Beurteilung der Gefährdung überein.

Zuständig für den persönlichen Schutz Hanns Martin Schleyers war die baden-württembergische Polizei. Sie stellte fortan an beiden Wohnorten Schleyers – Stuttgart und Meersburg – und in Köln jeweils Begleitschutzkommandos für den Arbeitgeberpräsidenten. Immer mindestens drei Beamte waren eingeteilt, um ihn zu schützen. ■

Hanns-Eberhard Schleyer

Ich hatte nicht geglaubt, daß es wirklich passieren würde. Keiner in unserer Familie hatte das getan. Das ist wohl sehr menschlich. Obwohl wir natürlich von den Listen der RAF wußten und von der großen Gefahr, in der mein Vater sich befand. Der Versuch der Terroristen, Jürgen Ponto zu entführen – was mit kaltem Mord geendet hatte –, lag nur wenige Wochen zurück. Der gewaltsame Tod des Generalbundesanwalts Siegfried Buback und seiner Begleiter Georg Wurster und Wolfgang Göbel nur einige Monate. Für die RAF war die Bundesrepublik ein Polizeistaat und dessen Repräsentanten damit freigegeben zum Mord.

Doch wie es so oft im Leben ist, man schiebt die unangenehmen und bedrückenden Dinge zur Seite. Auch mein Vater blieb tief im Innern bei seiner Überzeugung: »Mir wird schon nichts geschehen.« Er hat nie Angst vor der RAF gehabt.

Doch er war ein sehr rationaler Mensch, und so sprachen wir nach dem Ponto-Mord einmal über den »worst case«, wie er es nannte. »Nur für den Fall, daß …«, sagte er damals:

»Sollten die Terroristen versuchen, mich zum Mittel ihrer Erpressung zu machen, bin ich immer bereit, Regierungshandlungen im Sinne der Staatsraison zu akzeptieren.« Die Mitglieder der RAF waren für meinen Vater – und auch in meinen Augen damals schon – lediglich Kriminelle, die ihrer Frustration und ihren Aggressionen blutig Ausdruck gaben, nachdem die Studentenbewegung zerfallen war, ohne ihre politischen Ziele erreicht zu haben. Bis 1977 hatte sich ja deutlich gezeigt, daß die RAF keine ernstzunehmende politische Rolle spielte und auch nicht spielen würde. Die wichtigen politischen Diskussionen hatten sich längst anderswohin verlagert: Umweltschutz, Basisdemokratie – Baader-Meinhof war nicht mehr als ein großes Spektakel, wenngleich ein bitteres. Denn die Blutspur, die die RAF hinterließ, war lang. Dennoch war die Gruppe in den Augen meines Vaters kein bedrohlicher Gegner des Staates, auch keine Gefährdung unseres Systems. Die Bedrohung für einzelne Menschen im Staat war allerdings gegeben. Das war die eigentliche Gefahr.

Mich, den ältesten Sohn, sah mein Vater in der Rolle des Familienvertreters, falls ihm selbst etwas zustoßen sollte. Er war bereit, alle Entscheidungen der Bundesregierung mitzutragen, um die Sicherheit im Land aufrechtzuerhalten. Selbst wenn das sein Leben schädigen oder kosten würde. Ich empfand ihn als sehr klar in seiner Haltung, als sehr entschlossen – und so nahm ich an, worum er mich bat. Wir gingen ganz pragmatisch und sachbezogen mit dem Thema um. Sicher auch, weil wir beide einfach nicht daran glaubten, daß dieser schlimmste Fall für uns Wirklichkeit werden würde. Auch meine drei Brüder taten das nicht. Ich möchte hier indes nur für mich sprechen, mein Erleben schildern und meine Gedanken zur RAF.

■ *Am Abend des 5. September* gibt Bundeskanzler Helmut Schmidt um 21.30 Uhr im ARD-Studio in Bonn für ARD und ZDF eine Stellungnahme zu dem Attentat ab: »Die Nachricht vom Mordanschlag auf Hanns Martin Schleyer und die ihn begleitenden Beamten und Mitarbeiter hat mich tief betroffen, nicht anders als die Nachricht, die erst wenige Wochen zurückliegt, vom Mord an Jürgen Ponto, nicht anders als die Morde an Buback, Wurster und Göbel.

Vier tote Bürger unseres Staates verlängern seit heute abend die Reihe der Opfer von blindwütigen Terroristen, die, wir waren uns darüber stets im klaren, noch nicht am Ende ihrer kriminellen Energien sind. (...) Während ich hier spreche, hören irgendwo sicher auch die schuldigen Täter zu. Sie mögen in diesem Augenblick ein triumphierendes Machtgefühl empfinden. Aber sie sollen sich nicht täuschen. Der Terrorismus hat auf Dauer keine Chance, denn gegen den Terrorismus steht nicht nur der Wille der staatlichen Organe, gegen den Terrorismus steht der Wille des ganzen Volkes. (...) Die blutige Provokation in Köln richtet sich gegen uns alle. Wir alle sind aufgefordert, den staatlichen Organen beizustehen, wo immer das dem einzelnen möglich ist.«

In dem weißen VW-Bus wird gegen 21.40 Uhr die erste Nachricht der Entführer gefunden: »An die Bundesregierung: Sie werden dafür sorgen, daß alle öffentlichen Fahndungsmaßnahmen unterbleiben, oder wir erschießen Schleyer sofort, ohne daß es zu Verhandlungen über seine Freilassung kommt. RAF.«

Kurz nach 23 Uhr unterrichtet Justizminister Hans-Jochen Vogel Bundeskanzler Helmut Schmidt über den im VW-Bus gefundenen ersten Brief der Entführer. Der Minister beabsichtigt, den Generalbundesanwalt zu ersuchen, auf diesen Brief hin nicht von Fahndungsmaßnahmen abzusehen. Helmut Schmidt stimmt dem zu. ■

Hanns-Eberhard Schleyer

Einen Menschen, den man liebt und dem man nahesteht, in Lebensgefahr zu wissen, ist eine Situation, für die es kaum Worte gibt. Ähnlich schwer ist es, einen menschlichen Verlust zu beschreiben. Von dem Moment an, als ich im Radio von der Entführung gehört hatte, war ich in Gedanken jede Minute bei meinem Vater. Ich wünschte seine Rettung unter Aufbietung aller nur möglichen Mittel. Es kostet Kraft und erfordert viel Disziplin, die Entscheidung über das Weiterleben oder den Tod des eigenen Vaters in den Händen anderer zu wissen – und damit umzugehen. Mein Vater hatte sich dem Wohle des Staates auf Kosten seiner Unversehrtheit in einem Moment untergeordnet, in dem er noch nicht direkt betroffen gewesen war. Es ist leichter, sich der Staatsraison zu beugen, wenn man über etwas Abstraktes spricht. Immer wieder versuchte ich dies vor allem Justizminister Hans-Jochen Vogel wie auch den übrigen Verantwortlichen auf höchster Ebene deutlich zu machen. Während der Wochen der Entführung war ich besonders regelmäßig mit Hans-Jochen Vogel in Kontakt. Damals, als ich mit meinem Vater theoretisch durchgespielt hatte, wie man sich im »schlimmsten Fall« verhalten sollte, hofften wir im Grunde doch beide, daß dieser Zustand der besonderen Schutzbedürftigkeit, der ja für alle Beteiligten nicht sonderlich angenehm ist, bald vorübergehen würde. Bis heute habe ich nie verstanden, warum manche Politiker den Begleitschutz als besondere Auszeichnung oder als Merkmal besonderer Bedeutung begreifen. Es ist ein beengender Zustand, für Privatleben bleibt kaum Platz. Mein Vater nahm die Sicherheitsmaßnahmen als zwingende Notwendigkeit hin, doch er mochte sie nicht.

Zu Hause bei meiner Mutter ging in den ersten Stunden, nachdem wir von der Entführung gehört hatten, eine Reihe von Anrufen von Bundes- und Landesbehörden ein. Auch der Bundeskanzler telefonierte mit meiner Mutter. Man stellte uns einen BKA-Beamten als Ansprechpartner und Kontakt zu den Behörden zur Seite. Alles, was direkt nach der Verschleppung meines Vaters geschah, war sehr technisch, sehr formal zunächst. Das ist auch in gewisser Weise verständlich: Keiner wußte so recht, was geschehen war, außer daß das Attentat stattgefunden hatte, daß Menschen dabei gestorben waren, mein Vater entführt worden war – sehr viel mehr Informationen lagen nicht vor. Mehr wurde uns nicht gesagt. Rückblickend stellen sich mir der 5. September 1977 und die darauffolgenden Tage jedoch so dar, daß die Regierung Schmidt von Anfang an damit rechnete, daß es Forderungen geben und die Situation eskalieren würde. Wohl auch aus diesem Grund wurde eine Reihe von Vorkehrungen zur Sicherheit unserer Familie getroffen. Ich hielt das immer für etwas abwegig und tue es noch, aber der Staat hat damit wohl auch ein wenig sein Gewissen beruhigt.

■ *Am 6. September 1977* fordert die RAF schriftlich die Freilassung von Andreas Baader, Gudrun Ensslin, Jan-Carl Raspe, Verena Becker, Werner Hoppe, Karl-Heinz Dellwo, Hanna Krabbe, Bernhard Rössner, Ingrid Schubert und Irmgard Möller. Im Austausch gegen Hanns Martin Schleyer sollen sie in ein Land ihrer Wahl ausgeflogen werden. Günter Sonnenberg, der seit seiner Festnahme wegen einer Schußverletzung haftunfähig ist, soll umgehend freigelassen und sein Haftbefehl aufgehoben werden. Gemeinsam mit den anderen RAF-Mitgliedern soll er die Bundesrepublik verlassen dürfen. Jedem sollen 100 000 Mark mitgegeben werden. Der Genfer Rechtsanwalt Denis Payot, Ex-Generalsekretär der Internationalen Vereinigung für Menschenrechte, soll die RAF-Mitglieder begleiten.

Der Brief der RAF hatte am Nachmittag des 6. September im Briefkasten eines evangelischen Dekans in Wiesbaden gelegen, telefonisch war der Mann benachrichtigt worden, der Brief solle an die Bundesregierung weitergeleitet werden.

In dem Umschlag befindet sich auch ein handschriftlicher Brief Hanns Martin Schleyers: »Mir wird erklärt, daß die Fortführung der Fahndung mein Leben gefährde. Das gleiche gelte, wenn die Forderungen nicht erfüllt und die Ultimaten nicht eingehalten würden. Mir geht es soweit gut, ich bin unverletzt und glaube, daß ich freigelassen werde, wenn die Forderungen erfüllt werden. Das ist jedoch nicht meine Entscheidung.

Hanns Martin Schleyer.«

In dem Umschlag stecken außerdem zwei Fotos von Hanns Martin Schleyer. Beim ersten handelt es sich um ein Privatfoto. Das andere ist von den Entführern aufgenommen worden. Es zeigt Schleyer vor dem Zeichen der RAF – dem Stern mit der Kalaschnikow. In den Händen hält Schleyer ein Schild mit der Aufschrift: »Gefangener der RAF«. Es ist das erste von mehreren Fotos, die in den kommenden Wochen die Titelseiten von Zeitungen füllen und hunderttausende Menschen tief betroffen machen werden: Denn die Bilder dokumentieren, wie leidvoll es für Hanns Martin Schleyer ist, auf eine Entscheidung der Bundesregierung zu warten. Wie die Fotos werden die über Hörfunk und Fernsehen vom BKA abgegebenen Erklärungen und Nachrichten an die Entführer die Stimmung im Land prägen. Die Entführer mahnen die Bundesregierung in ihrem Brief vom 6. September, alle Fahndungsmaßnahmen einzustellen – »oder Schleyer wird sofort erschossen«. Auch diese Drohung wird in den kommenden Wochen vielfach wiederholt werden.

Unterzeichnet ist der Brief vom »Kommando Siegfried Hausner, am 6. 9. 77«.

Zum ersten Mal tagen die Beratungs- und Entscheidungsgremien, die von den Medien unter dem Begriff »Großer Krisenstab« zusammengefaßt werden: Die »Kleine Lage« tritt mindestens einmal am Tag zusammen, in kritischen Phasen tagt sie fortdauernd. Den Vorsitz führt der Bundeskanzler und in seiner Abwesenheit Bundesinnenminister Werner Maihofer. Ständiger Teilnehmer in dem Gremium ist Bundesjustizminister Hans-Jochen Vogel, regelmäßig nimmt Bundesaußenminister Hans-Dietrich Genscher oder einer der Staatssekretäre des Auswärtigen Amts an den Sitzungen teil. Aus dem Bundeskanzleramt gehören Staatsminister Hans-Jürgen Wischnewski und Staatssekretär Manfred Schüler der Runde an, und auch Regierungssprecher Klaus Bölling ist regelmäßiger Teilnehmer. Daneben gibt es weitere Minister, die in unregelmäßigen Abständen den Sitzungen der »Kleinen Lage« beiwohnen. Regelmäßig dabei sind außerdem der Präsident des Bundeskriminalamts Horst Herold und Generalbundesanwalt Kurt Rebmann. Nach jeder Sitzung der »Kleinen Lage« werden grundsätzlich die Vorsitzenden der Bundestagsfraktionen und die Parteivorsitzenden oder, wenn sie abwesend sind, deren Vertreter informiert. Daneben unterrichtet der Bundeskanzler regelmäßig den Bundespräsidenten und den Präsidenten des Deutschen Bundestags über den Stand der Beratungen.

Neben diesem Gremium gibt es den »Großen politischen Beratungskreis«, der in den ersten Tagen nach der Entführung Hanns Martin Schleyers mehrfach, später regelmäßig ein- oder zweimal pro Woche zusammenkommt. Ihm gehören unter dem Vorsitz des Bundeskanzlers die Vorsitzenden der im Bundestag vertretenen Parteien – Willy Brandt (SPD), Helmut Kohl (CDU) und Franz Josef Strauß (CSU), der Vorsitzende der FDP, Hans-Dietrich Genscher, nimmt in seiner Eigenschaft als Mitglied der Bundesregierung teil – sowie die Vorsitzenden der Koalitionsfraktionen im Bundestag – Herbert Wehner (SPD) und Wolfgang Mischnick (FDP) – an. Neben dem Stellvertretenden Vorsitzenden der CDU/CSU-Fraktion, Friedrich Zimmermann, gehören auch die Regierungschefs der vier Bundesländer, in deren Gewahrsam sich Häftlinge befinden, die freigepreßt werden sollen, zu den Teilnehmern: der Ministerpräsident von Baden-Württemberg, Hans Filbinger, der Ministerpräsident von Bayern, Alfons Goppel, der Ministerpräsident von Nordrhein-Westfalen, Heinz Kühn, sowie der Erste Bürgermeister von Hamburg, Hans-Ulrich Klose. An den Sitzungen des »Großen politischen Beratungskreises« nehmen außerdem die Mitglieder der »Kleinen Lage« teil.

Am Ende ihrer Beratungen am 6. September fassen die Gremien als gemeinsame Linie zusammen, daß allen Entscheidungen folgende Ziele zugrunde liegen sollen: »Die Geisel Hanns Martin Schleyer lebend zu befreien; die Entführer zu ergreifen und vor Gericht zu stellen; die Handlungsfähigkeit des Staates und das Vertrauen in ihn im In- und Ausland nicht zu gefährden; das bedeutet auch: die Gefangenen, deren Freilassung erpreßt werden soll, nicht freizugeben.« ■

Hanns-Eberhard Schleyer

Die Regierung Schmidt bildete ihre Krisengremien. Uns wurde mitgeteilt, daß die Entführer die Freilassung von elf verurteilten, einsitzenden Mitgliedern der RAF forderten. Die Namen Gudrun Ensslin und Andreas Baader standen ganz oben auf der Liste. Daß die Bundesregierung sich mit einem Austausch der führenden Köpfe der Gruppe schwertun würde, war mir von Anfang an bewußt. Doch ich hoffte und glaubte natürlich in Richtung einer politischen Lösung, hoffte, daß alles getan werde, um das Leben meines Vaters zu retten. Aus der Bevölkerung erfuhren wir große Anteilnahme. Mein Vater war aus dem alltäglichen Leben heraus verschleppt worden, aus einer Situation, in der sich letztlich jeder wiederfinden konnte. Die Menschen waren zudem schockiert von der kaltblütigen Grausamkeit, mit der die RAF vorgegangen war: Wie die Scheiben der Wagen durchsiebt worden waren, die Entführer den Fahrer und die Polizisten mit hunderten Schüssen ermordet hatten.

■ *Vom 6. September an* tagt Helmut Schmidt mehrmals täglich in der »Kleinen Lage« mit seinen Beratern. Festgelegt wird die Linie, in den folgenden Wochen weiter auf Zeit zu spielen – in der Hoffnung, das Versteck Schleyers zu finden. Eine frühe Spur der örtlichen Polizei Erftstadt-Liblar geht jedoch im organisatorischen Durcheinander zwischen Länderpolizei und BKA verloren. Knapp 48 Stunden nach der Entführung Hanns Martin Schleyers hatte ein Polizeibeamter die Wohnung »Am Renngraben 8« aufgespürt und als dringend zu überprüfen weitergemeldet.

Bundesjustizminister Hans-Jochen Vogel bittet am 7. September 1977 durch den Generalbundesanwalt die zuständigen Landesminister, jegliche Kontakte inhaftierter RAF-Mitglieder zur Außenwelt zu unterbinden, weil dies zur Abwehr einer gegenwärtigen Lebensgefahr geboten sei. Die Kontaktsperre sei deshalb zum Schutz eines höherwertigen Rechtsguts nach dem Rechtsgedanken des rechtfertigenden Notstands erlaubt.

Über einen evangelischen Pfarrer in Mainz lassen die Entführer der Bundesregierung einen Umschlag mit zwei handgeschriebenen Briefen Hanns Martin Schleyers, einem Videoband und einem Schreiben des »Kommando Siegfried Hausner« zukommen. Auf dem Band verliest Schleyer den ersten seiner Briefe und zitiert darin einen zuvor im Radio gesendeten Reiseruf an einen Herrn Vijot aus Belgien, um damit den Beweis zu erbringen, daß er am Leben ist. Schleyer fügt hinzu: »Meine Frau wird sich an unsere Unterhaltung vom Sonntagvormittag beim Frühstück erinnern, bei der sie sehr für den Einbau von Sicherheitsmaßnahmen in unserem Stuttgarter Haus plädierte.« Die Entführer fordern in ihrem Schreiben, daß die Videoaufnahme noch am gleichen Tag ab 18 Uhr in allen Nachrichtensendungen des Fernsehens abgespielt wird. Sie verlangen außerdem erneut, alle Fahndungsmaßnahmen sofort einzustellen und die Gefangenen zusammenzuführen sowie ihren Austausch vorzubereiten.

In dem zweiten Brief Hanns Martin Schleyers heißt es: »Ich bin über den bisherigen Verlauf in groben Umrissen unterrichtet und bedanke mich bei allen, die mir in meiner schwierigen Lage helfen. Ich bin überzeugt, daß sich meine Entführer an ihre Zusagen halten werden, wenngleich Verzögerungen schaden werden. Mir geht es den Umständen entsprechend gut; ich grüße vor allem meine Familie, bei der ich zuversichtlich hoffe, bald wieder zu sein.«

In seinem Briefkasten findet ein Mainzer Weihbischof gegen 21 Uhr ein Tonband, auf das – wie vom BKA verlangt – eine Nachricht von Hanns Martin Schleyer gesprochen ist. Ein weiterer Beweis, daß er am Leben ist. Nach der geforderten Antwort sagt Schleyer auf dem Band: »Dieses Lebenszeichen wird nach Auffassung meiner Bewacher das letzte vor meiner Freilassung sein. Die Bewacher drängen darauf, daß jetzt eine Entscheidung der Bundesregierung fällt.«

Die Regierung spielt weiter auf Zeit.

Am 8. September 1977 um 13.20 Uhr veröffentlicht das Bundeskriminalamt eine Nachricht an die Entführer: »Aus der Erklärung des Bundeskriminalamts vom 7. September 1977, die vor Mitternacht im ZDF gesendet wurde, können die Entführer die Gesprächsbereitschaft des Bundeskriminalamts entnehmen. Das Bundeskriminalamt warnt die Entführer, diese Bereitschaft durch unzumutbare Forderungen nach Publikationen von Einzelheiten zu gefährden. Die bisherige Kommunikation über Rundfunk und Fernsehen hat sich als unzweckmäßig erwiesen. Deshalb erscheint die bereits gestern anheimgestellte Benennung einer Kontaktperson dringlich. Dieser Kontaktperson können Modalitäten genannt werden.«

Einige Stunden später geht ein Schreiben des Regierungssprechers Klaus Bölling mit der Bitte um Zurückhaltung im Rahmen der Berichterstattung über die Schleyer-Entführung an die Chefredakteure von Zeitungen, Fernsehen, Rundfunk und Agenturen. Die Bundesregierung will so verhindern, daß die Entführer vor den Augen der Öffentlichkeit mit den staatlichen Institutionen verhandeln. Bölling bittet die Chefredakteure, »Nachrichten, die tatsächlich oder dem Anschein nach von den Terroristen oder ihren Helfern stammen, erst nach Konsultation mit der Bundesregierung« zu verwenden.

Am gleichen Tag appelliert auch der deutsche Presserat an die Medien, Zurückhaltung zu üben, ohne jedoch die grundsätzliche Informationspflicht zu vernachlässigen. In den folgenden Wochen wird Regierungssprecher Bölling seinen Appell an die Presse noch einige Male wiederholen.

In den folgenden Tagen wird der Schweizer Rechtsanwalt Denis Payot als Kontaktperson zwischen den Entführern und den Behörden der Bundesrepublik bestimmt.

Im Bonner Büro der französischen Nachrichtenagentur Agence France-Presse (AFP) geht am 9. September 1977 morgens um sieben Uhr ein Brief der Entführer ein, in dem erneut eine Entscheidung der Bundesregierung gefordert wird. Dem Schreiben sind weitere Polaroidfotos beigefügt, die Hanns Martin Schleyer zeigen – deutlich gezeichnet von der Gefangenschaft. Als Beweis, daß der Entführte am Leben ist, enthält der Brief eine kurze Identifikation von ihm: »Welches Glück, daß der Spiegel, der in unserer Offenburger Wohnung in das Kinderbett von Arndt fiel, ihn nicht erschlagen hat.«

Ein Brief mit dem gleichen Wortlaut und Polaroidfotos geht bei der *Frankfurter Rundschau* ein.

Mittags gibt ein Mann beim Pförtner der Friedrich Flick KG in Düsseldorf einen Brief für den geschäftsführenden Gesellschafter Eberhard von Brauchitsch ab, der ein Freund von Hanns Martin Schleyer ist.

Der handschriftliche Brief lautet: »Lieber Eberhard, zunächst einen herzlichen Gruß. Es gibt mich also noch, aber ich wüßte gern mehr über die Entscheidung der Bundesregierung, die ja wohl allein die Fäden in der Hand hält, aber Nachrichtensperre verhängt hat. Die Forderung nach einem Vermittler ist barer Unsinn, weil sich meine Entführer nicht decouvrieren und unseren ›Urlaubsort‹ auch gegenüber einem ›Vermittler‹ nicht preisgeben werden, so daß ein Dreieckskontakt unmöglich ist. Die Ungewißheit ist in meiner Lage natürlich scheußlich. Wenn Bonn ablehnt, dann sollen sie es bald tun, obwohl der Mensch, ›wie es auch im Kriege war‹, gerne überleben möchte. An der Entschlossenheit meiner Entführer, zu ihrem Wort auch im für mich negativen Sinne zu stehen, besteht für mich nicht der geringste Zweifel. Noch warten sie auf die Entscheidung der Bundesregierung. Vielleicht ist diese Entscheidung gefallen, wenn Dich der Brief erreicht, falls nicht, wäre ich Dir dankbar, wenn Du unseren Freunden meine Auffassung nahebringen würdest. Grüße die Deinen und die Meinen. Der Gedanke an Euch ist mir großer Halt.

Herzlichst,

Dein H. M.«

Am 11. September 1977 erscheint in der *Bild am Sonntag* eine Erklärung von Hanns Martin Schleyers Ehefrau, Waltrude Schleyer: »Meine ganze Sorge gilt meinem Mann und meiner Familie. Ich bin tief beeindruckt von der Anteilnahme, die mir und meiner Familie aus allen Schichten der Bevölkerung zuteil wird. Diese spontane Anteilnahme am Schicksal meines Mannes hat mich tief bewegt. Ich hoffe inbrünstig mit meinen Kindern, daß alles gut ausgeht und mein Mann bald wieder bei uns sein kann. Mein Mitgefühl gilt aber auch den Angehörigen der Männer, die meinen Mann begleitet haben und dabei ihr Leben lassen mußten. Ihnen fühle ich mich besonders verbunden.«

Die *Bild*-Zeitung druckt einen Tag später Waltrude Schleyers Appell an die Verantwortlichen in Bonn: »Seit den Ereignissen in Köln sind viele Tage des Hoffens und Bangens um das Leben meines Mannes vergangen. Sämtliche Bemühungen um seine Befreiung sind bisher erfolglos gewesen. Jetzt verlangt meiner Überzeugung nach das Schicksal der unmittelbar Betroffenen und die Selbstachtung unseres Staates eine klare Entscheidung der Verantwortlichen zu den gestellten Forderungen.

Ich weiß um die ungeheure Verantwortung, die mit einer solchen Entscheidung verbunden ist. Mir ist auch bewußt, daß die Mehrheit unseres Volkes ein hartes Auftreten der Regierung erwartet und einen Austausch in der von den Terroristen gewünschten Form ablehnt.

Ich bitte aber zu bedenken, daß nach unserer freiheitlichen Ordnung die Würde und das Leben eines jeden Menschen unsere höchsten Rechtsgüter sind. Gegenüber der Rettung menschlichen Lebens müßten daher alle weiteren Forderungen, auch die auf den Strafanspruch des Staates, zurücktreten.

Ich bin zutiefst überzeugt davon, daß unser Staat, für dessen freiheitliche und demokratische Entwicklung mein Mann sich mit seiner ganzen Kraft eingesetzt hat, die moralische Substanz hat, sich der Herausforderung seiner fanatischen Gegner zu stellen und ihrer Herr zu werden. Aus dieser inneren Stärke heraus wird er es sich erlauben können, die Forderungen der Terroristen zu erfüllen.

Die Bürger dieses Landes sind zusammengerückt. Das zeigt mir eine Flut von Briefen. Der Satz eines Stuttgarter Bürgers mag für viele stehen: ›Wer gegen die Todesstrafe ist, muß erst recht gegen die Opferung eines Unschuldigen eintreten.‹«

Bei Eberhard von Brauchitsch gehen ein handgeschriebener Brief des Entführten und ein Tonband ein, auf das Hanns Martin Schleyer eine Nachricht für Helmut Kohl gesprochen hat:

»Montag, den 12. September, eine Woche nach dem Anschlag – Lieber Helmut Kohl, die Situation, in der ich mich befinde, ist auch politisch nicht mehr verständlich. Dies veranlaßt mich, an meine politischen Freunde einen Appell zu richten. Zunächst zur Vorgeschichte. Am 31. Juni 1977 rief mich der Bundesinnenminister Professor Maihofer in meinem Urlaubsort Meersburg an, um mir mitzuteilen, daß ich nunmehr zu den gefährdetsten Personen gehöre und damit in die Gefahrenstufe 1 eingeteilt sei. Er bat mich, mich allen Anordnungen, die die Polizei treffen müsse, zu beugen. Die daraufhin in Meersburg, Stuttgart und Köln von BKA und LKA Stuttgart angeordneten Maßnahmen habe ich korrekt durchgeführt. Ihre Wirksamkeit konnte ich nicht beurteilen. Die Verantwortung tragen allein die dafür verantwortlichen und kompetenten Stellen. Wie stümperhaft das Ganze gemacht wurde, beweist der Ablauf des 5. September. Und die Kenntnis, die ich heute über die ungestörten, obwohl leicht erkennbaren Vorbereitungen besitze, zeigt mir, wie wenig die Verantwortlichen in Wirklichkeit über den Terrorismus wissen. Man kann sich nicht nur auf den Computer verlassen, man muß den Computer durch menschliche Gehirne speisen, wenn man von ihm richtige Erkenntnisse erwartet. Ich habe nie um mein Leben gewinselt. Ich habe immer die Entscheidung der Bundesregierung, wie ich ausdrücklich schriftlich mitgeteilt habe, anerkannt. Was sich aber seit Tagen abspielt, ist Menschenquälerei ohne Sinn. Es sei denn, man versucht mit naiven Tricks, meine Entführer zu fangen. Das wäre zugleich mein sicherer Tod, und ich kann mir nicht vorstellen, daß man zwar die offizielle Ablehnung der Forderung scheut, aber Vorbereitungen trifft, um mich still um die Ecke zu bringen, das man dann vielleicht als technische Panne ausgeben könnte. Seit man Tag und Nacht berät, ich frage mich eigentlich worüber noch, hat man mir den Eindruck vermittelt, man würde die Forderungen annehmen. Alles redet zudem vom Leid der Familie und bekundet den Wunsch, mein Leben zu erhalten. Man verlangt aber ständig neue Lebenszeichen von mir und verleugnet die vorliegenden oder zweifelt die Authentizität grundlos an. Nachdem das BKA, vor allem bei den vorbeugenden Maßnahmen, eindeutig versagt hat, die Bundesregierung sich offenbar nicht zum Handeln entschließen kann, der Bundeskanzler, dem ich am 23. August in einem von mir erbetenen Termin in Hamburg die tiefe Sorge der Wirtschaft über mangelnde Sicherheitsmaßnahmen vorgetragen habe, ebenfalls keine Entscheidung trifft, ist es nunmehr Aufgabe der Opposition, die Verantwortlichkeiten klarzustellen und offenzulegen.

Ich bin nicht bereit, lautlos aus diesem Leben abzutreten, um die Fehler der Regierung, der sie tragenden Parteien und die Unzulänglichkeiten des von ihnen hochgejubelten BKA-Chefs zu decken. Von diesem Band wird eine Kopie angefertigt, um sie anderen öffentlichen Stellen zugänglich zu machen, wenn durch Deine fehlende Reaktion erkennbar wird, daß Dich dieses Band nicht erreicht hat.

In alter und vertrauensvoller Verbundenheit

Dein Hanns Martin Schleyer.«

Wahrscheinlich noch am Freitag, dem 8. September 1977, war in der Anwaltskanzlei von Hanns-Eberhard Schleyer ein Brief seines Vaters eingegangen, der auf den 8. September 1977 datiert ist. Hanns-Eberhard Schleyer bekommt ihn erst am Montag, dem 12. September, vorgelegt.

»Lieber Eberhard!

Herzliche Grüße an Euch alle, ich bin viel in Gedanken bei Euch. – Mir geht es zwar gesundheitlich gut, aber ich bin über das Geschehen nur unzureichend und nur über

Informationen meiner Bewacher informiert. Deshalb kann ich Bedeutung und Wirkung nachstehender Überlegung nur schlecht beurteilen. Nimm sie deshalb als persönliche Information und verwerte sie nach Rücksprache mit Dr. Erdmann und Dr. Mann so, daß sie nicht als Druckversuch meinerseits ausgelegt wird, aber so ernst genommen wird, wie sie es verdient. Das Ziel meiner Entführer wird sie bei Ablehnung der Forderungen und nach meiner Liquidierung nur veranlassen, das nächste Opfer zu holen. Nach allem, was ich heute über die Entführungsabsicht Ponto und über meinen Fall weiß, wird dieses Ziel erreicht. Es gibt, wie man gesehen hat, keinen absoluten Schutz, wenn man so sorgfältig und konsequent arbeitet wie die RAF. Es ist auch eine Fehleinschätzung der Polizei, wenn sie glaubt, daß meine Entführer kein persönliches Risiko eingehen würden. Sie suchen es nicht, aber sie scheuen es auch nicht. Es wird also dann nicht nur einen Fall Ponto und Schleyer geben, sondern einige mehr. Man muß also nüchtern Bilanz ziehen und in die Abwägung alle kommenden Entführungsfälle mit dann tödlichem Ausgang (bei heute und später unveränderten Forderungen) einbeziehen. Das sollte Helmut Schmidt ebenso wissen wie Helmut Kohl + HD Genscher. Mein Fall ist nur eine Phase dieser Auseinandersetzung, als deren Gewinner ich nach meinem jetzigen Wissensstand nicht das BKA sehe, weil die Personen, deren Freilassung gefordert wird, die Entführer in ungeahntem Maß zu weiteren Handlungen motivieren. Die Verantwortlichen in unserem Land können aber nicht nur in Panzerwagen reisen und werden daher immer Blößen zeigen. (...) Meine Entführer kennen diesen Brief natürlich, aber er entstammt meiner Überlegung + ist das Produkt der letzten Nacht.

Die politische Verantwortung trägt natürlich Bonn, aber

sie unterschätzen dort offenbar die Ernsthaftigkeit + Härte meiner Entführer.

Man kann dieses Spiel um Zeitgewinn nicht weitertreiben, weil es auch für meine Entführer Zwänge gibt, deren 1. Opfer ich bin. Ich habe die Frage nach Mocki + Obolensky – Basel sofort auf Band beantwortet [Die Frage nach Mocki und Obolensky galt als Beweis dafür, daß Schleyer zu einem bestimmten Zeitpunkt noch lebte]. 12 Stunden nach erwiesenem Eingang beim Adressaten verneint man den Empfang immer noch. Mein erstes Lebenszeichen habe ich am Dienstag früh [Dienstag, den 6. September 1977] mit Bild und Brief abgegeben, um vor allem Euch zu beruhigen. Gestern abend wurde angeblich erstmals berichtet – d. h. nach 24 Stunden.

Ruhe an dieser Front wird es nicht so schnell geben, aber man kann eine Eskalation verhindern, wenn man das Hauptziel nicht erst nach dem 10. Anschlag erfüllt.

Wenn Du Dich als mein »Vermittler« einschaltest und meine Gedanken bei den Verantwortlichen interpretierst, dann ist das sicher nicht das Mandat, das Du von mir vermittelt haben wolltest, für mich aber eine große Beruhigung.

Ich drehe mit Sicherheit nicht durch, bleibt Ihr gesund und optimistisch. Ich war schon oft in schwierigen Lagen + es ist immer wieder gut gegangen.

Viele Bussi an Mutti, Euch + die Freunde.

Hoffentlich auf bald!

Dein Vati« ■

Hanns-Eberhard Schleyer

Jeder Moment damals, während der Entführung meines Vaters, war beklemmend und trostlos. Was man empfindet, wenn man den eigenen Vater so sieht, fotografiert in seiner Geiselhaft, das kann man nicht in Worte fassen. Diese Erinnerungen sind sehr persönlich, an sie läßt man niemanden heran. Ich wußte, wie quälend die Ungewißheit für meinen Vater war. Bonn hatte eine Nachrichtensperre verhängt, hatte immer wieder von den Entführern neue Lebenszeichen von meinem Vater gefordert, spielte auf Zeit. Die Fehler, die die Sicherheitsorgane bei der Suche nach meinem Vater machten, waren eklatant. Doch auch davon erfuhren wir das meiste erst viel später, nach seiner Ermordung.

Die Erinnerung an diese Wochen im Herbst ist immer wach in mir, sie läßt einen nie mehr los. Ich denke regelmäßig an die Entführung und das Ende meines Vaters, nicht weil man morgens als erstes mit dem Gedanken aufwacht, sondern weil es im Alltag so viele Bezugspunkte zu der Zeit damals und zu meinem Vater gibt.

Im politischen Miteinander heute gibt es so viele Karrieren ehemaliger 68er, Joschka Fischer ist da ja nur einer von vielen, der den Weg durch die Institutionen gegangen ist. Das ruft die Zeit von damals immer wieder ins Gedächtnis. In manchen Momenten kommen auch die Fragen nach dem »Wie« und »Warum« wieder auf. Zuletzt, als Jürgen Chrobog [ehemaliger deutscher Spitzendiplomat und Staatssekretär im Auswärtigen Amt] Ende 2005 mit seiner Familie im Jemen entführt worden war und unser Außenminister mit unbeugsamer Selbstverständlichkeit forderte, daß die jemenitische Regierung mit den Entführern verhandeln solle. In meinen Gedanken war ich oft bei der Familie Chrobog. Wir kannten uns auch über unsere Kinder, die dasselbe Gymnasium in Bonn besuchten.

Diese Selbstverständlichkeit, mit der in ihrem Fall Verhandlungen gefordert wurden, hat es bei meinem Vater indes nicht einmal im Ansatz gegeben. Ich bin nach dem 5. September 1977 an keinen der verantwortlichen Politiker mehr wirklich herangekommen. Hans-Jochen Vogel hatte den Auftrag, den Kontakt zu unserer Familie zu halten. Ich telefonierte täglich mit ihm. Es brauchte bei den Gesprächen keine großen Worte. Wir wußten beide, wie es sich verhielt. Ich fragte immer wieder, ob wir dieses quälende Warten nicht abkürzen könnten. Vogel antwortete: »Ich bitte Sie, wir haben Verantwortung Ihrem Vater gegenüber, aber auch gegenüber denen, die in Gefahr sind, wenn wir die Terroristen freilassen.« Sich nicht auf Verhandlungen mit den Terroristen einzulassen war – das muß man ganz offen sagen – eine Entscheidung, die von allen politischen Parteien damals getragen wurde. Deshalb hatte Helmut Kohl auch immer ein schlechtes Gewissen gegenüber unserer Familie.

Regierung und Opposition verständigten sich nach der Entführung meines Vaters schnell darauf, es zu ihrer gemeinsamen Verantwortung zu machen, daß der Staat nicht erpreßbar sein dürfe. So lautete die Kernformel damals. Dagegen kann man kaum ankommen, ich konnte es nicht. Trotz aller Bemühungen. Aber man darf sich nichts vormachen: Die politische Auseinandersetzung war auch deshalb schwer zu führen, weil die Mehrheit der Bevölkerung das Argument, der Staat dürfe nicht erpreßbar sein, teilte.

■ *Am 14. September 1977* wird im Hotel Bristol in Bonn ein Brief abgegeben, der an den Leiter des Bonner Büros der Nachrichtenagentur AFP weitergeleitet wird. Der Umschlag enthält ein Videoband, auf dem Hanns Martin Schleyer vor dem RAF-Symbol zu sehen ist. Nach einer aufgrund technischer Probleme unverständlichen Anfangspassage sagt er:

»... seitens der Bundesregierung in Folge der Nachrichtensperre zu mir gedrungen sind, müssen in mir den Eindruck erwecken, daß die Bundesregierung alles tun wird, um mein Leben zu retten. Alles andere, was an taktischen Maßnahmen geschieht, wird dazu führen, daß das Gegenteil eintritt.

Ich wende mich deshalb an die Öffentlichkeit und hoffe, daß es noch genügend freie Journalisten gibt, die bereit sind, diese Überlegungen zu publizieren.

Schon die Umstände, die zu meiner Festnahme am 5. September führten, lassen klar erkennen, daß die Vorkehrungen des Bundeskriminalamts mangelhaft waren, daß die Observierung völlig ungenügend war und daß viele Umstände dazukamen, die diesen Überfall den Entführern sehr leicht gemacht haben. Trotzdem habe ich wiederholt erklärt, daß ich mich den Entscheidungen der Bundesregierung – wie auch immer sie ausfallen mögen – voll unterwerfe. Nachdem aber die Bundesregierung und die politischen Parteien in Verhandlungen eingetreten sind und meiner Familie und auch mir gegenüber und auch der Öffentlichkeit gegenüber immer wieder bekundet haben, daß sie letztlich meine Befreiung, meine lebende Befreiung wünschten, ist natürlich auch in mir der Wunsch weiterzuleben immer stärker geworden, und immer mehr verfolge ich die Maßnahmen des Bundeskriminalamts, die nach meiner Beurteilung in Tricks bestehen, die es ihnen ermöglichen sollen, Zeit zu gewinnen, um meine Entführer zu finden.

Die Aufspürung meiner Entführer würde auch allerdings mein Ende sein. Denn die Entführer werden gezwungen, dieses herbeizuführen.

Ich kann mir nicht vorstellen, daß es in den Überlegungen der politisch Verantwortlichen Gedanken gibt, die darauf hinzielen, zwar offiziell den Eindruck zu erwecken, als ob man die Forderungen erfüllen wolle, die in Wirklichkeit aber ein stilles Ende, das als technische Panne ausgegeben werden könnte, bevorzugen würden.

Ich bin in großer Sorge, daß man durch ein solches Vorgehen erreichen will, daß die Fehler, die begangen wurden, durch mein stilles Ende abgedeckt werden müssen.

Diese Fehler waren in den letzten Tagen umfangreich. Man hat weder meine vorhandenen Lebenszeichen anerkannt oder der Öffentlichkeit bekanntgegeben. Man hat immer neue Beweise gesucht. (...) Dies läßt in mir eben den geschilderten Verdacht aufkommen, gegen den ich mich eben der Öffentlichkeit in dieser Situation zu meinem eigenen Schutze mitteilen möchte.

Im übrigen teile ich meiner Familie mit, daß es mir den Umständen entsprechend gut geht, daß ich gesund bin und daß ich voll im Besitz meiner geistigen Kräfte bin und auch nicht unter Drogen stehe, und daß ich, wenn diese Haftentlassung, deren Modalitäten festliegen und die ich dem Bundeskriminalamt selbst mitgeteilt habe, endet, gesund wieder zu meiner Familie zurückkehren kann.«

Die Bundesregierung spielt weiterhin auf Zeit.

Nach dem Start der Rasterfahndung in Köln verlegen die Entführer Hanns Martin Schleyers Aufenthaltsort erst nach Den Haag, dann nach Brüssel.

In der *Bild*-Zeitung veröffentlicht Waltrude Schleyer am 21. September 1977 einen weiteren Brief:

»Ich weiß, daß sich mein Mann in der trostlosen Einsamkeit seines derzeitigen Aufenthalts große Sorgen um seine Familie macht. Er muß daher wissen, daß hierzu kein Anlaß besteht, auch wenn uns diese Gedanken beklemmen und quälen.

Ich möchte ihm sagen, daß uns das Vertrauen in das tiefe

Verantwortungsbewußtsein aller derjenigen, die sich mit den an sie gestellten Forderungen auseinanderzusetzen haben, aber auch das Wissen um die Zuneigung der Freunde und vieler Mitbürger die notwendige Kraft und Zuversicht geben.

Vor allen Dingen hilft uns aber in diesen schweren Tagen das Bewußtsein um seine eigene innere Stärke. Sie wird ihn der gegenwärtigen ungeheuren Herausforderungen Herr werden lassen, was auch immer geschieht.

Ich bin zutiefst davon überzeugt, daß ich meinen Mann gesund wiedersehen werde. Die Liebe seiner Familie, die um mich versammelt ist, wird dazu beitragen, daß er das Schreckliche des Anschlags von Köln und der Tage der Gefangenschaft verarbeiten kann.

Ich hoffe, daß der Inhalt dieser Zeilen meinen Mann erreichen wird. Er soll helfen, die Sorge um die Seinen zu zerstreuen, und er soll ihm zusätzliche Kraft geben, kommende Zerreißproben zu bestehen.«

Am 22. September 1977 wird im holländischen Utrecht das RAF-Mitglied Knut Folkerts nach einer Schießerei verhaftet. Der niederländische Polizeibeamte Arie Kranenburg war dabei erschossen worden, zwei weitere wurden schwer verletzt. Trotz langer Vernehmungen gibt Folkerts nicht preis, wo Hanns Martin Schleyer gefangengehalten wird.

Das BKA teilt den Entführern am 25. September 1977 über Denis Payot mit, daß Libyen und Süd-Jemen abgelehnt haben, die elf RAF-Mitglieder aufzunehmen. Eine Befragung des von Andreas Baader genannten Landes Vietnam sei eingeleitet.

Der Deutsche Bundestag verabschiedet am 30. September 1977 das Kontaktsperregesetz, das innerhalb von einer Woche den Bundestag passiert hatte. Am 2. Oktober 1977 tritt es in Kraft. Damit ist legalisiert, was bereits drei Wochen andauert.

Ein handgeschriebener Brief und ein Polaroidfoto gehen am 8. Oktober 1977 in Genf in der Kanzlei von Denis Payot ein. Auf dem Bild hält Hanns Martin Schleyer, unter den Augen tiefe Ringe, ein Plakat in den Händen: »Seit 31 Tagen Gefangener.« Der letzte Absatz des Briefs lautet: »Meine Familie und meine Freunde wissen, daß ich nicht so leicht umzuwerfen bin und über eine robuste Gesundheit verfüge. Dieser Zustand eines nicht mehr verständlichen Hinhaltens ist aber (...) von mir nicht mehr lange zu verkraften. Man muß schließlich die Umstände berücksichtigen, unter denen ich lebe. Deshalb ist eine Entscheidung der Bundesregierung – wie ich sie am ersten Tag gefordert habe – dringend geboten.

Dies um so mehr, als meine Entführer nach meiner festen Überzeugung so nicht mehr lange weitermachen werden. Ihre Entschlossenheit kann nach der Ermordung Bubacks und Pontos nicht in Zweifel gezogen werden.

Mit meiner Frau vertraue ich auf das hohe Verantwortungsbewußtsein der politisch Verantwortlichen und hoffe nach wie vor, bald wieder bei ihr sein zu können.«

Vier palästinensische Terroristen entführen am 13. Oktober 1977 die Lufthansa-Maschine »Landshut« mit 91 Menschen an Bord. In der Nacht vom 13. auf den 14. Oktober bekommt Denis Payot die Nachricht, daß das Leben der Passagiere in der »Landshut« und das Leben von Hanns Martin Schleyer davon abhingen, ob folgende Forderungen erfüllt würden: Neben der vom »Kommando Siegfried Hausner« verlangten Freilassung der RAF-Gefangenen sollen zwei in der Türkei inhaftierte Palästinenser freigelassen und ausgeflogen werden – genannt werden die Länder »Demokratische Republik Vietnam, Republik Somalia, Demokratische Volksrepublik Jemen«. Außerdem verlangen die Entführer 15 Millionen US-Dollar Lösegeld. Die Erklärung endet mit dem Satz: »Das Ultimatum der Operation ›Kofre Kaddum‹ des ›Kommando Martyr Halimeh‹ und das Ultimatum des ›Kommando Siegfried Hausner‹ der RAF sind identisch.« Nach 40 Tagen Geiselgefangenschaft Schleyers, so die telefonische Botschaft an die Bundesregierung, werde es keine weitere Verlängerung des Ultimatums geben. Das geforderte Geld solle am 15. Oktober um 12 Uhr mittags im Intercontinental-Hotel in Frankfurt am Main von Hanns Martin Schleyers Sohn Hanns-Eberhard übergeben werden.

In einer Sondersitzung des Bundeskabinetts wird am folgenden Morgen die Frage eines Gefangenenaustauschs erörtert. Gemäß Paragraph 34 – dem »rechtlichen Notstand« –, so Bundesjustizminister Hans-Jochen Vogel, sei ein Eingehen auf die Forderungen der Entführer weder unzulässig noch geboten. Das Kabinett beschließt, daß alles mögliche unternommen werden solle, um die Geiseln zu retten – ohne eine Freilassung der inhaftierten RAF-Mitglieder anzuordnen.

Bei Hanns-Eberhard Schleyer und in verschiedenen Zeitungsredaktionen gehen Briefe ein, in denen die gleichen Forderungen des »Kommando Siegfried Hausner« und der »Landshut«-Entführer gestellt werden, die in der Nacht zuvor Denis Payot übermittelt worden waren.

Nach einem Gespräch mit Hans-Jochen Vogel erklärt sich Hanns-Eberhard Schleyer bereit, die Geldübergabe am 15. Oktober durchzuführen – unter der Bedingung, daß die Bundesregierung auch die weiteren Forderungen der Entführer, nämlich die Freilassung der inhaftierten Terroristen, veranlassen werde. Vogel weist Schleyer darauf hin, daß am kommenden Morgen noch über die endgültige Freigabe des geforderten Geldes entschieden werden müsse.

Bei Denis Payot trifft ein Eilbrief mit einem Videoband und einem Polaroidfoto von Hanns Martin Schleyer ein, das ihn mit einem Schild »13. 10. 1977« und einem weiteren mit der Aufschrift »Kommando Siegfried Hausner, Kommando Martyr Halimeh« zeigt.

Noch in der Nacht vom 14. auf den 15. Oktober übermittelt das Büro Payot dem BKA die Erklärung Hanns Martin Schleyers auf dem Videoband: »Ich habe hier die *Welt* vom Donnerstag, dem 13. Oktober 1977, vor mir. In der Zeitung ist ein Artikel von Herbert Kremp über den Besuch in Peking enthalten mit der Überschrift ›Chinesische Weisheit: Honig im Mund, Galle im Herzen‹. Ich benutze diese Gelegenheit, um mich bei meiner Familie, allen Freunden und Kollegen für ihre Unterstützung, ihre Bemühungen zu bedanken (...)

Ich frage mich in meiner jetzigen Situation wirklich, muß denn nun etwas geschehen, damit Bonn endlich zu einer Entscheidung kommt?

Schließlich bin ich nun fünfeinhalb Wochen in der Haft der Terroristen, und das alles nur, weil ich mich jahrelang für diesen Staat und seine freiheitlich-demokratische Ordnung eingesetzt und exponiert habe.

Manchmal kommt mir ein Ausspruch – auch von politischen Stellen – wie eine Verhöhnung meiner Tätigkeit vor.«

Am Morgen des 15. Oktober 1977 beschließt die »Kleine Lage«, daß es nicht vertretbar sei, Hanns-Eberhard Schleyer das in der Bundesbank bereitliegende Geld auszuhändigen – Justizminister Vogel hatte im Vorgespräch schon auf die unmittelbare Lebensgefahr bei der Übergabe hingewiesen. Grund für die vertretene Linie der »Kleinen Lage« ist die

Feststellung, daß Ort und Zeitpunkt der Übergabe bekanntgeworden seien. Bereits am Vorabend hatte die Zentrale der Deutschen Presse-Agentur (dpa) eine Meldung über die geplante Geldübergabe erhalten, sie jedoch nicht verbreitet.

Justizminister Vogel telefoniert nach der Besprechung der »Kleinen Lage« mit Hanns-Eberhard Schleyer und teilt ihm mit, daß ihm das Geld wegen des Bekanntwerdens des Treffpunkts nicht ausgehändigt werden könne. Er kündigt an, daß bei Payot eine die Lösegeldforderung betreffende Nachricht deponiert werde. Hanns-Eberhard Schleyer erklärt, daß er auch bei einem neuen Vorschlag der Entführer nur gehen werde, wenn die Bundesregierung keine Polizeiaktion zur Befreiung der »Landshut«-Geiseln unternehme und erkläre, sie sei bereit, alle Bedingungen der Terroristen zu erfüllen.

Rund zwei Stunden vor dem eigentlich geplanten Übergabezeitpunkt meldet dpa die Details des Geldübergabevorhabens. Die Bundesregierung soll, dem Rat Horst Herolds folgend, selbst die Informationen herausgegeben haben.

Mehrere Telefonate zwischen Hanns-Eberhard Schleyer und den Entführern folgen im weiteren Verlauf des Tages und Abends. Schließlich teilen die Entführer ihm mit, sie seien damit einverstanden, wenn das Geld den freigelassenen Gruppenmitgliedern mitgegeben werde.

Die Regierung bleibt bei der von ihr festgelegten Linie, nicht auszutauschen. ■

Hanns-Eberhard Schleyer

Jedem einzelnen, der sich damals gegen den Austausch der Terroristen stellte, nahm und nehme ich ab, daß es seine schwerste politische Entscheidung war. Jedem, von Helmut Schmidt bis Helmut Kohl. Was diese Entscheidung zur Folge hatte und für mich und unsere Familie bedeutete, kann ich jedoch nicht akzeptieren. Wie könnte ich? Es war nicht so, daß Haßgefühle gegen die Verantwortlichen wuchsen, aber es war und bleibt eine sehr ambivalente Situation:

Ich habe die Haltung der verantwortlichen Politiker persönlich nicht annehmen wollen, aber ich habe akzeptieren müssen, daß sie sich so entscheiden können. So ist unser System, an das ich glaube – bis heute. Was mich im Umgang mit der Regierung Schmidt und der Opposition damals jedoch störte und persönlich tief traf, war die Unehrlichkeit, mit der sie unserer Familie begegneten. Man hat uns im Grunde genommen hängen und in Ungewißheit bangen und hoffen lassen. Letzteres ist vielleicht das Schlimmste gewesen: Wir glaubten an die Rettung meines Vaters. Denn die Regierung tat immer wieder so, als sei noch nicht über den Gefangenenaustausch entschieden. Doch wie wir nach der Ermordung meines Vaters erfuhren, war am Morgen des 15. Oktober längst beschlossen worden, daß man versuchen würde, die Geiseln in der entführten »Landshut« zu befreien – und nicht auszutauschen, was auch die Rettung meines Vaters bedeutet hätte.

Schon während des ersten Zusammenkommens des Krisenstabs unmittelbar nach der Entführung meines Vaters war festgelegt worden, unter keinen Umständen auszutauschen. Es stand immer außer Frage, daß man – was ja auch selbstverständlich ist – alles tun würde, um zu versuchen, meinen Vater zu befreien. Aber es wurde auch als unumgänglich angesehen, nicht auf die Forderungen der RAF einzugehen – und auch keinen Verhandlungsspielraum mit der Gruppe zuzulassen. Daß man sich unserer Familie gegenüber nicht wahrheitsgemäß zu dieser Linie bekannte sowie die mangelnde Unterstützung von seiten der Verantwortlichen waren bittere Erkenntnisse, zu denen ich später kam. 44 Tage der Ungewißheit sind eine lange Zeit. Vor allem für das Opfer, aber auch für seine Angehörigen. Zumal mein Vater sich seit Bestehen der Bundesrepublik mit all seiner Energie für sie eingesetzt hatte. Doch die Formel, der Staat dürfe sich nicht erpreßbar machen, war über alle Institutionen hinweg bestimmend.

■ *Am Mittag des 15. Oktober 1977* beantragt Hanns-Eberhard Schleyer im Namen seines Vaters beim Bundesverfassungsgericht den Erlaß einer Einstweiligen Anordnung, um bei der Bundesregierung und den beteiligten Landesregierungen eine Freilassung der inhaftierten RAF-Mitglieder zu erzwingen. Justizminister Hans-Jochen Vogel vertritt die Regierung. Bis spät in die Nacht dauert die Verhandlung. Das Gericht lehnt die Einstweilige Anordnung am frühen Morgen des 16. Oktober ab. ■

Hanns-Eberhard Schleyer

Ob ich nach dem Urteilsspruch Zweifel an unserem Rechtsstaat hatte? Überhaupt mit dem Staat gehadert habe? Nicht in dem Sinne, daß ich nach der Ermordung meines Vaters dachte: Weil die Institutionen so entschieden haben, kann man sich Deutschland als Heimat nicht länger verbunden fühlen. Es blieb das Land, in dem man aufgewachsen ist, dessen Sprache man spricht, dessen Bücher man gelesen hat, dessen Kunstwerke man gesehen, erfahren und interpretiert hat und für das man auch ein Stück gemeinsame Verantwortung trug.

Dieses Gefühl hatte meine Biographie immer ausgemacht. Schon in meiner Studentenverbindung hatte es eine Rolle gespielt, welches Verhältnis man zu seinem Land hat. Nicht im Sinne von irgendeiner chauvinistischen Attitüde, nein, die Verbundenheit fand Ausdruck in der Haltung: Das ist eben nicht nur der Staat der Daseinsvorsorge, sondern das ist mein Vaterland, für das ich tiefe Verbundenheit empfinde. Sie blieb, trotz der Entscheidung des Bundesverfassungsgerichts.

Aber verstanden habe ich das Urteil nicht, bis heute nicht. Ich verstehe es selbst dann nicht, wenn ich abstrahiere zwischen dem betroffenen Sohn und einem Juristen, der ein Urteil ganz nüchtern analysiert. Über lange Passagen machte es deutlich, daß es die vornehmste Aufgabe des Staates sei, konkret gefährdetes Menschenleben zu schützen, seine Bürger zu schützen – und dann kam plötzlich der Bruch, folgte eine sehr abstrakte Passage über Staatsraison.

Letztlich hat das Bundesverfassungsgericht mit seinem Urteil gesagt: Das ist ein politischer Ermessensspielraum, in den wir uns nicht hineinbewegen können und wollen. Das Argument, man dürfe auf die Forderungen der Terroristen nicht eingehen, sonst würde es zu Folgetaten kommen, erschien mir nicht schlüssig. Im Entführungsfall von Peter Lorenz war die Regierung Schmidt auf die Bedingungen der Bewegung 2. Juni eingegangen. Es war vor allem Helmut Schmidt, der danach immer wieder betonte, man habe 1975 falsch reagiert und erst die Entscheidung auszutauschen habe weitere Taten nach sich gezogen.

Eine höchst hypothetische Begründung. Denn wenn die Regierung 1975 nicht nachgegeben hätte, wäre dadurch eine Garantie für das Ausbleiben weiterer Entführungsversuche und Gewalttaten gegeben gewesen? Mit dem Urteil des Bundesverfassungsgerichts wurde uns allen in der Familie bewußt: Unser Handlungsspielraum war ausgeschöpft. Uns blieb nichts, als auf die Regierung und das BKA zu vertrauen.

▪ *Am 18. Oktober 1977 um Mitternacht* mitteleuropäischer Zeit stürmt die GSG 9, ein Kommando des Bundesgrenzschutzes, in Mogadischu die »Landshut« und befreit alle Geiseln.

Um 00.38 Uhr berichtet als erste deutsche Rundfunkanstalt der Deutschlandfunk: »Die von Terroristen in einer Lufthansa-Boeing entführten 86 Geiseln [die Crew war hier offenbar nicht mitgerechnet worden] sind alle glücklich befreit worden. Dies bestätigt ein Sprecher des Bundesinnenministeriums soeben in Bonn. Ein Spezialkommando des Bundesgrenzschutzes hatte um 00.00 Uhr die Aktion auf dem Flughafen von Mogadischu gestartet. Nach den ersten Informationen sollen drei Terroristen getötet worden sein.«

Im Gefängnis Stuttgart-Stammheim begehen Andreas Baader, Gudrun Ensslin und Jan-Carl Raspe Selbstmord. Der Obduktionsbericht lautet: Gudrun Ensslin erhängt. Andreas Baader erschossen. Jan-Carl Raspe stirbt einige Stunden, nachdem er gefunden worden war, an den Folgen seines Kopfschusses. Das RAF-Mitglied Irmgard Möller wird mit Schnittverletzungen am Oberkörper gefunden, überlebt aber.

Am Nachmittag des 19. Oktober 1977 gegen 16.30 Uhr ruft eine junge Frau im Stuttgarter Büro der Deutschen Presse-Agentur an, meldet sich mit »Hier RAF« und erklärt: »Wir haben nach 43 Tagen Hanns Martin Schleyers klägliche und korrupte Existenz beendet. Herr Schmidt, der in seinem Machtkalkül von Anfang an mit Schleyers Tod spekulierte, kann ihn in der Rue Charles Péguy in Mülhausen in einem grünen Audi 100 mit Bad Homburger Kennzeichen abholen. (...)«

Um 18.30 Uhr ruft Justizminister Vogel bei Waltrude Schleyer an und sagt ihr, sie müsse im weiteren Verlauf des Abends mit einer tragischen Nachricht rechnen. Etwa zwei Stunden später unterrichtet Hans-Jochen Vogel Hanns-Eberhard Schleyer davon, daß die Öffnung des Fahrzeugs und die Identifizierung der Leiche bis Mitternacht dauern werde. Dann erst sei mit einer endgültigen Nachricht zu rechnen.

Knapp eine Stunde später wird der Kofferraum des Audi geöffnet und die Leiche Hanns Martin Schleyers gefunden. Um 21.30 Uhr meldet dpa, die Polizei habe bestätigt, daß es sich um die Leiche des Arbeitgeberpräsidenten handelt. Um 23 Uhr teilt Justizminister Vogel Hanns-Eberhard Schleyer mit, daß »der Tod Ihres Vaters nunmehr amtlich feststeht«.

Am 20. Oktober 1977 schreibt Helmut Schmidt an Waltrude Schleyer.

»Tief betroffen hat uns die traurige Nachricht, daß die Verbrecher, die Ihren Mann in ihrer Gewalt hatten, ihn in gemeiner Weise ermordet haben. Dr. Hanns Martin Schleyer ist nach Wochen qualvoller Gefangenschaft ein Opfer terroristischer Fanatiker geworden.

Abscheu erfüllt uns angesichts dieses brutalen Verbrechens, das abzuwenden wir uns trotz intensiver Anstrengungen vergeblich bemüht haben. Mir wie all den anderen, die in diesen Wochen hierzu Verantwortung getragen haben, ist stets die große Tragweite der Entscheidung bewußt gewesen, welche Ihren Mann aus Lebensgefahr erretten und zugleich Gefahren für die Sicherheit und das Leben vieler anderer Bürger in unserem Staat abwenden sollte. Wir alle, die wir in vielfacher Weise Entscheidungen zu treffen hatten, haben uns jeweils nach reichlicher Überlegung und einvernehmlich zu dem eingeschlagenen Weg entschlossen, so schwer dies auch war. Bitteres Warten und – leider vergebliches – Hoffen über viele schlimme Wochen liegen hinter Ihnen und Ihrer Familie. Es ist der traurigen Gewißheit gewichen, daß Dr. Hanns Martin Schleyer nicht mehr lebt. Der schwere Verlust trifft Sie und Ihre Familie, der er gehörte und die er liebte. Ihnen und Ihrer Familie spreche ich meine aufrichtige Anteilnahme aus zu dem schweren Schicksal, das Sie getroffen hat. Ich fühle in Ihrem Schmerz mit Ihnen, Millionen Deutscher teilen Ihren Schmerz.

Ein schwerer Verlust trifft auch die deutsche Industrie und Wirtschaft, deren herausragende Unternehmerpersönlichkeit und Sprecher er war. Dr. Hanns Martin Schleyer hat sein Arbeitsgebiet entsprechend seiner Erkenntnis gewählt, daß die Unternehmer sich über die Aufgaben im Unternehmen hinaus der Öffentlichkeit stellen und an der Lösung der wirtschafts- und sozialpolitischen Fragen verantwortlich mitarbeiten müssen. Dieser für die Weiterentwicklung unseres freiheitlichen Staates entscheidenden Aufgabe hat sich Dr. Hanns Martin Schleyer mit großer Hingabe und Verantwortungsbewußtsein und unter Verwertung seiner reichen Erfahrungen und Kenntnisse unterzogen.

Die Bundesregierung wird ihn vermissen. Bei zahlreichen Gesprächen habe ich sehr persönlich empfunden, wie wertvoll ein Gespräch mit ihm sein konnte. Sein klares Denken und offenes Wesen machten jede Begegnung mit ihm lohnend.

Der amerikanische Präsident Carter, verehrte Frau Schleyer, hat mich gebeten, Ihnen seine von Herzen kommende Sympathie und die des amerikanischen Volkes zu übermitteln. Die Bundesregierung dankt Hanns Martin

Schleyer für seine Arbeit. Sie wird ihn in ehrender Erinnerung behalten. Sie denkt zugleich an Sie.

Verehrte, liebe Frau Schleyer! Vielleicht hilft es Ihnen ein wenig zu wissen, was wir hier in Bonn alle wissen: Ihr Mann hat sein Leben hingegeben für die freiheitliche Ordnung, an die er glaubte und für die er sein ganzes Leben lang eingetreten ist.

Ich wünsche Ihnen Trost in Gott.

Ihr ergebener Helmut Schmidt.«

An die Familie Schleyer schreibt Hans-Jochen Vogel am 24. Oktober 1977.

»Kaum ein Kondolenzbrief ist mir so schwergefallen wie dieser. Denn bei keinem Verstorbenen mußte ich mir sagen, daß ich – jedenfalls aus der Sicht der Angehörigen – daran hätte mitwirken können, ihn zu retten. Daß ich es nicht getan und mich im entscheidenden Zeitpunkt gegen die Freilassung der Gefangenen ausgesprochen habe, leugne ich nicht. Aber der Gedanke, daß ein solches Votum den sicheren Tod einer großen Anzahl jetzt namentlich noch nicht bekannter Opfer und zugleich eine schwere Erschütterung nicht der Staatsraison, sondern der Fähigkeit des Staates bedeutet hätte, die ihm anvertrauten Rechtsgüter zu schützen, hat mir als Justizminister ein solches Votum unmöglich gemacht.

Ich meine, gnädige Frau, Sie und Ihre Söhne haben Anspruch darauf, dieses Eingeständnis von mir selbst zu hören. Mit diesem Eingeständnis verbinde ich den Ausdruck der Hochachtung vor Ihrem Gemahl, der sein Eintreten für unsere Staats- und Gesellschaftsordnung mit seinem Leben besiegelt hat, und mit dem Ausdruck der Hochachtung vor seiner Familie, die um das Leben des Vaters in Würde gekämpft und gerungen hat. Wenn ich in diesem Zusammenhang Ihren Sohn Hanns-Eberhard eigens erwähne, dann deshalb, weil ich ihn in den täglichen Gesprächen dieser quälenden sechs Wochen wegen seiner Selbstbeherrschung und Klugheit ganz besonders schätzengelernt habe.

Mögen Sie, sehr verehrte gnädige Frau, in der Gewißheit Trost finden, daß Ihr Gemahl noch mit seinem Leiden und Sterben den Zielen gedient hat, für die er in seinem Leben so erfolgreich tätig war.

In Anteilnahme Ihr sehr ergebener

Hans-Jochen Vogel.«

Helmut Kohl schreibt nach der Beerdigung Hanns Martin Schleyers an Waltrude Schleyer.

»Erst heute, am Ende der Woche, in der wir von Hanns Martin Abschied nahmen, kann ich Dir schreiben. Anteilnahme und Beileid sind bloße Worte angesichts dessen, was uns bewegt. Bischof Moser hatte recht mit seiner Predigt, daß uns bei so viel Leid und Heimsuchung die Worte fehlen.

In den schlimmen Wochen nach dem 5. September standen immer das Bild Deines Mannes, aber auch die fragenden Gesichter von Euch allen vor meinen Augen. In vielen Gesprächen, in Tagen und Nächten, habe ich den schrecklichen Konflikt zwischen Freundschaft und bitterer Pflicht durchlebt. Jetzt kann ich nur beten und Dich und Deine Kinder um Vergebung bitten. Ich hoffe zu Gott, daß er, trotz allem, Dir und den Deinen Trost gewährt.

Laß es mich bitte wissen, wenn ich Dir und Deinen Kindern helfen kann.

Dein Helmut Kohl.«

Am 25. Oktober findet in Stuttgart die Trauerfeier für Hanns Martin Schleyer statt. Der Bundeskanzler sitzt Seite an Seite mit der Witwe. In den Bänken hinter der Familie sitzen die Mitglieder des Krisenstabs. ■

Hanns-Eberhard Schleyer

Es gibt die ganz persönliche Bewältigung von Verlust, eine emotionale Aufarbeitung der Geschehnisse, die für die Öffentlichkeit verborgen in einem selbst und mit der Familie stattfindet. Sicht- und hörbar wollte ich mich allerdings mit den Intellektuellen auseinandersetzen, die in den Jahren vor der Ermordung meines Vaters zur zunehmenden Radikalisierung der Studentenbewegung beigetragen hatten. Auch das war neben dem Persönlichen ein wichtiger Schritt der Aufarbeitung für mich.

Ich sprach nach dem Herbst 1977 mit vielen Literaten und Universitätsprofessoren, die sicher keine klammheimliche Sympathie für die Ermordung meines Vaters empfanden, aber für sich immer in Anspruch genommen hatten, man könne nur aus einer radikalen Position heraus Veränderungen herbeiführen. Das war mein Vorwurf an die Intellektuellen: Nicht erkannt zu haben oder erkennen zu wollen, daß sie – die Intellektuellen und geistigen Führer der Studentenbewegung – mit ihren plakativen Positionen auch einen erheblichen Einfluß auf Teile der studentischen Jugend ausgeübt und damit eine besondere Verantwortung hatten. Was sie gesagt und geschrieben hatten, war Baustein des ideologischen Fundaments der RAF geworden, die sich als revolutionäre Avantgarde sah – legitimiert, mit allen Mitteln das bestehende System anzugreifen.

Eines meiner Argumente in all diesen Erörterungen mit Intellektuellen war immer wieder: »Wie reagiert ihr denn, wenn Menschen aus dem rechtsextremen Umfeld für sich in Anspruch nehmen würden: Dieser Staat ist so repressiv – wir können ihn gar nicht mehr auf einem demokratischen Wege zu ändern versuchen. Wir können es nur noch mit Gewalt. Würdet ihr sie auch in ihrer Position unterstützen?«

Mit dem Publizisten Jean Améry hatte ich einmal eine öffentliche Diskussion, und gegen Ende räumte er ein, er sei sich nicht bewußt gewesen, welchen Einfluß er auf die jungen Leute gehabt habe. »Ich hätte wissen müssen, daß bestimmte Thesen und Aussagen in ihrer plakativen Form so ernstgenommen werden würden, daß daraus bestimmte Handlungen entstehen. Und das bedauere ich zutiefst«, sagte er mir.

Auch mit Heinrich Böll gab es ein Gespräch, auch er änderte seine Haltung. Diese Form der intellektuellen Auseinandersetzung hatte es vor 1977 nicht gegeben – und vor allem waren die geistigen Väter der Studentenbewegung nicht bereit gewesen, auf diese Weise Verantwortung zu übernehmen. Man hatte sich vor dem Deutschen Herbst theoretisch mit den Mitscherlichs, mit Marcuse und Adorno beschäftigt, es gab auch die eine oder andere Debatte im Feuilleton, aber eine ernsthafte Auseinandersetzung mit den Meinungsbildnern der Studentenbewegung war ausgeblieben. Sie begann erst nach den Morden des Jahres 1977. Bei vielen – ich nenne sie – Multiplikatoren haben erst diese Gewalttaten dazu geführt, daß auf ihrer Seite überhaupt eine Diskussionsbereitschaft aufkeimte.

Es hatte für mich etwas Versöhnliches und Sinngebendes, daß Bewegung in die gesellschaftliche Debatte kam. Nun wurde das Phänomen Terrorismus und politisch motivierte Gewalt auf einer viel breiteren Basis diskutiert, und viele der Intellektuellen, die sich über die fünfziger bis siebziger Jahre nicht nur für eine Aufarbeitung des Dritten Reichs eingesetzt hatten, sondern auch für eine nachhaltige Veränderung der gesellschaftlichen Strukturen in Deutschland, trennten sich im Zuge dieser Debatte von einer bestimmten Radikalisierung ihrer Positionen und räumten ein: »Nein, so kann das nicht funktionieren. Wir müssen akzeptieren, daß Demokratie nach Mehrheiten funktioniert.«

Der Deutsche Herbst war eine Zäsur in der Geschichte der Bundesrepublik. Denn ich bin davon überzeugt, daß sich nach dem Herbst 1977 die Art, wie die RAF, die Bewegung 2. Juni oder die Revolutionären Zellen wahrgenommen wurden, veränderte. Die öffentliche Aufmerksamkeit und vor allem die Bereitschaft junger Menschen im Sympathisantenfeld, zuzuhören und Solidarität mit Baader-Meinhof zu demonstrieren und zu praktizieren, schwand.

Auch im linken Umfeld wurde erkannt, daß die behauptete Logik revolutionärer Gewalt ein Irrweg war. Man hat das in den Reaktionen auf die Attentate der folgenden Jahre beobachten können – von Karl Heinz Beckurts bis Detlev Karsten Rohwedder: Diese Morde der RAF wurden als Schandtaten gesehen, ausgeübt von Menschen, die noch einmal auf sich aufmerksam machen wollten. Und es wurde bis ins Sympathisantenfeld hinein erkannt, daß mit Schüssen oder Bomben auf jemand wie Gerold von Braunmühl oder Alfred Herrhausen allein die Angehörigen und Freunde der Ermordeten getroffen wurden, nicht aber der Staat.

Nach dem Herbst 1977 formte sich die Einsicht, daß Gewalt – wie auch immer motiviert und wie auch immer differenziert – keine Möglichkeit der politischen Auseinandersetzung war. Natürlich hätte ich mich darüber auch direkt mit ehemaligen Mitgliedern der Studentenbewegung auseinandersetzen können. Doch mir war die Begegnung mit den der Bewegung nahestehenden Intellektuellen wichtiger. Ich hatte an der Universität selbst erlebt, wie ursächlich sie in ihrem Denken für vieles gewesen waren.

Ich hatte mich sebst zu Beginn des antiautoritären Aufbegehrens ab Mitte der sechziger Jahre oft mit Neugier und

Interesse an den Diskussionen, die an der Universität geführt wurden, beteiligt. In dieser Anfangszeit bestanden sie noch aus Dialogen, das war für mich einer der wesentlichen Unterschiede zu den darauffolgenden Jahren. 1966 setzte man sich zusammen und ließ die Argumente beider Seiten gelten.

Der Ton änderte sich ab 1967, er wurde lauter und aufgeregter. In Berlin war während einer Demonstration gegen den Schah ein Student namens Benno Ohnesorg erschossen worden. Das Verstörende und Schreckliche an dieser Tat war, daß man sich gar nicht vorstellen konnte, daß in der Bundesrepublik jemand in Zusammenhang mit einer Demonstration ums Leben kam. Die Nachricht vom Tod Benno Ohnesorgs traf mich tief.

Wie es dazu hatte kommen können, war für mich die wesentlichere Frage als jene nach dem Schah und seiner Regentschaft. Der Schah interessierte mich damals nicht besonders – und was ich wußte, hätte mich nicht veranlaßt zu glauben, daß das die Schreckensfigur par excellence ist. Es war sicher ein autoritäres System, an dessen Spitze er stand, aber all das war auch weit weg von uns.

Wenn ich in der Zeit damals überhaupt mit Weltkonflikten beschäftigt war, dann mit dem Vietnamkrieg. Aber im Mittelpunkt stand doch der Ohnesorg-Fall. Es war die Zeit der großen Diskussionen an der Universität, im Freundeskreis, natürlich auch in meinem Studentencorps. Ich war 1967 23 Jahre alt und studierte an der Ludwig-Maximilians-Universität Rechtswissenschaft. Es war eine Zeit voller Bewegung. Man ist viel umhergezogen, hat sich an den unterschiedlichsten Orten getroffen, saß vor der Universität und abends in Kneipen und sprach über die Rolle des Staates, über autoritäre Strukturen an Schulen und Universitäten und natürlich vor allem über das Dritte Reich und die Frage nach der persönlichen Verantwortung von Hochschullehrern, Politikern und vor allem der eigenen Eltern.

Das Mitscherlich-Buch *Die Unfähigkeit zu trauern* war für viele in meinem Studien- und Freundeskreis eine Art Schlüssellektüre. »Kollektives Verdrängen« wurde zu einem der meistverwendeten Schlagworte damals. Ich habe das Buch auch gelesen, natürlich. Es bewegte mich in dem Sinne, daß es interessant war und Basis für viele Auseinandersetzungen wurde.

Die Frage nach der Aufarbeitung der Vergangenheit und wie sich die Gesellschaft in den fünfziger Jahren entwickelt hatte, hat für mich eine große Rolle gespielt. Fragen nach Partizipation und Demokratieverständnis, nach Konsum und Sinn im Leben – all das immer eng verknüpft mit der jüngsten Geschichte Deutschlands: Ob die deutsche Gesellschaft ihre Demokratie nicht viel aktiver leben müßte, ob man nicht erkennbarer um die Opfer aus dem Dritten Reich trauern müßte? Aber persönlich hatte ich in meiner Familie nicht das Gefühl, daß ich vor einer Wand des Verschweigens und Verdrängens der Schandtaten des Nationalsozialismus gestanden hätte.

Ich war etwa 16 Jahre alt, als ich meine Eltern zum ersten Mal nach ihrer Vergangenheit im Dritten Reich fragte. Anfang der sechziger Jahre hatte ich im Fernsehen eine große Dokumentation über den Nationalsozialismus gesehen. Die Bilder brannten sich mir ein. Sie haben uns Kinder – Schüler damals noch – sehr beschäftigt. Es waren die typischen Fragen, die ich stellte, wie so viele andere junge Menschen damals auch: »Was ist da geschehen?« »Warum ist das geschehen?« »Was habt ihr gewußt?«

Meine Mutter erklärte mir, es habe in den vierziger Jahren

Gerüchte über die Deportation von Juden gegeben, aber es seien Gerüchte gewesen, nichts Konkretes, und das Ganze so schrecklich, daß man es als unmöglich abtat. Man habe nichts gewußt, das war ihre klare Aussage. Meine wiederholten Versuche, ihr mehr zu entlocken, verstand sie als Kollektivangriff, als sei sie persönlich angeklagt für all die Greueltaten, die im Dritten Reich begangen worden waren. Ein Kollektivurteil – und dann auch noch verhängt vom eigenen Sohn und unterschwellig auch von dessen Freunden. Ich hatte nachmittags während der Schulzeit stets viele Freunde zu Hause, und natürlich beschäftigte uns dieses Thema. Meine Mutter fühlte sich von mir damals auf sehr harte Weise attackiert, denn mit den Fernsehbildern im Hinterkopf hakte ich immer wieder nach, habe mitunter dann auch überreagiert – auch weil meine Mutter eben so emotional in Diskussionen war, was mich wiederum provozierte.

Mein Vater reagierte da viel ruhiger, was der bei uns typischen heimischen Diskussionslage entsprach. Bei ihm war das Erinnern differenzierter als bei meiner Mutter. Er verstand mein Bedürfnis nach Antworten, daß es für uns Jüngere und insbesondere für seine Kinder wichtige und drängende, ja, auch schwierige Fragen waren: »Was haben meine Eltern getan?« »Gewußt?« Das sind große Fragen. Sie stellten das Bild, das man bis dahin als Kind von den Eltern gehabt hat, mit einem Mal sehr in Frage.

Es war für meinen Vater wichtig, mir seinen Weg in die Partei zu erklären. Er schilderte das Lebensgefühl nach 1918, die große Verzweiflung nach dem Ersten Weltkrieg: Hunger, Massenarbeitslosigkeit, Minderwertigkeitsgefühle und Hoffnungslosigkeit – und er vermied es von Anfang an nie, auch die Fehler, die Intoleranz und die Verführbarkeit während des Dritten Reichs zu thematisieren. Seine Fehler, seine Intoleranz und seine Verführbarkeit. Er erzählte mir, wie er Ende der zwanziger Jahre erstmals mit der Partei zu tun hatte. Sein Interesse an der NSDAP begründete er mit dem einen Motiv, das in seinen Erzählungen immer wieder auftauchte: »Ich wollte wie viele andere auch einen Beitrag leisten, daß wir aus der großen wirtschaftlichen Krise, aus der großen Arbeitslosigkeit herauskommen. Aber rückblikkend muß man sagen: Wir haben uns oft, ohne zu hinterfragen, durch die Nazipropaganda beeinflussen lassen. Diese Propaganda stellte die Sieger des Ersten Weltkriegs als unbarmherzige Mächte dar, die alles tun würden, um Deutschland nicht mehr auf die Beine kommen zu lassen. So bekam das Nationale eine immer größere Bedeutung.«

Mein Vater konnte das Gefühl, das ihn damals in seinem Handeln leitete, anschaulich beschreiben – dieses Gefühl: Man ist abhängig von den Siegermächten, die ohne zu fragen tun, was sie für richtig halten, und es bedarf einer großen nationalen Kraftanstrengung, sich dagegen zu wehren und das Land wieder aufzubauen. Es war für ihn das entscheidende Motiv, auf bessere Zeiten hinzuarbeiten.

Mein Vater schilderte mir, welche Eigendynamik sich in den dreißiger Jahren aus seinem Engagement entwickelte: Daß er wenig Verständnis für andere hatte, die nicht von den gleichen Vorstellungen ausgehen wollten, wie er es tat. Rückblickend war ihm schmerzhaft bewußt, ein menschenverachtendes System mitgetragen zu haben – jedenfalls in den Unterhaltungen, die wir miteinander führten. Er hatte sich ja an der Universität Heidelberg stark für die nationalsozialistische Partei eingesetzt und war schließlich sogar aus seinem Studentencorps ausgetreten, nachdem er gefordert hatte, jüdische »Alte Herren« aus der Verbindung auszuschließen – was damals nicht geschah.

Die eigene Intoleranz war im Rückblick das Schlimmste für ihn, und deshalb war ihm auch klar, daß er sich nach dem Zweiten Weltkrieg politisch und gesellschaftspolitisch engagieren wollte, ja mußte. Es war ihm ein großes inneres Bedürfnis. Er sah es als persönliche Herausforderung, aus den Erfahrungen zu lernen und das Gelernte auch weiterzugeben – die Einsicht, wie leicht es gewesen war, junge Menschen für etwas zu begeistern, und wie lange es gedauert hatte, den Propagandaapparat der Nazis zu durchschauen. Er hatte das System ja bis zum Ende mitgetragen.

Ich fühlte mich durch die Vergangenheit meines Vaters nicht von ihm abgestoßen. Er sprach so offen auch über seine Fehler. Es war sogar so, daß durch unsere Gespräche meine Nähe zu ihm wuchs. Denn bis ich etwa 15 Jahre alt war, hatte ich keine wirkliche Gesprächsbasis mit meinem Vater gehabt. Ich glaube, kleine Kinder waren für ihn auf der einen Seite sehr anstrengend, auf der anderen Seite keine wirklichen Gesprächspartner, wenn man es auf die Ratio bezieht und die Gefühle außen vor läßt. Und mein Vater war ein sehr rationaler Mensch, das war seine Ebene, auf der er Menschen begegnete.

Es fiel ihm nicht leicht, Gefühle in der Familie zu zeigen. Die Nähe in der Beziehung zu meinem Vater entwickelte sich erst, als wir miteinander reden konnten. Reden konnten über Themen, über Entwicklungen, die uns beide interessierten. Bis dahin war es für ihn immer schwer gewesen, einen Gesprächskontakt zu mir aufrechtzuerhalten. Was nicht bedeutete, daß er nicht mit mir sprach, aber außer unmittelbaren Familienbelangen hatte es eigentlich keine Themen zwischen uns gegeben. Mit hinein in diese Situation zwischen uns spielte sicher auch, daß er kein anwesender Vater war – in den fünfziger Jahren reiste er beruflich schon viel und war immer sehr beschäftigt.

■ *Im Jahr 1951* beginnt Hanns Martin Schleyer seine berufliche Tätigkeit beim Stuttgarter Automobilkonzern Daimler-Benz AG, 1963 wird er Vorstandsmitglied. Schleyer spielt bald auch in den Verbänden eine führende Rolle, bis zum Beginn der siebziger Jahre bei den Metallindustriellen in Baden-Württemberg, und wird schließlich auch stellvertretender Vorsitzender von »Gesamtmetall«. Zudem leitet Schleyer den »Arbeitskreis Mitbestimmung«, das einzige Gremium, dem alle Unternehmerverbände in der Bundesrepublik angehören. ■

Hanns-Eberhard Schleyer

Ich diskutierte mit meinem Vater auch viel über die Studentenbewegung. Die ab 1967 zunehmend monologisierenden Auseinandersetzungen an den Universitäten empfanden wir beide als sinnlos. Sie hatten nichts Produktives mehr, und die Intoleranz, die sich gerade von seiten kommunistischer und maoistischer Studentenbünde gegenüber anderen abzeichnete, war unangenehm. In ihrer Haltung wuchs mehr und mehr dieses Rigide: Entweder seid ihr für uns oder gegen uns! Bei uns in der Verbindung bildete sich schnell das Urteil: »Das sind Spinner, mit denen man nicht ernsthaft diskutieren kann!« Vor allem die Position mancher kommunistischer und maoistischer Gruppen, gegen den Staat und seine Repression könne nur noch mit wachsender Gewalt vorgegangen werden, stieß mich ab: die Behauptung, die Verhältnisse in der Bundesrepublik seien so verkrustet und starr, daß es überhaupt nichts mehr bringe zu versuchen, auf politische Prozesse Einfluß zu nehmen.

Mein Vater kritisierte die schwindende Diskussionsbereitschaft auf beiden Seiten – jener der Studenten, aber auch bei den Älteren. Er fand es ganz natürlich, daß junge Menschen versuchten, eine Gegenposition zum Bestehenden zu finden. »Wie sollte sich sonst auch etwas weiterentwickeln?« fragte er. Aber er sah auch die Eindimensionalität der führenden Köpfe der Studentenbewegung, kritisierte die harschen Forderungen. Er vertrat die Haltung: »Gerade in einer Demokratie muß es gelingen, einen Interessenausgleich zwischen den unterschiedlichen sozialen Gruppen herzustellen. Nur dann kann es in einer freien Gesellschaft wirklich funktionieren. Es gibt nicht dieses Schwarzweiß, es gibt nicht die eine richtige Meinung.«

Es waren sehr gute Gespräche, die wir damals während meiner Studienjahre führten, und es war eine Zeit, in der wir uns sehr nahe waren. Ich war nach dem Abitur in dieselbe Studentenverbindung eingetreten, in der mein Vater schon aktiv gewesen und nun ein »Alter Herr« war. Das trug sicher ein Stück weit zu unserem engeren Verhältnis bei. Er hatte meinen Entscheidungsprozeß natürlich zu beeinflussen versucht, indem er mich schon zu einem sehr frühen Zeitpunkt, als ich noch Schüler war, immer mit nach Heidelberg geschleppt hatte. Wobei er auch immer einverstanden gewesen wäre – das war sozusagen unsere Geschäftsgrundlage –, wenn ich gesagt hätte: »Also, Verbindungsleben mag ja ganz schön sein, Prinzipien mögen auch ganz schön sein, das mag auch ein altes, ehrwürdiges Corps sein, aber das ist nicht mein Weg.« Daß ich mich entschloß, der Verbindung beizutreten, gefiel ihm. Es war eine Zeit, an die ich heute noch oft zurückdenke. Diese typische Phase des Rebellierens, getragen von dem Bedürfnis, sich vom Vater abzugrenzen, durchlebte ich nicht. Vielleicht weil sich die Beziehung zu meinem Vater erst so relativ spät aufgebaut hatte.

Gemeinsam mit einem jüdischen Freund aus der Schweiz war mein Vater Anfang der sechziger Jahre zum ersten Mal nach Israel gefahren. Für ihn entstand während dieser Reise eine besondere Verbindung zu den Menschen und dem Land. Es war wohl ein Stück Vergangenheitsbewältigung für ihn. Er reiste nach diesem ersten Mal noch oft nach Israel, engagierte sich sehr für die Universität in Tel Aviv und wurde Vizepräsident des Freundeskreises dieser Hochschule. Man spürte richtig, wie wichtig ihm dieses Engagement war: Nicht nur innerlich die Vergangenheit zu verarbeiten, sondern die erkannten Fehler auch in Handlungen zu korrigieren. Israel blieb er bis zu seinem Tod verbunden.

Auch die Reisen meines Vaters machen deutlich, daß die Behauptungen, er sei im Dritten Reich eigenhändig an der Ermordung von Tschechen und Juden beteiligt und die rechte Hand Reinhard Heydrichs gewesen, nicht wahr sind. Der Staat Israel hätte ihn niemals einreisen lassen, hätte er diese Taten wirklich begangen. Und auch in den tschechischen Archiven gab es keinerlei Belege. Doch einmal in die Welt gesetzt, wurden und werden diese nie belegten Schuldzuweisungen bei jedem Anlaß aus den Archiven gezogen, und so setzt sich falsche Geschichtsschreibung fort.

Wer heute jung ist und Aufschluß über die RAF und die Entführung meines Vaters bekommen möchte, stößt unweigerlich – in den meisten Büchern, in Filmen, auch im Internet – auf die Formel: Hanns Martin Schleyer war Nazi und wurde deshalb zum Opfer der RAF. Ein Umgang mit der Geschichte, den ich nicht aufhalten kann, der mich aber verärgert. Immer wieder tief verärgert, denn diese absolut verkürzte Sicht auf seinen Lebenslauf untermauert die behauptete Logik der RAF, mein Vater sei das »richtige Opfer« gewesen.

In den neunziger Jahren kam heraus, daß es sich bei den

Dokumenten, die angeblich die Greueltaten meines Vaters bestätigten, um Fälschungen der Stasi handelte. Doch das wurde nie so gern geschrieben wie die Geschichten vom Alt-Nazi. Seit dem Herbst 1977 haben sich vor allem die Mythen als unausrottbar erwiesen.

■ *In den siebziger Jahren* kursiert im Zusammenhang mit Hanns Martin Schleyers Biographie während des Dritten Reichs die Behauptung, er sei ein enger Vertrauter Reinhard Heydrichs, des SS-Obergruppenführers und Stellvertretenden Reichsprotektors von Böhmen und Mähren, gewesen. Heydrich war seit 1941 mit der so genannten Endlösung der Judenfrage beauftragt. In den siebziger Jahren bringt der deutsche Journalist und Schriftsteller Bernt Engelmann die These auf, Schleyer sei 1945 in Prag an einem Massaker an Frauen und Kindern beteiligt gewesen – und weist dabei auf Indizien hin, die als Beleg für seine These dienen sollen. Insbesondere nach der Ermordung Schleyers wird Engelmanns These im linken Milieu diskutiert. Es bleibt bei seinem Verweis auf Indizien, der jedoch nie durch historische Quellen belegt wird. ■

Hanns-Eberhard Schleyer

Es ist unbestritten, daß mein Vater im Dritten Reich ein überzeugter Anhänger der nationalsozialistischen Partei war. Aber ihm wurden Taten angehängt und eine Schuld konstruiert, die auf Unwahrheiten beruhte, jedoch in den siebziger Jahren verstärkt zur Begründung genommen wurde, gegen ihn zu polemisieren. Damit wurde auch ein Stück weit die vermeintliche Berechtigung geschaffen, so zu agieren, wie es die RAF dann getan hat. Indem auch heute noch in den meisten Quellen der Schwerpunkt auf die Nazivergangenheit meines Vaters gelegt wird, bleibt bestehen, was die Terroristen uns blutig lehren wollten: daß es eine Trennungslinie zwischen richtiger und falscher Moral gibt und dementsprechend auch die richtigen und die beklagenswerten Opfer.

■ *Seit 1931* ist Hanns Martin Schleyer Mitglied in der Hitler-Jugend und schließt sich am 1. Juli 1933 der SS an. Damals ist Schleyer, der am 1. Mai 1915 in Offenburg als einziger Sohn des Landgerichtsdirektors Ernst Schleyer und seiner Frau Helene zur Welt gekommen ist, 18 Jahre alt. Nach dem Abitur 1933 auf dem Gymnasium in Rastatt beginnt Hanns Martin Schleyer in Heidelberg Rechtswissenschaft zu studieren. Er tritt der schlagenden Verbindung Corps Suevia Heidelberg bei. Von den ersten Semestern an engagiert er sich in der NS-Studentenbewegung. Zwei Jahre nach Eintritt in sein Verbindungscorps wirft Hanns Martin Schleyer der Spitze »mangelnde nationalsozialistische Gesinnung« vor. Als der übergeordnete Kösener SC-Verband sich weigert, alle jüdischen »Alten Herren« aus dem Corps auszuschließen, tritt Schleyer unter öffentlichem Protest aus der Verbindung aus. Er wird auf Beschluß der Verbindung »exclusio cum infamia« ausgeschlossen, womit ihm von seiten der Suevia die waffenstudentischen Ehrenrechte abgesprochen werden.

Nach Ende des Zweiten Weltkriegs tritt Hanns Martin Schleyer wieder in die Verbindung ein. »Es hatte in den fünfziger Jahren eine Reihe von Versuchen von Corpsbrüdern meines Vaters gegeben, ihn wieder in das Corps zu integrieren – was letztlich auch gelang«, so Hanns-Eberhard

Schleyer im Rückblick. Sein Vater wird in den Jahren nach der Wiederaufnahme in das Corps Suevia Heidelberg Vorsitzender der »Alten Herren« und Ehrenmitglied.

Zurück in die dreißiger Jahre: Am 1. Mai 1937 tritt Hanns Martin Schleyer in die NSDAP ein. Ab dem Sommersemester desselben Jahres übernimmt er die Leitung des Heidelberger Studentenwerks. Im folgenden Jahr schließt er sein Studium mit dem Ersten juristischen Staatsexamen ab. Nach dem »Anschluß« Österreichs wird Schleyer ab dem Sommersemester 1938 Leiter des Studentenwerks in Innsbruck. 1939 erlangt er dort nach österreichischem Recht mit dem Abschluß seiner Promotion den Titel Dr. jur.

Schleyer leistet von 1940 bis 1941 an der Westfront seinen Wehrdienst. Wegen einer Verletzung wird er als dienstuntauglich entlassen und übernimmt die Leitung des Studentenwerks der Universität in Prag. Als Sachbearbeiter tritt er am 1. April 1943 in den Zentralverband der Industrie für Böhmen und Mähren ein. Dort steigt er schließlich zum Leiter des Präsidialbüros und zum persönlichen Sekretär des Präsidenten Dr. Bernhard Adolf auf, der maßgeblich für die »Arisierung« und Germanisierung der böhmischen Industrie verantwortlich ist.

Anfang Mai 1945 – während oder kurz vor Ausbruch des tschechischen Aufstands – flieht Hanns Martin Schleyer von Prag zu seinen Eltern nach Konstanz. Am 18. Juli 1945 verhaften ihn dort französische Soldaten. Da er innerhalb der SS den Offiziersrang »Untersturmführer« bekleidet hat – was dem Rang einen Leutnants entspricht –, wird er drei Jahre lang in Baden interniert. Aus der Kriegsgefangenschaft kommt er am 24. April 1948 frei. Im Entnazifizierungsverfahren wird er zunächst als Minderbelasteter eingestuft, wogegen Schleyer Widerspruch einlegt. Im Dezember 1948 folgt ein Revisionsverfahren, das damit endet, daß Schleyer als Mitläufer eingestuft wird. ■

Hanns-Eberhard Schleyer

Für sich selbst hatte mein Vater aus dem Erleben und Mittragen des Dritten Reichs die Bilanz gezogen – und die gab er auch an seine Söhne weiter –, Toleranz zu leben. Zu akzeptieren, daß andere anders sind. Für ihn war es wichtig, immer einen vernünftigen Ausgleich zu suchen – zu sehen, wo Interessen sind, und daraus etwas zu formulieren, wovon er der Auffassung war, daß es allen Beteiligten letztlich gerecht werden könnte.

■ *Vor allem in den sechziger Jahren* nimmt die Öffentlichkeit in der Bundesrepublik Hanns Martin Schleyer immer dann wahr, wenn er in harte Tarifrunden geht. Für Aufsehen sorgt er vor allem, als er in seiner Funktion als Vorsitzender des Verbands der Württembergisch-Badischen Metallindustriellen im Frühjahr 1966 die streikenden Metallarbeiter aussperrt.

Zu Beginn des Jahres 1968 wird Schleyer beauftragt, die Koordinierung der Unternehmensleitung der Maybach Mercedes-Benz Motorenbau GmbH, Friedrichshafen, zu übernehmen – insbesondere die Abstimmung mit der Hauptgesellschafterin, der Daimler-Benz AG. Zum gleichen Zeitpunkt erfolgt seine Berufung in den Aufsichtsrat der Maybach Mercedes-Benz Motorenbau GmbH.

Hanns Martin Schleyer erklärt sich im Jahr 1973 bereit, das Amt des Präsidenten der Bundesvereinigung der Deutschen Arbeitgeberverbände (BdA) anzutreten. Im gleichen

Jahr erscheint sein Buch *Das soziale Modell*, in dem er sich klar gegen jeden systemfremden Eingriff in die Marktwirtschaft wendet. Gemäß seinem sozialpolitischen Credo solle »unser gesamtes politisches Handeln bestimmt werden durch die Begriffe Freiheit, Toleranz, Leistung«. Klar spricht Schleyer sich gegen einen »gewerkschaftlichen Nebenstaat« aus. Seinen Glauben an die zentrale Position von Unternehmern und Unternehmen in der Wirtschaft vertritt er offen und profiliert sich als einer der schärfsten Kritiker der paritätischen Mitbestimmung. Über Hanns Martin Schleyer in seiner Eigenschaft als BdA-Präsident schreibt der *Spiegel* im Dezember 1975: »Aus dem vergleichsweise harmlosen Arbeitgeberverband machte er binnen weniger Monate eine wirksame Unternehmerlobby.«

Im Juni 1976 wird Schleyer zum Präsidenten des Bundesverbands der Deutschen Industrie (BDI) gewählt. Damit stehen erstmals beide großen Verbände der Arbeitgeberseite unter gemeinsamer Führung. Schleyer erwirbt sich sowohl als BdA-Präsident als auch als Präsident des BDI in seiner Amtszeit aber auch Achtung auf Arbeitnehmerseite. Er steht bei vielen im Ruf, Konfliktsituationen nicht auszuweichen und nach fairen Lösungsmöglichkeiten zu suchen. ■

Hanns-Eberhard Schleyer

Nach 1977 tat ich, worüber ich schon einige Jahre lang nachgedacht hatte: Ich wagte den Sprung in die Politik. Auch diese Entscheidung trug dazu bei, einen Umgang mit der Ermordung meines Vaters zu finden. Nach meinem Ersten Staatsexamen in München war ich in New York in einer Anwaltskanzlei tätig gewesen. Mich faszinierte dort von Anfang an die Selbstverständlichkeit, mit der meine Kollegen –

junge Kollegen – über bestimmte Zeit Politik machten oder sich in den Dienst einer internationalen Organisation stellten. Diese Flexibilität, sich nicht auf die Tätigkeit als Anwalt zu beschränken, sondern sich auch in anderen Bereichen – zum Beispiel der Politik – zu engagieren, hat mir sehr gefallen. Die Möglichkeit, aktiv mitzugestalten, wollte ich nach dem Deutschen Herbst nutzen.

■ *Ende der sechziger Jahre,* nach Abschluß des Ersten juristischen Staatsexamens, arbeitet Hanns-Eberhard Schleyer ein Jahr lang in einer New Yorker Anwaltskanzlei. 1973 legt er sein Zweites juristisches Staatsexamen ab und arbeitet im Anschluß von 1974 bis 1978 als Anwalt in der Stuttgarter Anwaltskanzlei Haver & Mailänder. Daneben hat er sich schon ab 1973 in der Jungen Union und in der CDU engagiert.

Im April 1978 nimmt Hanns-Eberhard Schleyer das Angebot des rheinland-pfälzischen Ministerpräsidenten Bernhard Vogel (CDU) an, der ihn als Staatssekretär mit Kabinettsrang zum Bevollmächtigten des Landes Rheinland-Pfalz beim Bund beruft. Im Juni 1981 übernimmt er im Rahmen der Kabinettsumbildung die Leitung der Mainzer Staatskanzlei, weiterhin im Rang eines Staatssekretärs. ■

Hanns-Eberhard Schleyer

Als Chef der Staatskanzlei kam ich erneut, doch auf anderer Ebene, mit der RAF in Berührung. Einige Mitglieder der Gruppe saßen in rheinland-pfälzischen Justizvollzugsanstalten ein, und das bedeutete, daß ihre Begnadigungsgesuche über meinen Schreibtisch gingen. Als die ersten öffentlichen Begnadigungsdiskussionen geführt wurden, hatte ich eine Auseinandersetzung mit Franz Josef Strauß, die mir lebhaft in Erinnerung geblieben ist. Er vertrat die Haltung: »Das ist unglaublich. Man kann Leute, die politisch gemordet haben, nicht begnadigen.« Ich stand dagegen immer auf dem Standpunkt, daß ein »politischer« Mord keine andere »Qualität« hat als ein normales Verbrechen. Dann darf man konsequenterweise auch in Begnadigungsverfahren keinen Unterschied machen. Man kann nur sagen: Nach intensiver Beschäftigung habe ich das Gefühl, daß der Täter Reue gezeigt hat und daß er sich verändert hat. So ging ich auch mit den Gnadengesuchen der inhaftierten RAF-Mitglieder um.

Von seiten der Täter gab es in den letzten Jahren immer wieder den Versuch, mit mir in einen Dialog zu treten. Als Peter-Jürgen Boocks Buch über den Deutschen Herbst erschien – er war an der Entführung und Ermordung meines Vaters beteiligt gewesen –, gab Boock Interviews und zeigte sich als Gast in Talkshows. Ich wurde oft eingeladen, mit ihm zu diskutieren, aber ich habe diese Anfragen immer abgelehnt. Die Sendungen, in denen er auftrat, sah ich mir auch nicht an. Das wollte ich mir nicht antun. Es war meine Aufgabe, mich in meiner Funktion als Leiter der Staatskanzlei mit der RAF auseinanderzusetzen, aber als Privatperson wünsche ich keinerlei Kontakt zu den Tätern.

Es ist richtig, daß die Wissenschaft in den letzten Jahrzehnten nach Erklärungen und Gründen – nach dem »Warum« – des Terrors gesucht hat und immer noch sucht. Es mag sein, daß dabei auch Zeugnisse von Tätern helfen, doch möchte und könnte ich diesen Menschen nicht begegnen. Zu oft klingen ihre Erklärungen noch nach Rechtfertigungen des »bewaffneten Kampfs«. Doch die Bundesrepublik war niemals der Unterdrückerstaat, von dem die Täter bisweilen auch heute noch sprechen. Nichts kann ihr Handeln rechtfertigen.

Entführung der »Landshut«

»Man will nie mehr Opfer sein«

Gabriele von Lutzau und Jürgen Vietor
über die Geiselnahme in der »Landshut«

■ *Am 13. Oktober 1977* startet in Palma de Mallorca gegen 13 Uhr die Lufthansa-Maschine »Landshut«, Flugnummer LH 181. Die Besatzung: Pilot Jürgen Schumann, Copilot Jürgen Vietor, Purserette Hannelore Piegler und die Stewardessen Anna-Maria Staringer und Gabriele Dillmann, heute heißt sie Gabriele von Lutzau. An Bord befinden sich 86 Passagiere, im hinteren Frachtraum der Boeing 737 werden zwei Leichen in Zinksärgen überführt, und im vorderen sind lebendige Ziervögel in Käfigen. Zielflughafen ist Frankfurt am Main. Gegen 14.30 Uhr meldet die Flugsicherung im südfranzösischen Aix-en-Provence eine Routenabweichung des Flugzeugs. ■

Jürgen Vietor (64)

Alles begann mit einem furchtbar lauten Schlag, und dann hörte ich aufgeregtes Stimmengewirr aus der Kabine. Die Stewardessen hatten gerade damit begonnen, Essen und Getränke zu servieren. Wir flogen über Toulon. Später erfuhr ich, daß der Schlag die Folge eines Fausthiebs des Anführers Martyr Mahmud gewesen war: Im Vorbeirennen hatte er

Hannelore Piegler gegen die Kabinentür geschleudert. Die Tür hinter Jürgen Schumann und mir wurde aufgerissen. Ich begriff im ersten Moment gar nicht, was sich hier abspielte. Ein dunkelhaariger Mann stand im Durchgang und setzte blitzschnell eine Pistole an die Schläfe von Jürgen Schumann. Schumann und ich sahen uns an. Nun verstehend, fassungslos. Bevor wir irgendwie reagieren, gar etwas sagen konnten, schrie der Mann: »Out! Out! Get out!« Ich bekam einen Tritt in die Rippen. Meine Seite brannte vor Schmerz, der Mann riß mich aus dem Sitz, brüllte, ich solle nach hinten ins Flugzeug. »Go!« rief er ungeduldig. »Go! Go! Go!« Dann schrie er auf englisch über Bordlautsprecher: »Hände über den Kopf! Sie sind in unserer Gewalt! Keine Bewegung! Kein Laut! Wer gegen unsere Anweisungen verstößt, wird sofort exekutiert!«

Ich stolperte raus aus dem Cockpit, sah die anderen Crew-Mitglieder und die Passagiere der ersten Klasse mit erhobenen Händen nach hinten in die Economyclass laufen. Im Gang standen zwei dunkelhaarige Frauen mit Handgranaten und herrschten die Passagiere an, sie sollten sich beeilen. Damals gab es zwischen der ersten Klasse und der Economyclass noch eine feste Trennwand. Um den Rücken freizuhaben, trieben die beiden Frauen und ein zweiter dunkelhaariger Mann mit Pistole uns alle ins Heck des Flugzeugs. Sie leerten die First Class komplett, so hatten sie alle Geiseln im Blick.

Ich ging wie die anderen mit erhobenen Händen nach hinten. Dann wurden uns, den Crew-Mitgliedern, Sitze neben den Passagieren zugewiesen. Junge Männer mußten sich einzeln auf die Fensterplätze setzen. Wir alle taten wortlos, wie uns geheißen wurde. Natürlich, man ertappte sich dabei, wie man kalkulierte: Könnte ich eingreifen? Etwas gegen die drei Bewaffneten tun? Wie viele Männer stehen noch in Gangnähe? Man denkt, als lasse sich die Geschichte noch zurückdrehen. Doch wir waren schon mittendrin. Man hat im Flugzeug letztlich keine Chance, wirklich zu agieren. Bei einem Entführer vielleicht, aber nicht bei vieren.

Kurz darauf kam der Anführer aus dem Cockpit, er gab den beiden Frauen, die immer noch die Handgranaten in erhobenen Händen hielten, knappe Anweisungen. Es war rasch klar, daß er allein das Sagen hatte und die übrigen drei seine Handlanger waren. Mit lauter Stimme rief er, er sei »Captain Martyr Mahmud« und habe das Kommando übernommen. Er hatte sich die Kapitänsmütze aufgesetzt. »I am Captain Martyr Mahmud!« – mir kam es so vor, als riefe er es bewußt in Richtung der Crew. Wie er da so stand, den Arm erhoben wie ein Sieger: Mahmud war durch und durch Macho. Er sah sich als Boß, als Macher, als Machthaber, und in jedem dritten Satz hieß es: Wenn einer dieses oder jenes mache, werde er sofort erschossen. »I kill you!«, diese Drohung brüllte er den Menschen willkürlich ins Gesicht. Er erklärte, seine Gruppe sei die palästinensische Kommandoeinheit »Martyr Halimeh«.

■ *Im Juli 1976* war die Terroristin Brigitte Kuhlmann von einem israelischen Sonderkommando erschossen worden. Das Entführerkommando der »Landshut« nennt sich »Martyr Halimeh« in Anspielung auf den Decknamen von Brigitte Kuhlmann. Sie war Mitglied der einige Jahre nach der RAF in der Bundesrepublik entstandenen terroristischen Gruppe Revolutionäre Zellen (RZ) gewesen. Kuhlmann hatte einem Entführerkommando angehört, zu dem auch Wilfried Böse, ebenfalls Mitglied der Revolutionären Zellen, und zwei palästinensische Terroristen gezählt hatten. Am 27. Juni 1976 hatte es eine Air-France-Maschine in seine Gewalt gebracht und ins ugandische Entebbe entführt. Im Austausch gegen die jüdischen Geiseln an Bord der Maschine – darunter auch Holocaust-Überlebende – forderten die Entführer die Freilassung von 53 Gefangenen, überwiegend aus deutschen und israelischen Gefängnissen. Es handelte sich mehrheitlich um Angehörige der PFLP, der Al-Fatah, der RAF und der Bewegung 2. Juni. Bei der Stürmung des Flugzeugs am 4. Juli kamen die vier Terroristen ums Leben.

Die »Landshut«-Entführer folgen dem Befehl von Wadi Haddad alias Abu Hani, der die palästinensische Untergrundorganisation »Popular Front for the Liberation of Palestine – Special Operations Group« anführt. Die Gruppe ist spezialisiert auf die Planung und Durchführung von Aktionen, deren Terror sich auch gegen Zivilisten richtet. Die PFLP – Special Operations Group hatte auch die deutschen Flugzeugentführer von Entebbe unterstützt. ■

Gabriele von Lutzau (52)

Als wir wie eine Herde Vieh nach hinten ins Flugzeug getrieben wurden, hatte ich noch gehofft, wir hätten es mit irgendwelchen Verrückten zu tun, die Lösegeld erpressen wollen durch eine Flugzeugentführung. Dann fiel das Wort Palästina, und es war klar, daß es hier um viel mehr gehen würde.

Jürgen Vietor

Ich kann mich nicht mehr erinnern, was ich fühlte, während Mahmud im Gang stand und erklärte, seine Gruppe kämpfe gegen die imperialistischen Organisationen der Welt. Angst? Wut? Nein, eher eine seltsame Leere. Sicher ist es der Schock, der jedes Gefühl lähmt. Man funktioniert einfach. Er wollte »Captain« genannt werden, ja, dann war er eben der »Captain«. Mir ging diese Anrede ganz einfach über die Lippen. Er hatte uns schließlich in seiner Gewalt. Mahmud holte die Stewardeß Gaby Dillmann – heute Gaby von Lutzau – zu sich nach vorn, sie mußte seine Befehle übersetzen: »Diese Maschine steht unter meinem Kommando. Wer meinen Anweisungen nicht folgt, wird erschossen! Keine Unterhaltungen. Ruhig sitzenbleiben.«

Die Palästinenser zogen ihr Programm durch, es ging so schnell – sie mußten es hunderte Male trainiert haben: Einsammeln der Pässe und des Handgepäcks. Dann befahlen sie den Passagieren auf den Fensterplätzen, die Sonnenblenden herunterzuziehen, damit bei einer Landung oder dem Blick durch die Wolken keine Orientierung möglich war. Von den drei Handlangern tat sich Souhaila Andrawes besonders brutal hervor, sie schlug Passagiere wahllos und mit Lust, und immer wieder schrie sie laut herum. Die Atmosphäre war beklemmend, Andrawes schien das Befriedigung zu bereiten. Sie lachte, dann wieder fauchte sie jemanden an, schlug im Vorbeigehen mit einer ihrer Handgranaten auf die Köpfe der Passagiere ein.

■ *1953* kommt Souhaila Andrawes, mit Mädchennamen Sayeh, im Libanon zur Welt. Ihre palästinensische Familie stammt aus Haifa. Die Stadt hatte sie nach der Gründung des Staates Israel verlassen müssen. Andrawes wächst in Beirut auf und besucht eine der besten Schulen des Libanons. Sie wird von Nonnen geleitet. Erzogen wird Andrawes im christlichen Glauben. 1965 zieht sie mit ihren Eltern nach Kuwait. Obwohl sie eines der besten Abschlußzeugnisse ihres Jahrgangs hat, bekommt sie keinen Studienplatz, da sie keine kuwaitische Staatsbürgerin ist. Daher geht sie zurück in den Libanon und beginnt dort, englische Literatur zu studieren. ■

Jürgen Vietor

Alle Messer und Gabeln wurden in Plastiksäcken eingesammelt. Die Entführer drohten jedem mit dem Tod, der spitze Gegenstände, Scheren oder Kugelschreiber zu verstecken versuchte. Nachdem sie fertig waren, rief Mahmud: »Jeder, der jetzt noch eine Waffe versteckt hat, wird erschossen!« Nie werde ich vergessen, wie ein Mann, während die Terroristen ein zweites Mal kontrollierend die Sitzreihen abgingen, ein Messer, das halb verdeckt noch vor ihm lag, rasch zu seiner Frau hinüberschob.

Die Entführung, das waren die aufwühlendsten, schrecklichsten Tage meines Lebens – und wir sahen alles: Menschen, die sich trösteten und zu helfen versuchten oder für andere eintraten. Doch es gab auch das andere Extrem: Egoismus und Versagen, aus Angst und Not geboren. Ich sah in den folgenden Tagen auch, wie ein Mann seiner Frau den letzten Schluck Wasser wegtrank. Ja, auch diese Momente gab es, sie waren da, gehörten zu unserer Realität – so, wie uns, alles unterschiedliche Persönlichkeiten, das Schicksal damals zusammengewürfelt hatte. Man will im nachhinein natürlich am liebsten nur die Heldengeschichten hören, das ist wohl sehr menschlich. Ich habe Jahre später erfahren, viele Ehen von Paaren, die gemeinsam die Entführung durchlebt hatten, seien gescheitert.

Jürgen Schumann bot Mahmud an, daß ich das Steuer übernehmen sollte, damit er – der Kapitän – ganz für die Verhandlungen und die Kommunikation mit »Captain Mahmud« zuständig sein konnte. Schumann ging klug und diplomatisch vor, zudem sprach er hervorragend englisch. Normalerweise wechseln sich Pilot und Copilot beim Fliegen ab. Schumanns Vorschlag schmeichelte Mahmud vielleicht, jedenfalls willigte er ein, ohne lange nachzudenken. Er sah Schumann fortan als seinen Kollegen, respektierte ihn als Gesprächspartner. In mir sah er eine Art »Underdog«, jemanden, der bloß Befehle entgegennimmt, und so kümmerte er sich kaum um mich.

Ich konnte mich ganz aufs Fliegen konzentrieren. Das half, denn die Atmosphäre, die Anspannung an Bord kann man sich als Nichtbetroffener kaum vorstellen. Hinten in der Kabine saßen verstörte, zitternde Menschen. Man hörte hier und da ein leises Schluchzen. Miteinander sprechen war verboten. Vorn im Cockpit überwachte uns Mahmud, immer die Pistole im Anschlag. Für Schumann und mich galt ebenfalls Redeverbot – außer es ging um fliegerische Fragen. Bis Bahrain blieb Mahmud ununterbrochen im Cockpit, kontrollierte jede unserer Bewegungen. Es gab Momente, in denen herrschte er uns an, dann wieder beruhigte er sich, verfiel in einen Plauderton. Stolz erzählte er uns, er habe in England einige Semester Flugzeugtechnik studiert – und tatsächlich wußte er gut Bescheid über die Systeme, doch er konnte kein Flugzeug führen.

■ *Am 15. Juli 1954* kommt Zohair Youssif Akache alias Martyr Mahmud im palästinensischen Flüchtlingslager Burj el-Brajneh am Rande Beiruts zur Welt. Als junger Mann schließt er sich der PFLP an und studiert mit ihrer finanziellen Unterstützung ab 1973 am Londoner Chelsea College of Aeronautical and Automobile Engineering. 1974 erregt er erstmals die Aufmerksamkeit der englischen Behörden, weil er während einer propalästinensischen Demonstration auf dem Trafalgar Square gegen Polizisten gewalttätig wird. 1975 erhält Akache von der Universität das »diploma in aeronautical engineering«. Er fällt im gleichen Jahr erneut wegen Ausschreitungen während einer Demonstration auf und wird Anfang 1976 zu sechs Monaten Haft verurteilt. Im Pentonville-Gefängnis beginnt er nach seiner erfolglosen Berufung gegen das Urteil einen Hungerstreik. Im März 1976 wird er des Landes verwiesen, reist aber im Februar 1977 von Kuwait mit einem gefälschten Paß erneut in die britische Hauptstadt ein. Am 10. April 1977 erschießt Akache den früheren nordjemenitischen Ministerpräsidenten Kadhi Abdullah al-Hagri, dessen Ehefrau und einen jemenitischen Botschaftsangehörigen. Er flieht am gleichen Tag aus England nach Bagdad. ■

Jürgen Vietor

Eineinhalb Stunden, nachdem die Entführer das Kommando in der »Landshut« übernommen hatten, landeten wir auf dem römischen Flughafen Fiumicino. Etwa tausend Meter vom Flughafengebäude entfernt wurde uns ein Halteplatz zugewiesen. Dort fuhren gepanzerte Fahrzeuge an die »Landshut« heran und umstellten die Maschine. Mahmud griff zum Mikrophon und bellte seine Forderungen in Richtung Tower: Er sei hier der Hauptmann und das deutsche Flugzeug nun in seiner Gewalt. Es folgte eine Aufzählung seiner Forderungen: die Freilassung der »Genossen«, die in deutschen Gefängnissen in Haft seien. Dann begann Mahmud über den Befreiungskampf des palästinensischen Volkes zu sprechen, die letzten Sätze schrie er so laut ins Mikrophon, daß es übersteuerte. Man hat ihn sicher kaum verstanden.

■ *Am Nachmittag des 13. Oktober 1977* wird in Bonn Bundesinnenminister Werner Maihofer über die Entführung der »Landshut« informiert und setzt sich umgehend mit seinem italienischen Amtskollegen Francesco Cossiga in Verbindung. Der direkte Zusammenhang zwischen der »Landshut-Entführung« und der Entführung Hanns Martin Schleyers wird deutlich: Die Entführer fordern, »alle Kameraden, die in deutschen Gefängnissen in Haft sind«, freizulassen. Noch befindet sich das Flugzeug auf NATO-Gebiet. Maihofer plädiert dafür, die Flugzeugreifen zu zerschießen, um die »Landshut« am Weiterflug zu hindern. ■

Jürgen Vietor

Später, nach unserer Befreiung, erfuhren wir von dem Vorschlag des damaligen Innenministers Maihofer. Wäre dieser Plan in die Tat umgesetzt worden, hätte das für viele an Bord, vielleicht für uns alle den Tod bedeutet. Ein Blutbad. Die Terroristen waren so erregt, man merkte denen den Druck und die Anspannung jede Sekunde an. Sie hätten sofort geschossen.

■ *Nach Beratungen noch am selben Nachmittag* mit Enrico Berlinguer, dem Chef der italienischen Kommunisten, lehnt die italienische Regierung die Idee des Innenministers der

Bundesrepublik ab. Gegen 18 Uhr startet die »Landshut«, nachdem sie aufgetankt und aus dem Cockpit eine Landeerlaubnis für Larnaka auf Zypern erbeten worden ist. Im Sprechfunkverkehr kann Kapitän Jürgen Schumann mitteilen, daß vier Entführer – zwei Männer und zwei Frauen – die »Landshut« in ihrer Gewalt haben. Etwa zweieinhalb Stunden später landet die Maschine auf dem Flughafen im Südosten der Insel.

In Bonn entscheidet die Bundesregierung, daß der »Landshut« nachgeflogen werden müsse, um in unmittelbarer Nähe des entführten Flugzeugs zu sein. Erstmals wird der GSG 9, einer bis dahin in der Öffentlichkeit weitgehend unbekannten Spezialeinheit des Bundesgrenzschutzes, Einsatzbefehl erteilt. Der Aufbau der Truppe hatte 1972 kurz nach der Ermordung israelischer Sportler bei den Olympischen Spielen in München begonnen. »Für uns war das ein Auftrag, den wir uns schon lange gewünscht hatten«, kommentierte Ulrich Wegener, 1977 Kommandeur der GSG 9, Jahre später den damaligen Einsatzbefehl. »Wir hatten uns seit Jahren auf eine Flugzeugerstürmung vorbereitet.« An Bord sind außerdem Beamte des Bundesinnenministeriums und des Bundeskriminalamts. ■

Jürgen Vietor

In Larnaka stellte Mahmud das erste Ultimatum: »Ich erschieße Crew-Mitglieder und Passagiere, wenn meine Forderungen nicht erfüllt werden.« Er wollte neuen Treibstoff, doch es dauerte Stunden, bis der Tower Mahmuds Forderung nachkam.

■ *22 Uhr, 13. Oktober 1977:* Bundesinnenminister Maihofer telefoniert mit dem zyprischen Außenminister Patsalides. Zu der von den Entführern geforderten Betankung des Flugszeugs mit elf Tonnen Treibstoff kommt es erst nach einiger Zeit. Ein Vertreter der Palästinensischen Befreiungsorganisation (PLO) nimmt in der Zwischenzeit Verhandlungen mit den Entführern auf. Deren Anführer droht jedoch mit der Sprengung des Flugzeugs für den Fall einer weiteren Verzögerung. ■

Gabriele von Lutzau

Ein bleibender Eindruck der Entführung ist bis heute die Hilflosigkeit: Das Lamm auf der Schlachtbank zu sein, dem gleich die Kehle durchgeschnitten wird – und man sieht, wie die Messer schon gewetzt werden. Diese Hilflosigkeit gegenüber dem eigenen Tod hat sich mir am meisten eingebrannt. Ich sollte zum ersten Mal erschossen werden, als wir in Larnaka auf dem Rollfeld standen und Mahmud Treibstoff vom Tower forderte.

Die erste, die Mahmud noch vor mir zur Erschießung rausholte, war diese Schönheitskönigin. Wirklich eine schöne Frau mit hellem Teint und dunklen Haaren. Sie hatte einen Wettbewerb auf dem Laufsteg einer Disko in Palma, der Hauptstadt Mallorcas, gewonnen. Der Preis war eine einwöchige Herbstreise nach Mallorca. Mahmud hielt die Frau für eine Jüdin. Er glaubte ja, er vertrete eine moralische Position gegen das absolut Böse, und das absolut Böse waren in seinen Augen der Imperialismus westlicher Staaten und alles Jüdische.

Die Formel »Du bist jüdisch« diente ihm dazu zu rechtfertigen, was er tat. Er hat Menschen einfach zu Juden gemacht. Er wollte Macht ausüben, das bereitete ihm Spaß. Befriedigte seine Lust. Er verteilte Zahlen, wer wann zur Erschießung dran sei: Ich war Nummer drei, die Schönheitskönigin Nummer eins und eine andere junge Frau sollte an zweiter Stelle ihr Leben lassen. Wenn die Forderungen nicht erfüllt würden, drohte Mahmud den Leuten im Tower, werde er Ernst machen. Vor Angst gefriert einem in diesem Moment das Blut in den Adern. Das Atmen wird schwer. Man ist gefangen, und es gibt keinen Ausweg. Wir sollten uns selbst bei ihm zur Exekution melden.

Während wir warteten, wuchs in mir neben der Angst auch Wut. Mahmud hatte nur Frauen zur Erschießung ausgewählt. Junge Frauen, die schmal waren und zierlich. Was für ein Feigling, dachte ich, daß er sich keinem Mann gegenüberstellt, der so groß ist wie er – ihm körperlich ebenbürtig –, und sagt: »Du bist der erste!« Natürlich, eine solche Wahl hätte nichts daran geändert, daß es niemand »richtigen« gab. Das »richtige« Opfer existiert ohnehin nicht – auch wenn die RAF behauptete, Schleyer sei das richtige Opfer gewesen, den Satz hatte ich aus den Vorwochen noch im Kopf. Daß Mahmud sich nur ihm körperlich unterlegene Frauen aussuchte, um sie zu erschießen, zeigte überdeutlich seinen Charakter.

Der Tower bewilligte schließlich den geforderten Treibstoff. Nach einer für mich unendlich langen Zeit schrie Mahmud auf englisch übers Bordmikrophon: »Die drei jüdischen Huren werden nicht erschossen!«

Jürgen Vietor

Gegen 23 Uhr am 13. Oktober starteten wir von Larnaka. Erst in der Luft nannte Mahmud den Zielflughafen: Beirut. Der Tower gab uns keine Landeerlaubnis. Mahmud: »Damaskus!« Auch dort vom Tower: »No landing clearance!« Mahmud: »Bagdad!« Vom Tower: »No landing clearance!« Mahmud: »Bahrain!« Der Treibstoff ging zur Neige. Unser Glück in Bahrain war, daß im Tower britische Controller arbeiteten. Sie sagten zwar: »Ihr dürft nicht landen, der Scheich hat es verboten!« Aber sie stellten die Funknavigation nicht ab – und retteten uns damit das Leben. Denn ohne Navigation kann man bei Dunkelheit nicht landen, und Bahrain war unsere letzte Möglichkeit, runterzugehen. Die Landung glückte.

In Bahrain sollte ich zum ersten Mal erschossen werden. Mahmud hatte mehrfach versucht, den Controllern im Tower seine Forderungen durchzugeben. Immer wieder schrie er auf englisch: »Ich will die Freilassung unserer Genossen aus deutschen Gefängnissen! Die Befreiung der Baader-Meinhof-Gruppe!« Doch die Leute im Tower verstanden ihn nicht, denn er brüllte so laut ins Mikrophon, daß es wieder übersteuerte. Hin und her ging es: Mahmud schrie, und zurück kam die Antwort: »We don't understand.« Also schlug ich ihm vor, daß ich mit dem Tower sprechen würde, um unsere Situation zu schildern. Mahmud willigte ein – unruhig, nervös und bebend vor Ärger.

Ich nahm das Mikrophon und erklärte, ich sei Copilot eines deutschen Flugzeugs, wir seien entführt worden, und es ginge um die Freilassung von Mitgliedern der Baader-Meinhof-Gruppe und von anderen »Terroristen«. Da riß Mahmud die Pistole hoch und setzte sie mir an den Kopf. Er war außer sich vor Wut. Das Wort Terrorist hatte er natürlich verstanden. Mir war es ganz selbstverständlich über die Lippen gekommen. Nie hatte ich Andreas Baader oder Ulrike Meinhof als Freiheitskämpfer gesehen, und so passierte es eben. In meinem Kopf war kein Platz für taktisches Vorgehen, dazu war die Anspannung viel zu groß. »You called us terrorists!« schrie Mahmud mich an. »We are comrades! Comrades!«

Die »Landshut« war von Soldaten umstellt. Nun schrie Mahmud ins Mikrophon, die Soldaten sollten innerhalb von fünf Minuten verschwunden sein – alle, die auf dem Rollfeld um das Flugzeug standen. Andernfalls würde er mich erschießen. Der Pistolenlauf drückte sich in meine Stirn: »Five minutes!« »Five minutes!« rief Mahmud durchs Cockpit. Ich gab an den Tower weiter, die Soldaten müßten weg, sofort, ich schrie es zum Schluß: »Nehmen Sie die Soldaten weg! Ich werde gleich erschossen.« Die Leute im Tower merkten wohl an meiner Stimme, wie ernst es war. Mahmud zählte mit der Pistole an meinem Kopf: »Three minutes to go, two minutes to go.« Er zitterte, die Wut kam ihm geradezu aus jeder Pore. »One minute to go.«

Da sah ich aus den Augenwinkeln in hohem Tempo ein Auto über das Rollfeld an die Soldaten heranfahren. Ich sagte: »Look, Captain Mahmud, there is a car coming. They are getting the order to leave. They will leave.« Das Auto hielt an. »One minute to go«, wiederholte Mahmud. Ich hatte Todesangst, die letzte Minute des Countdowns. Doch dann rannten die Soldaten nach und nach weg, sie hatten wohl keine Funkgeräte dabei und gaben die Anweisung von einem Mann zum nächsten weiter. Ich versuchte mich Mahmud ein wenig zuzuwenden, was wegen der Pistole an meiner Schläfe kaum möglich war. Ich sagte vorsichtig: »Captain Mahmud, do you see. They are running. They leave.« Und dann hat er die Pistole sinken lassen. Der zweite Tag unserer Entführung, der 14. Oktober, war gerade angebrochen. Mahmud verlangte vom Tower neuen Treibstoff und gab noch eine längere Erklärung ab. Der Sprit wurde unverzüglich geliefert.

■ *In der Nacht vom 13. auf den 14. Okober 1977* übermitteln die Entführer über den Flughafenleiter ihre Forderungen: Sie wollen die Freilassung von zunächst neun Gefangenen aus bundesdeutschen Gefängnissen und zwei Gefangenen aus türkischen Gefängnissen. ■

Gabriele von Lutzau

In Bahrain hörte ich zum ersten Mal, daß im Austausch gegen uns Mitglieder der RAF freigepreßt werden sollten. Mein Gott, wie absurd dieser Moment war! Die Gefangenen waren Leute in meinem Alter oder nur unwesentlich älter als ich. Ihre Wurzeln hatten sie in der Bewegung, die ich vor wenigen Jahren von ganzem Herzen bewundert hatte. 1966 – gerade elf Jahre alt – fand ich die Anfänge des antiautoritären Aufbegehrens höchst aufregend. Ich interessierte mich für Hörsaalbesetzungen und Kundgebungen vor Schultoren aus einem sehr privaten Grund, wie wohl so viele damals: Auch bei uns an der Schule gab es einige unbarmherzig strenge Lehrer. Ultraautoritär nannten die Schüler aus den höheren Klassen sie. Mir sagte dieses Wort anfangs natürlich nichts, ebensowenig wie der Satz: »Altnazis sind das!« Aber man lernte schnell dazu. Frankfurt am Main war wie Berlin und Hamburg ein Braukessel politischer Utopien und neuer Lebensmodelle – stets gepaart mit Anschuldigungen gegen die Älteren, die Eltern, die Lehrer, den Staat.

Manches, was in diesen revolutionären Hauptstädten gesagt und getan wurde, schwappte zu uns auf den Schulhof herüber – in die Provinz. Ich besuchte damals das Max-Planck-Gymnasium in Großumstadt im Odenwald. Die Leute in der Studentenbewegung, das waren alles Helden, unsere Helden – Ritter in schimmernder Rüstung, die für das Gute eintraten. Ich bewunderte sie aus der Ferne, denn für mich – einen Teenager aus dem Odenwald – waren Städte wie Frankfurt oder gar Berlin schier unerreichbar weit weg. Mit meiner besten Freundin redete ich auf dem Schulweg leidenschaftlich gern über Rudi Dutschke, und natürlich imitierte ich auch den revolutionären Look: Stets trug ich eine Tasche bei mir, eine alte Arzttasche – genannt der Kofferdackel. Meine Frisur glich einem Bienenkorb, und ich hüllte mich in lange, flatternde Strickjacken. Ich hörte die Beatles, Joan Baez, aber am liebsten doch die Rolling Stones. Letztere mag ich heute noch sehr.

■ *1954* kommt Gabriele von Lutzau, geborene Dillmann, in Wolfsburg zur Welt. Sie wächst »als behütetes Kind aus konservativem Elternhaus« auf. Die Mutter, ein früheres Fotomodell, ist der CDU fest verbunden, der Stiefvater, mit dem Gabriele von Lutzau aufwächst, FDP-Wähler. Ab Mitte der sechziger Jahre besucht Gabriele Dillmann das Gymnasium in Großumstadt. Jürgen Schumann hat die gleiche Schule besucht und dort – Jahre vor Gabriele von Lutzau – sein Abitur bestanden. »Daß wir sozusagen eine gemeinsame Vergangenheit hatten, fanden Jürgen Schumann und ich während eines gemeinsamen Fluges heraus. Ich schätzte Schumann sehr. Als wir am 13. Oktober 1977 morgens in der ›Landshut‹ aufeinandertrafen, hatte ich mich gefreut, mal wieder mit ihm zu fliegen.«

Mütterlicherseits stammt die Familie aus der Nähe von

Breslau. Mit den Geschichten von »Flucht und Vertreibung durch die Russen«, erinnert sich Gabriele von Lutzau, sei sie als Kind »regelrecht gefüttert worden«. Ihr Elternhaus ist, wie viele in der Bundesrepublik nach Kriegsende, prowestlich eingestellt. Die Amerikaner gelten als Retter. »Vor den Russen hatte man Angst, wollte mit dem ganzen Ostblock nichts zu tun haben.« ■

Gabriele von Lutzau

Als 1968 auf Rudi Dutschke geschossen wurde, war das für mich, als wäre da ein Mensch getroffen worden, der mir nahestand. Dann gab es plötzlich die harten Fronten zwischen den Studenten auf der einen Seite und Polizisten auf der anderen. Die fliegenden Steine und brennenden Autos, diese Ausschreitungen erschreckten mich, hatten nichts mehr mit mir zu tun. Für mich war die Studentenbewegung da im Grunde vorbei. Freunde von mir gingen Anfang der siebziger Jahre in die Fabrik, um dort Arbeiter zu mobilisieren. Ich trat der SPD bei, folgte dem Strom der Neumitglieder. Der Vater meiner besten Freundin war langjähriges Mitglied der Partei, und sicher trug die offene und diskussionsfreudige Atmosphäre bei ihnen zu Hause zu meinem positiven Bild von der SPD bei. Wie meine Eltern reagierten? Sie waren überrascht, hielten den Beitritt aber für eine Art Jugendflause.

1968 brach in Frankfurt in zwei Kaufhäusern Feuer aus. Brandstiftung. Das sorgte für Aufsehen und Empörung. Ich weiß noch, wie meine Eltern von Anarchisten sprachen und davon, daß auch jemand hätte verletzt werden können. Organisierte Gewalt, der Begriff blieb bei mir hängen. »Fehlgeleitete, ja, irrsinnige junge Leute sind das«, schimpften meine Eltern am Abendbrottisch. »Was hat das denn mit dem Krieg in Vietnam zu tun? Was haben wir in der Bundesrepublik denn mit dem Krieg dort zu tun?« Auf dem Schulhof war man gegen den Vietnamkrieg, aber diese Aktion war so unsinnig. »Was für Idioten«, dachte ich. Was sollen Feuer und Sachschaden bewirken? Aus heutiger Sicht ging es damals los, zeigte sich da erstmals die Sprachlosigkeit, die sich später in den Taten von Baader-Meinhof wiederfindet.

Ab 1973 machte ich meine ersten Schritte in der Szene der verschiedenen politischen Gruppen Frankfurts. Fraueninitiativen, alles, was mit Frauenbewegung zu tun hatte, interessierte mich besonders. Recht auf den eigenen Körper, der Paragraph 218, das waren damals Themen, die einen bewegt und berührt haben. Dafür bin ich auch mit auf die Straße gegangen. Diese Zeit war prägend für mich – mein Mann ist später durch die harte Schule der Frauenbewegung gegangen. Was wir für Diskussionen geführt haben! 1974 zog ich nach Frankfurt, das Abitur gerade frisch in der Tasche. Ich begann bei der Lufthansa als Stewardeß zu arbeiten.

Als wir in Bahrain auf dem Rollfeld standen, mußte ich an Peter Lorenz denken. Es war damals, 1975, die erste Nachricht in der »Tagesschau« gewesen: »Drei Tage vor der Wahl wurde Peter Lorenz von Mitgliedern der Bewegung 2. Juni entführt, die damit die Freilassung von Horst Mahler, Verena Becker, Gabriele Kröcher-Tiedemann, Ingrid Siepmann, Rolf Heißler und Rolf Pohle erreichen wollen.« (Siehe Kapitel Andreas Baron v. Mirbach, Seite 56) Ich weiß noch, was für ein seltsames Gefühl es war: Zu hören, daß Leute, die in der Studentenbewegung gewesen waren – meine früheren Vorbilder –, nun Menschen entführten und vor Mord nicht zurückschreckten.

Die Gewalttaten, die der Austausch von Peter Lorenz gegen die Terroristen nach sich zog, hätte unsere Regierung damals voraussehen müssen: Stockholm, Buback, der Versuch, Jürgen Ponto zu entführen, und seine Ermordung, danach traf es Hanns Martin Schleyer – und dann uns. Ich hatte während seiner Entführung großes Mitgefühl mit Peter Lorenz gehabt, nun dachte ich wieder an ihn. Würde es für uns wie für ihn eine Rettung geben? Die Ungewißheit war quälend, die Stunden kamen einem wie Tage vor. Schließlich flogen wir von Bahrain weiter nach Dubai. Jeder Start war eine neue Hoffnung. Wenn wir über den gesamten Zeitraum der Entführung an einem Flughafen gestanden hätten, wäre es schlimmer gewesen. In der Luft, das waren Momente der Ruhe, Ruhephasen. Man wußte: Hoch oben in der Luft werden die Terroristen wahrscheinlich nicht schießen, dann würden sie das eigene Leben ja in Gefahr bringen.

Jürgen Vietor

Knapp zwei Stunden, nachdem wir in Bahrain gelandet waren, starteten wir erneut und flogen das Scheichtum Dubai an. Dort wollte man uns nicht landen lassen: Drei Fahrzeuge blockierten die Landebahn. Quer über der Bahn stand zunächst ein Feuerwehrwagen, dann versetzt – rechts neben der Centerline – ein LKW und dahinter, weit dahinter, mitten auf der Bahn ein zweiter LKW. Schumann und ich hatten keine Wahl, der Treibstoff hätte nicht gereicht, um länger in der Luft zu bleiben. Wir sagten uns, allen Mut zusammennehmend: »Das schaffen wir! Über den ersten kommen wir rüber, den zweiten umkurven wir und der dritte tangiert uns nicht mehr.« Ich flog einen Vollkreis, ging dann in den Landeanflug – und plötzlich war die Bahn geräumt. Warum? Ich weiß es bis heute nicht. Vielleicht weil wir trotz Barrikaden zur Landung ansetzten und der Tower nicht die Verantwortung für den Crash übernehmen wollte. Und so haben wir uns von Minute zu Minute gerettet – von Stunde zu Stunde weitergehangelt. Ich habe immer wieder gedacht: »Mensch, wir leben ja noch. Wir leben ja noch! Eigentlich ein Wunder.« Es war Freitag, der 14. Oktober, gerade mal sechs Uhr morgens.

Gabriele von Lutzau

Mahmud drangsalierte und bedrohte die Passagiere. Einer jungen Frau warf er vor, sie sei Jüdin, weil er einen Montblanc-Füller in ihren Sachen gefunden hatte. Mahmud hielt den Stern auf der Kappe des Füllers für das jüdische Symbol. Deshalb ohrfeigte und trat Mahmud die junge Frau. Kurz ließ er von ihr ab, doch dann brüllte er wieder auf sie ein, ihr Mädchenname sei »Grünwald«, sie müsse jüdisch sein. Er drückte ihr die Pistole unters Kinn, es war grauenhaft mit anzusehen. Plötzlich stand ein alter Mann auf und sagte: »Herr Ober, bitte zahlen! Wir gehen.« Er setzte seinen Hut auf, schaute Mahmud auffordernd an. Der Mann litt an Alzheimer. Die Hitze setzte ihm zu, das lange Sitzen – er wußte nicht mehr, wo er sich befand. Mahmud schrie ihn an: »Don't move!« Er war rot im Gesicht, zornentbrannt, schwitzte und schrie: »Sit down or I shoot you!« Die Ehefrau des alten Mannes nahm ihn zitternd am Arm, bat ihn, er solle sich hinsetzen. »Wir können noch nicht gehen! Wir können noch nicht gehen«, flüsterte sie auf ihn ein. Ich ging auf Mahmud zu, beschwichtigend sagte ich auf englisch: »Er ist alt und krank. Bitte lassen Sie ihn, bitte!« Ich war auch voller Angst. Die einzige Art, sie zu überwinden, war für mich, aktiv zu werden. Einzugreifen in diesem Moment. »Okay, okay«, stieß Mahmud wütend hervor und stürmte an mir vorbei in Richtung Cockpit. Später versuchte ich noch einmal, ihn zu überzeugen, die alten Menschen an Bord, Frauen und Kinder freizulassen. Doch er lehnte ab.

Jürgen Vietor

In Dubai sollte ich zum zweiten Mal erschossen werden: Ich saß auf meinem Copiloten-Platz, Mahmud auf dem Notsitz schräg hinter mir. Den rechten Arm hatte ich über die Rükkenlehne meines Sitzes gelegt, plötzlich, ganz unvermittelt, fragte mich Mahmud, welcher Religion ich angehörte. Ich antwortete: »Protestant.« Er fuhr mich an: »You are a liar! You are jewish.« Ich fragte, warum? Wiederholte, ich sei protestantisch. »Your watch!« antwortete Mahmud. Da begriff ich: Ich trug eine Uhr von Junghans am Handgelenk. Das Firmenzeichen ist ein stilisiertes Zahnrad – ein fünfzackiger Stern und in dem Stern steht ein »J«. In Mahmuds Augen war meine Uhr ein Bekenntnis zum Judentum. Wütend befahl er, ich solle raus in den Gang. Mein Puls raste, ich stolperte los. »Down on your knees«, schrie Mahmud und richtete die Pistole auf meinen Kopf. Ich fiel auf die Knie: »Ich bin Protestant, und das ist keine jüdische Uhr.« Ich wehrte seine Anschuldigung wieder und wieder ab, man ist so ausgeliefert, so hilflos in einem solchen Moment. »So, jetzt stirbst du!« mehr hatte ich nicht im Kopf. Mahmud raste durch den Gang, hielt die Uhr einigen Passagieren vor die Augen und schrie: »Ist dies eine jüdische Uhr?« Die verängstigten Passagiere stimmten ihm natürlich zu.

Kapitän Schumann kam aus dem Cockpit und sagte ruhig zu Mahmud: »He is protestant. Don't shoot him.« Mahmud zögerte plötzlich, überlegte. Dann sagte er, nun etwas ruhiger: »Destroy your watch!« Ich trat seinem Befehl folgend auf die Uhr. Noch einmal. Und noch einmal. Doch Flugzeuge sind mit Teppichboden ausgelegt, und ich hatte schon meine dicken Winterstiefel mit den Kreppsohlen an, so daß die Uhr nicht kaputtging. Sie zerbrach nicht, obwohl ich wie Rumpelstilzchen darauf herumsprang. Meine Erniedrigung, wie ich schwitzend und zitternd auf der Uhr herumtrat, war für Mahmud wohl Befriedigung genug. Er lachte, lachte scheußlich laut und hämisch. Schließlich hob er die Uhr auf, holte die zur Flugzeugausrüstung gehörende Crash-Axt, legte die Uhr auf eine Armlehne und schlug darauf ein, bis das Glas splitterte und das Uhrwerk heraussprang. Übrig waren nur das Armband und der Ring außen um das Uhrwerk. Diese Reste gab er mir zurück und grinste: »As a souvenir.« Damit war die Geschichte vorbei, und ich konnte mich wieder setzen. Kurz nach der angedrohten Erschießung wegen der Uhr brachte Mahmud mir dann ein Glas Sekt. Die Stewardeß Anna-Maria Staringer hatte Geburtstag, ihren 28. – und Mahmud hatte eine Torte und Sekt über den Dubai-Tower bestellt.

Gabriele von Lutzau

Mahmud drängte uns Crew-Mitglieder und die Passagiere, für Anna-Maria »Happy birthday« zu singen. Mit einer Hand dirigierend, lief er den Gang auf und ab. In der anderen hielt er die Pistole. Er wirkte zugänglich in diesem Moment. Ich versuchte noch einmal ihn zu überzeugen, wenigstens die Kinder, die wir an Bord hatten, gehenzulassen. Das jüngste – ein kleiner Junge, der während der ganzen Entführung erstaunlicherweise kein einziges Mal schrie – war gerade drei Jahre alt geworden. Später, lange nach unserer Befreiung, habe ich den Jungen und seinen Vater wieder getroffen. Der Sohn war erwachsen, er hatte keine Erinnerung an die Entführung.

Damals, in der »Landshut«, machte ich immer wieder Anläufe, um zu vermitteln, daß die Kinder freigelassen würden. Mahmud sah mich – seine Übersetzerin – mittlerweile als eine Art Vertraute. Es gab Momente, in denen er ganz normal und ruhig mit mir redete. Aber man konnte letztlich keinen Einfluß auf ihn nehmen, ebensowenig wie auf die anderen. Der zweite Mann neben Mahmud war noch der menschlichste von den vieren. Wir nannten ihn »den Schönen«. Souhaila Andrawes war für uns »die Dicke«, und die zweite Terroristin hieß »die Kleine« – so konnten wir über sie reden, ohne daß es unseren Entführern auffiel. Als eine alte Frau zusammenbrach, half mir »der Schöne«, sie zur Tür zu schleppen, damit sie etwas frische Luft bekam. Sie tat ihm leid, das merkte man. Doch wenn Mahmud verlangt hätte »Erschieß sie!«, hätte er dies fraglos ohne Zögern getan. Die vier waren Fanatiker, im Zweifelsfall wäre ihr eigenes Ziel vor der Menschlichkeit gekommen. Die beiden Frauen hatten überhaupt kein Mitgefühl für ihre Geiseln. Sie haben als unterwürfige Soldaten-Sklavinnen alles gemacht, was Mahmud verlangte.

■ *Im Lauf des 14. Oktober 1977* übernimmt der Verteidigungsminister der Vereinigten Arabischen Emirate, Scheich Mohammed Bin Raschid, auf dem Flughafen von Dubai die Einsatzleitung. Er fordert die Freilassung der Kinder und eines erkrankten Passagiers. Die Entführer lehnen ab. Auf Fragen nach den Namen der Häftlinge aus der Bundesrepublik, deren Freilassung sie fordern, geben die Entführer an, das wisse die deutsche Presse. Diese Angabe machen sie am gleichen Tag – dem 14. Oktober –, an dem vormittags bei verschiedenen deutschen Journalisten und bei Presseagenturen Briefe der RAF eingehen. Darin ist eine Erklärung der »Operation Kofre Kaddum« enthalten: »Heute, Donnerstag, 13. Oktober 1977, gelangte die Lufthansa-Maschine 737 auf dem Fluge von Palma de Mallorca nach Frankfurt, Flug-Nr. LH 181, unter die vollständige Kontrolle unserer ›Martyr Halimeh Kommando-Einheit‹. Ihr Einsatz zielt auf die Befreiung unserer Kameraden aus den Gefängnissen der imperialistischen, reaktionären, zionistischen Allianz. Die Operation verstärkt nachdrücklich die Ziele und die Forderungen der Operation ›Siegfried Hausner Kommando-Einheit‹ der RAF, die am 5. September 1977 begann.«

Die RAF stellt »an den Kanzler der Bundesrepublik Deutschland« folgendes Ultimatum: »Das Leben der Passagiere und der Besatzung und das Leben von Dr. Hanns Martin Schleyer hängen davon ab, daß Sie folgende Forderungen erfüllen:

1. Freilassung der folgenden Genossen der RAF aus westdeutschen Gefängnissen: Andreas Baader, Gudrun Ensslin, Jan-Carl Raspe, Verena Becker, Werner Hoppe, Karl-Heinz Dellwo, Hanna Krabbe, Bernd [Bernhard] Rößner, Ingrid Schubert, Irmgard Möller, Günter Sonnenberg.

2. Freilassung der folgenden palästinensischen Genossen aus dem Gefängnis in Istanbul: Mahdi, Hussein.

3. Die Zahlung von 15 Millionen US-Dollar.

4. Vereinbaren Sie mit folgenden Ländern die Aufnahme der Genossen, die freigelassen wurden: Demokratische Republik Vietnam, Republik Somalia, Demokratische Volksrepublik Jemen.

5. Die deutschen Gefangenen sollen in einem von Ihnen gestellten Flugzeug zu ihrem Zielort gebracht werden. Sie sollen über Istanbul fliegen und die zwei aus dem dortigen Gefängnis entlassenen palästinensischen Genossen aufneh-

men. Die türkische Regierung ist über unser Ziel gut informiert. Alle Gefangenen sollen ihr Ziel bis Sonntag, 16. Oktober 1977, 9 Uhr mitteleuropäischer Zeit, erreichen. Das Geld soll innerhalb des gleichen Zeitraums übergeben werden.«

Als Überbringer des Geldes verlangt die RAF den Sohn Hanns Martin Schleyers, Hanns-Eberhard Schleyer.

In der Nacht vom 14. Oktober landet Staatsminister Hans-Jürgen Wischnewski in Dubai. Am Morgen des 15. Oktober setzt Jürgen Schumann den Funkspruch ab: »An den Kanzler der Bundesrepublik Deutschland Helmut Schmidt: Das Leben von 91 Männern, Frauen und Kindern an Bord hängt von Ihrer Entscheidung ab. Sie sind unsere einzige und letzte Hoffnung. Im Namen der Besatzung und der Passagiere. Schumann.«

Die Männer der GSG 9 warten auf dem Flughafen von Ankara auf das Kommando, um der »Landshut« nachzufliegen und sie zu stürmen. Doch der Verteidigungsminister in Dubai hat Zweifel an dem Gelingen einer Befreiungsaktion. ■

Jürgen Vietor

Als wir in Dubai auf dem Rollfeld standen, waren Jürgen Schumann und ich zum ersten Mal allein im Cockpit. Möglicherweise, weil Mahmud gesehen hatte, daß wir mitspielten, wir machten ja mit. Jürgen Schumann fragte mich: »Sollen wir Nachrichten rausschmuggeln?« Da habe ich geantwortet: »Jürgen, ich würde das nicht machen. Wir sind hier in einer fremden Umgebung und überall hat die PLO ihre Sympathisanten. Wir wissen nicht, wo diese Nachrichten hingehen. Mach das lieber nicht.« Persönlicher wurde das Gespräch nicht, aber wir kannten uns ja auch kaum. Es war unser erster gemeinsamer Flug. Auch mit keiner der Stewardessen war ich zuvor geflogen.

Schumann hat es trotzdem getan. Er setzte einen Funkspruch an den Tower ab, daß die Entführer zwei Männer und zwei Frauen seien, die Pistolen und Handgranaten hätten. Das waren für die spätere Stürmung des Flugzeugs durch die GSG 9 natürlich wichtige Informationen. Von dem Sprengstoff wußten wir zu der Zeit noch nichts. Ich erfuhr von dem Funkspruch erst später, denn Schumann handelte schnell, während ich von Mahmud wegen meiner Uhr im Gang bedroht wurde. Doch was er nach draußen gab, drang ins Flugzeug zurück. Ich habe bis heute einen der Männer im Verdacht, die uns Wasser und Essen brachten. Ich bin mir sicher, er ließ Mahmud auf arabisch wissen, daß aus dem Cockpit heimlich Nachrichten an den Tower gehen. Dort wimmelte es ja von Menschen – Verteidigungsminister Scheich Mohammed Bin Raschid und seine Leute, Wischnewski und andere Deutsche. Wurde da jeder kontrolliert, der rein und raus ging? Dieser Catering-Mann sprach mit Mahmud eindringlich, während er die Wasserbehälter reinschleppte. Ich habe nie herausgefunden, wer dieser Mann wirklich war und ob mein Verdacht stimmte. Bis heute läßt mich diese Frage nicht los. Was sagte er Mahmud? Schließlich verabschiedete er sich abrupt. Das Essen nahm er wieder mit – die Catering-Firma hatte Huhn in Mayonnaise geschickt. Wir hatten 50 Grad Celsius im Flieger, da wollte keiner Mayonnaise essen.

Gabriele von Lutzau

Die hygienischen Verhältnisse an Bord wurden immer schlimmer. Die Toiletten waren verstopft, es stank nach Fäkalien. Ab dem zweiten Tag bekam eine junge Frau nach der anderen ihre Periode, sicher als Folge der ständigen Bedrohung und auch, weil wir Frauen schlicht unsere Pille nicht weiter nehmen konnten. Bei den meisten lag die Pakkung im Kulturbeutel, und der steckte im Koffer. Auf den Ausnahmezustand war natürlich niemand vorbereitet. Die Terroristen blieben von alldem unberührt. Sie hatten vorn eine ordentliche Toilette in der First Class. Die Bedingungen hinten in der Kabine waren für die Passagiere, die ja zudem unentwegt sitzen mußten, unsagbar hart. Ihr Zorn auf die Regierung in Bonn war unüberhörbar: »Diese Scheißpolitiker in Bonn.« »Sie tun nichts für uns.« »Sitzen im Wochenende und machen es sich gemütlich.« »Wir schmoren hier in der Wüste.« »Der Kanzler opfert unser Leben.« Man wußte ja nicht, daß zu Hause ununterbrochen an unserer Rettung gearbeitet wurde. Damals dachte ich auch: »Wenn wir hier heil rauskommen, verlasse ich die SPD. Wieso tun die nicht endlich was für uns? Seit Tagen halten wir diese Qual aus.« Heute bin ich Helmut Schmidt dankbar für unsere Befreiung – werde ihm immer dankbar sein. In der SPD bin ich bis heute Mitglied.

Jürgen Vietor

Wir hatten nun zumindest wieder Wasser, saßen auf unseren Sitzen in der Kabine und warteten. Noch gab es keine Antwort, ob die Bundesregierung austauschen würde. Mahmud forderte mich plötzlich auf, ich solle mit ins Cockpit kommen. Dort fragte er: »Hast du Nachrichten rausgeschmuggelt?« »No«, erwiderte ich. Da schrie er mich an: »Doch, du mußt etwas gemacht haben, die wissen was da draußen, sag die Wahrheit!« Ich sagte wieder: »No, I did not do anything.« Ich wußte damals auch nicht, daß Schumann Nachrichten rausgeschmuggelt hatte. Sonst hätte ich vielleicht nervöser gewirkt, aber ich war ja mit Mahmud wegen meiner Uhr draußen im Gang gewesen. Mahmud sagte schließlich: »Gut, geh raus und schick mir den Kapitän.«

Nach ein paar Minuten kamen Jürgen Schumann und Mahmud durch die Cockpit-Tür zurück in die Kabine, und letzterer schrie: »Der Kapitän hat uns verraten! Ein deutscher Offizier, ein Hauptmann hat uns verraten! Er hat Nachrichten rausgeschmuggelt, obwohl wir das verboten hatten!« Er schrie und drohte, zielte wahllos mit der Waffe umher, schließlich wieder auf den Kapitän. Dann ließ er Schumann auf- und abmarschieren – immer die Waffe im Anschlag. Es war furchtbar, so demütigend für Schumann, der ja ein sehr aufrechter und verantwortungsvoller Mann war. Aber er befolgte Mahmuds Befehl mit größtmöglicher Würde. In der Kabine war kein Laut zu hören, wir alle saßen still und schockiert in unseren Sesseln. Irgendwann beruhigte Mahmud sich, Schumann durfte sich setzen. Doch das Blatt hatte sich gewendet, Kapitän Schumann war für ihn von dem Moment an »gestorben«. Es war eine seltsame Respektsache zwischen Mahmud und ihm. Mahmud wirkte wütend, ja, geradezu beleidigt: Weil sein Kapitänskollege sein Vertrauen mißbraucht hatte.

Ich weiß nicht mehr, wie lange wir schon in Dubai auf dem Rollfeld gestanden hatten – plötzlich wurde es totenstill im Flugzeug. Der letzte Tropfen Treibstoff für das Hilfsaggregat (APU) war aufgebraucht, wir waren ohne Klimatisierung und Stromversorgung, mit Ausnahme der Batterie. Es wurde entsetzlich heiß im Flugzeug. Unerträglich heiß. Wir im Cockpit hatten noch das Glück, daß wir die Fenster aufmachen konnten, da kam wenigstens ein bißchen Luftzug durch. Aber für die Passagiere war es eine unvorstellbare

Qual, sie saßen zudem ja auch seit Tagen ununterbrochen. Und die hygienischen Zustände im Flugzeug wurden mit jeder Minute schlimmer. Ein stinkender, heißer Brutkasten. Als die Klimaanlage ausfiel, bekamen die Passagiere zum Teil Angst, keine Luft mehr zu kriegen. Wir sagten Mahmud: »Die Batterie wird auch bald leer sein!« Aber er redete ständig mit dem Tower. Da er überwiegend auf arabisch sprach, verstanden wir ihn nicht. Irgendwann wurden die Lichter dunkler, die geringe Kapazität der Batterie war aufgebraucht. Ich schlug Mahmud vor, daß ich dem Tower mit dem Jetlight ein Notsignal morsen könnte, weil ich Funkamateur bin. Er willigte ein. Dann morste ich zum Tower: »We need communication.«

■ *1963* bewirbt sich Jürgen Vietor mit dem Traum, einmal Funker zu werden bei der Bundeswehr. Schon während der Schulzeit ist das Funken sein liebstes Hobby gewesen. Nach der Mittleren Reife 1960 entschließt er sich deshalb zunächst, eine Lehre zum Elektromechaniker zu machen. Da ist Jürgen Vietor 18 Jahre alt.

Geboren worden ist er 1942 in Kassel. Als die Stadt 1943 ausgebombt wird, zieht die Familie nach Hann. Münden und kehrt 1954 nach Kassel zurück. Dort besucht Jürgen Vietor die Realschule und schließt auch seine Lehre ab.

Am 1. Oktober 1963 beginnt er in Eckernförde seine Grundausbildung bei der Bundeswehr. Anschließend kommt er ein Vierteljahr auf die Fernmeldeschule in Flensburg. »Da hat man mir schon geraten: ›Herr Vietor, Sie sollten die Offizierslaufbahn einschlagen.‹ Damals war man nicht so aufgeklärt wie heute, ich sagte: ›Ich habe doch nur die Mittlere Reife, kein Abitur.‹ Man erklärte mir: Wenn man eine Berufsausbildung habe, sei es möglich, diesen Weg zu gehen.« Jürgen Vietor verpflichtet sich für zehn Jahre bei der Bundeswehr. Die Entstehung der Studentenbewegung ab 1965 bekommt er »eher am Rande, sehr passiv« mit. »Ich war schlicht mit meiner Karriere beschäftigt, machte eine Schulung nach der anderen. Die Demonstrationen gegen den Vietnamkrieg verfolgte ich natürlich mit Interesse, dieser Krieg warf ja in jedem Fragen auf: War es richtig, was dort geschah? Verheizten die USA nicht gnadenlos ihre Männer? Sicher spielte es eine große Rolle, daß man erstmals so viele Bilder vom Krieg im Fernsehen sah. Aber ich war zum einen Soldat und zum anderen nie ein politischer Mensch, der sich sehr mit den weltweiten Zusammenhängen auseinandersetzte. Nie hätte ich mich als einen von den Demonstranten auf der Straße gesehen.«

Nur einen Impuls aus der Studentenbewegung nimmt Jürgen Vietor auf: Wie viele andere seiner Generation versucht er, mit seinen Eltern über ihre Vergangenheit im Dritten Reich zu sprechen – speziell über die Frage nach der persönlichen Verantwortung der Eltern. »Ich habe das einige Male versucht, aber da haben meine Eltern gemauert. Ich kriegte nichts aus ihnen raus. Ich weiß nur, daß bei ihnen vorm Haus wie bei vielen im Dritten Reich auch eine Hakenkreuzfahne hing. Meine Eltern waren ganz biedere Bürger, wohl keine engagierten Mitläufer. Außer der Information: ›Man mußte damals die Fahne vorm Haus hängen haben und hielt ansonsten besser den Mund‹, habe ich nichts von ihnen erfahren. Nein, man habe das alles nicht gewußt, vielleicht mal was geahnt, aber nichts gewußt. Man sprach bei uns zu Hause nicht über die Kriegszeit, auch nicht, als diese Diskussion in den sechziger Jahren – angezettelt durch die Studenten – mehr und mehr Raum in der Gesellschaft einnahm.«

Große Sympathien für die studentische Protestbewegung hat Jürgen Vietor nie. Als sie Ende der sechziger Jahre auseinanderbricht und Stück für Stück zerfällt, berührt ihn das nicht. Anfang der siebziger Jahre entsteht die RAF. »Das nahm ich zwar wahr, aber niemals hätte ich gedacht, daß sie in meinem Leben einmal eine Rolle spielen würde.« ■

Jürgen Vietor

Nachdem ich gemorst hatte, wurde auf Geheiß des Towers ein Flugzeugschlepper mit einem Stromgenerator ans Flugzeug gebracht. Ich weiß nicht warum, doch Mahmud bildete sich plötzlich ein, es sei ein Täuschungsmanöver, und man werde versuchen, die »Landshut« anzugreifen. Wir versuchten noch, ihn zu beruhigen, und sagten immer wieder: »Das ist Groundpower, wir bekommen wieder Strom.« Doch Mahmud glaubte uns nicht und schoß auf die Leute am Boden. Sie sind im Schlagschatten des Schleppers geflohen, schrien im Wegrennen noch: »Help yourself! Help yourself!« Und Mahmud fragte: »Wer war das?« Da war es jedoch schon zu spät, um die Leute noch zurückzuholen.

Ich schlug Mahmud vor: »Ich gehe raus und fahre den Schlepper ans Flugzeug.« Ich sprang von der Tür aus etwa zwei Meter tief, landete im Sand und rannte zu dem Schlepper hinüber. Bevor ich das Ding bewegen konnte, mußte ich mir erst einmal die Bedienungsanleitung durchlesen. Ich hatte noch nie in einem Schlepper gesessen. Unglaublich, wie rational man in solchen Momenten ist. Man funktioniert, macht weiter, so gut man kann. Glücklicherweise war die Anleitung auf englisch, ich trat die Kupplung, legte den Gang ein und fuhr den Schlepper ans Flugzeug ran. Vorn am Flugzeug ist eine Klappe, dahinter der elektrische Anschluß.

Ich verband ihn mit dem Kabel des Generators, dann mußte ich wieder nachlesen, wie man den Strom daraufschaltet. Es funktionierte jedoch nicht, weil das Strom-Übernahme-Relais nicht schalten konnte, da ja die Flugzeugbatterie leer war.

An einer Decke, die Mahmud und Schumann aus der Tür herunterhängen ließen, kletterte ich ins Flugzeug zurück. Dort war Mahmud sehr freundlich zu mir, gab mir Wasser und sagte, ich solle mich erst einmal ausruhen. Ich weiß nicht mehr, wie wir die Techniker wieder zurück ans Flugzeug bekamen, jedenfalls brachten sie eine neue Batterie. Wieder verließ ich das Flugzeug und mit Hilfe der Techniker tauschte ich die Batterie aus. Wir konnten wieder mit dem Tower sprechen und bekamen etwas Treibstoff. Nicht genug, um zu fliegen, aber er reichte für die Stromversorgung.

Ob ich daran dachte abzuhauen, als ich zum Flugzeugschlepper lief? Es wäre eine Möglichkeit gewesen, ja. Doch ich spekulierte keine Sekunde auf Flucht. Nur einen Moment hielt ich inne und überlegte, ob ich die Vögel aus dem Frachtraum befreien sollte. Wir hatten ja lebendige Vögel an Bord. Ich tat es letztlich nicht. Im Cockpit gehen Warnlichter an, sobald sich die Klappe öffnet. Und die Auseinandersetzung mit Mahmud wollte ich vermeiden – daß er über die Frage »Was hast du da unten gemacht?« wieder in Rage gerät. Die Vögel sind natürlich alle verendet. Auch später, wieder zu Hause, ging mir das Schicksal dieser Tiere nicht aus dem Kopf. Immer wieder mußte ich daran denken, wie sie qualvoll gestorben waren.

■ *16. Oktober 1977:* Am nächsten Morgen, um 7.30 Uhr Ortszeit in Dubai, stellt Martyr Mahmud ein neues Ultimatum: Das Flugzeug solle bis 9 Uhr betankt sein, ansonsten werde er drei Passagiere und Mitglieder der Crew erschießen – und von 9 Uhr an im Abstand von fünf Minuten je einen Passagier. Verteidigungsminister Scheich Mohammed Bin Raschid willigt ein, daraufhin verlängern die Entführer ihr Ultimatum um eine halbe Stunde. Der Treibstoff wird geliefert. Gegen 15 Uhr hebt die »Landshut« von der Startbahn in Dubai ab. ■

Jürgen Vietor

Von Dubai aus wollte Mahmud in den Oman, doch dort durften wir nicht landen. Er befahl: »Weiter nach Aden!« Auch dort wollten sie uns nicht landen lassen. Das Rollfeld war komplett mit Panzern und LKWs blockiert – keine Chance, ein Hindernis zu überfliegen oder zu umfahren. Wir bekamen keine Landeerlaubnis, obwohl wir verhandelten und eindringlich um Hilfe baten. Die Sonne stand tief. Keine Stunde, und es würde dunkel sein. Schumann und ich entschieden: »Wir gehen neben der Landebahn auf dem Sandstreifen runter.« Das war unsere letzte Chance. Der Tower hatte die Funknavigation abgestellt, im Dunkeln wäre eine Landung unmöglich gewesen. Zudem ging der Treibstoff zur Neige. Wir ließen die Notlandung vorbereiten: Alle mußten sich anschnallen, abpolstern, die Lehnen wurden nach vorn gestellt.

Schumann und ich haben uns zum Abschied die Hand gegeben – und dann auch Mahmud. Ich war mir sicher, wir würden diese Landung nicht überleben. In dem Moment war Mahmud für mich nicht mehr so sehr der Terrorist, sondern ein Mensch, mit dem ich höchstwahrscheinlich gleich sterben würde. Wir waren ja auch so übermüdet, so ausgebrannt von den vorhergehenden Tagen, ich hatte gar keine Energie mehr, angesichts eines baldigen Todes Wut oder Hass zu empfinden.

Und dann habe ich gesehen, daß Mahmud gar nicht angeschnallt war. Ich wies Schumann darauf hin: »Du, sein Gurt ist offen.« Mahmud saß hinter uns beiden auf dem Notsitz. Mir wurde später immer wieder vorgeworfen: »Warum habt ihr Mahmud angeschnallt?« Aber was, wenn wir es nicht getan hätten? Im besten Fall, so dachte ich damals, bricht bei der Landung nur das Fahrwerk, aber wir kommen auf dem Sand zum Stehen. Mahmud wäre unangeschnallt durch das Brechen des Fahrwerks aber nach vorn geschleudert worden und genau auf die Gashebel gefallen. Die sind relativ lang, mit seinem Körper hätte er durch den Aufprall wieder 50 000 PS hochgefahren, und das Flugzeug wäre nicht mehr zu kontrollieren gewesen. Es war im Sinne aller, ihn anzuschnallen. Schumann sagte zu ihm: »Fasten your seat-belt.« Doch Mahmud zitterte derart stark, daß er seinen Gurt nicht schließen konnte. So groß war seine Angst vor der Notlandung. Jürgen Schumann hat mir die eine Seite des Gurtes rübergegeben, und ich schloß die Schnalle.

Gabriele von Lutzau

Die Anweisungen aus dem Cockpit zur Notlandung machten mir keine Angst. Ich dachte nicht an die Bedrohung, sondern an die Fluchtmöglichkeiten, die sich vielleicht ergeben würden. Ich saß in der Nähe des Notausgangs, im Kopf hatte ich schon den kompletten Evakuierungsplan. Wenn das Fahrwerk abgebrochen wäre, egal was geschehen wäre, alles wäre mir lieber gewesen, als weiter mit diesen Fanatikern auf Irrflug zu sein. Meinetwegen hätte das Flugzeug auch in der Mitte auseinanderbrechen können.

Die Landung gelang. Der Sand bremste die Fahrt, aber das war kein Problem – und die Räder rutschten erst tiefer in den Untergrund, als wir schon standen. Im Rückblick bin ich mir sicher, daß meine Bundeswehrausbildung dazu beitrug, daß die Landung glückte. Auch Jürgen Schumann war ja ehemaliger Bundeswehrpilot. Ich war während meiner Kommandanten-Tätigkeit auf einem U-Boot-Jagdflugzeug Bedingungen ausgesetzt gewesen, die man während der Linien-Kapitäns-ausbildung nicht erlebt. Hier kam mir das zugute.

■ *Während der Marine-Offiziersausbildung* in Flensburg kommt Jürgen Vietor erstmals in Kontakt mit dem Starfighter-Geschwader in Jagel bei Schleswig. »Wir machten eine Exkursion nach Jagel, und da bin ich zum ersten Mal in meinem Leben geflogen. Es war ein traumhafter Tag, keine Wolke am Himmel. Abends reichte ich mein Gesuch zur Fliegerei ein. Solch spontane Entschlüsse, die das Leben entscheidend verändern, faßt man wohl nur, wenn man so jung ist: »Fliegen ist was Tolles, das will ich machen.«

Es ist das Jahr 1966, Jürgen Vietor ist 24 Jahre alt. In Flensburg hat er gerade seine zukünftige Frau kennengelernt. »Alle Offiziersanwärter mußten noch einmal Tanzstunden nehmen, das gehörte zum guten Stil. Meine Frau war eine der Gastdamen, denn natürlich herrschte ein Männerüberschuß. Wir wurden schließlich ein Paar.«

Jürgen Vietor kommt von Flensburg aus auf Flugschulen nach Bremen und Wunstorf bei Hannover und anschließend zum Marinejagdgeschwader zur U-Boot-Jagd und See-Fernaufklärung nach Nordholz bei Cuxhaven. »Man muß relativ langsam fliegen, um U-Boote zu orten und zu jagen. Diese Fliegerei ist überhaupt nicht vergleichbar mit Transportfliegerei. Wir sind bei jedem Wetter, auch bei Windstärke zwölf, geflogen – und dann muß man ja ziemlich tief, ist nah an Wellen, die teils zehn Meter hochschlagen. U-Boot-Jagd ist ein hartes Geschäft. Wenn ich heute daran denke, wie wir fliegen mußten, um unsere Aufgaben zu erfüllen, dann sträuben sich mir nachträglich die Nakkenhaare. Aber während der Entführung war es ein Glück, durch diese Schule gegangen zu sein.«

Sechs Monate vor Ablauf der Zehnjahresverpflichtung bei der Bundeswehr bewirbt sich Jürgen Vietor bei der Lufthansa. Zu dem Zeitpunkt ist er Kapitänleutnant. »Ich wäre als nächstes zum Korvettenkapitän befördert worden, und da gibt es nur noch zwei fliegende Planstellen. Die Chancen, weiter fliegen zu können, waren gering, denn wir waren sehr viele Offiziere. Ich wäre also ziemlich sicher auf einen administrativen Posten gekommen und nicht auf einen Flugposten.« Jürgen Vietor besteht die Prüfung bei der Lufthansa und tritt 1974 seinen Dienst an. ■

Gabriele von Lutzau

Ich war sehr froh, daß unsere beiden Cockpit-Leute Bundeswehrflieger waren, weil sie nach einer gewissen Belastbarkeit ausgewählt worden waren. Bei normalen Linien-Kapitänen zählen als Auswahlkriterium vor allem Teamfähigkeit und Zuverlässigkeit. Vielleicht kann man die Quälereien eines fanatischen Entführers auch noch eher aushalten als ein normaler Durchschnittspilot, wenn man den Drill und die harten Anforderungen eines Kasernenlebens gewohnt ist. Ich bin Jürgen Vietor ewig dankbar, daß er uns immer wieder unversehrt auf den Boden brachte.

Jürgen Vietor

Obwohl wir alle die Notlandung unverletzt überstanden hatten, eskalierte die Situation in Aden. Es machte Mahmud rasend zornig, daß man ihm hier mit unverhohlener Ablehnung begegnete. In seinen Augen saßen im Südjemen mit der sozialistischen Regierung doch seine Verbündeten an den Schaltstellen der Macht. Ich glaube bis heute, diese Ablehnung war der Grund, daß Mahmud Kapitän Schumann später erschoß. Erst verweigerte ihm der Aden-Tower die Landung, dann umstellten Soldaten das Flugzeug, und ein Kommandeur wies ihn rüde an: »Sie müssen hier weg! Sofort!« Kapitän Schumann erklärte dem jemenitischen Offizier, wir hätten eine Notlandung hinter uns, er müsse das Fahrwerk überprüfen, bevor wir weiterfliegen könnten. Mahmud stimmte zu. Aber man spürte seine Wut auf die Soldaten da draußen deutlich. Sie wuchs mit jeder Minute.

Ich weiß nicht, wie lange Jürgen Schumann weg war, um das Flugzeug zu überprüfen. Von einer Seite des Fahrwerks hatte er noch gerufen: »Hier ist alles in Ordnung, Jürgen.« Aber dann? War es eine Viertelstunde? Eine Dreiviertelstunde? Ich hatte ja keine Uhr mehr, hatte auch jegliches Zeitgefühl verloren. Tagelang hatten wir kaum geschlafen – die Terroristen schon, aber Schumann und ich hatten keine Sekunde gehabt, um uns wirklich auszuruhen. Mahmud wurde ungeduldig, fragte mich: »Where is your Captain?« Und wieder: »Where is your Captain?« Er wurde immer wütender. Mit dem Tower sprach er auf arabisch. Dann wandte er sich zu den Passagieren und erklärte, er habe dem Tower gesagt, wenn der Kapitän nicht sofort zurückkäme, werde das Kommando »Martyr Halimeh« Geiseln erschießen.

Ich schlug vor, Schumann mit dem Megaphon zu rufen. An allen vier Türen schrie ich in die Dunkelheit: »Jürgen, wo bist du?« »Jürgen, komm zurück!« Irgendwann sagte Mahmud – erst wieder auf arabisch zum Tower, dann auf englisch zu uns: »Wenn der Kapitän nicht zurückgebracht wird, sprenge ich das Flugzeug.« Und er fügte hinzu, wenn Schumann zurückkäme, werde es ein »Revolutionstribunal« geben. »Ich werde ihn exekutieren.« Dann passierte erst mal eine Weile nichts, schließlich hörte man draußen ein Auto vorfahren. Mahmud herrschte uns an: »Wenn einer auch nur einen Mucks tut, wird er gleich als nächster erschossen.« Es herrschte Totenstille. Schumann erschien in der Tür und kam den Gang entlang auf Mahmud zu. Der befahl ihm, sich hinzuknien, richtete die Pistole auf seinen Kopf und brüllte: »You betrayed the passengers. The capitain should be the last one to leave. Are you guilty or not guilty?« Schumann setzte an: »Captain, let me explain.« Aber Mahmud ließ ihn nicht erklären, schrie wieder: »Are you guilty or not guilty?« Schumann: »I tried … please, let me explain.« Schumann stammelte, wollte noch etwas sagen, aber Mahmud gab ihm wieder keine Chance. Als der Kapitän erneut ansetzte, drückte Mahmud ab.

Man versteht es nicht sofort, auch wenn man direkt daneben sitzt. Es dauert eine Weile, bis sich das Bewußtsein bildet und vom Kopf bis zum Herzen durchdringt: Dieser Mensch ist jetzt tot.

Die Leiche von Kapitän Schumann blieb die ganze Nacht im Gang liegen. Die Terroristen legten nur eine Decke darüber. Ich hatte nicht geglaubt, daß Mahmud wirklich schießen würde. Ich dachte: »Er geht doch nicht das Risiko ein, nur mit einem Piloten zu fliegen.« Doch er war ein Fanatiker, unberechenbar in seiner Wut. Später verstauten Mahmuds Handlanger die Leiche von Jürgen Schumann in der hinteren Garderobe.

Ich bin mir bis heute sicher, Jürgen Schumann wurde festgehalten und befragt. Als Jürgen Vietor an der Tür stand und immer wieder rief: »Komm zurück! Komm zurück«, war Schumann nicht in Hörweite. Als die jemenitischen Soldaten ihn zurückbrachten, war sein Schicksal besiegelt.

Mahmud sagte, Schumann werde gleich exekutiert. Da habe ich ihn angesehen und wußte: Dieses Mal macht er ernst. Manchmal reicht ja ein Blick, und man weiß, was geschehen wird. Es hatte bis dahin zwar immer wieder Eskalationsmomente gegeben, aber in all diesen Situationen war alle Kontrolle in Mahmuds Hand gewesen. Alle waren seinen Launen gefolgt, hatten auf Befehl exerziert, sich zur Erschießung gemeldet – viele hatten auf Knien um ihr Leben gebettelt. Es hatte sich niemand aus diesem Machtfeld herausbewegen können – und weil Mahmud das genau wußte, befriedigte es ihn anscheinend, dann doch gnädig zu sein. Jürgen Schumann hingegen war seiner Kontrolle entschwunden, und das machte Mahmud rasend. Schumann war aus der Machtsphäre rausgeraten. Sicher nicht freiwillig, aber das spielte für Mahmud keine Rolle. Es war ein Ausbruch aus der Gemeinschaft, Schumann konnte man in seinen Augen leichter erschießen, und letztlich ging es ihm, so glaube ich, doch vor allem darum, nach der Ablehnung durch die Jemeniten seine Macht vor uns und vielleicht auch vor seinen Leuten zu demonstrieren. Daß der arme Jürgen Schumann nichts dafürkonnte, wahrscheinlich weggezerrt worden war – Erklärungen wollte Mahmud doch gar nicht hören.

Bevor Schumann ins Flugzeug zurückkam, wies Mahmud uns scharf an: »Wenn einer die Stimme erhebt, wird er erschossen. Wenn einer weint, wird er erschossen.« Wir hielten uns daran. Diese Momente der Bedrohung sind für jemanden, der nicht Ähnliches durchlebt hat, wahrscheinlich nicht nachvollziehbar. Es hätte keine Chance gegeben, Mahmud umzustimmen. Aber der Wunsch, die Geschichte wäre anders verlaufen, bleibt. Auch 30 Jahre nach der Tat. Die Erinnerung an den Schuß und wie Jürgen Schumann vornüberfiel ist in mir nach wie vor wach: Wie mein Körper sich in dem Moment anspannte, als der Schuß fiel. Wie ein Krampf zog sich alles in mir zusammen. Ich hatte mir die Ohren zugehalten und eine Decke über den Kopf gezogen. Der Schuß hallte dennoch tief in meinen Ohren. Ich konnte die Tränen nicht zurückhalten. Souhaila Andrawes schrie mich an: »Hör auf zu weinen, oder ich erschieße dich!« Doch ich konnte nicht aufhören – es blieb bei der Drohung. Souhaila Andrawes ging wortlos weg. Sie goß Gin über die Leiche und breitete eine Decke über ihr aus.

Ich weiß nicht mehr genau, wieviel Zeit nach der Ermordung von Jürgen Schumann vergangen war. Vielleicht zwei Stunden? Die Terroristen wollten jedenfalls, daß jemand von der Crew zu ihnen nach vorn kam. Sie hatten wieder in der First Class Platz genommen. Ich weigerte mich, nur einen Schritt zu gehen. Meine Kraft war zu Ende. Ich war leer, vollkommen leer. Über die Leiche drübersteigen, nein, das ging einfach nicht. »Ich klettere nicht über den Kapitän. Das mache ich nicht«, sagte ich. Die Purserette stand auf und ging nach vorn, stieg über ihn hinweg – mit blassem Gesicht und zitternden Lippen, aber sie kam dem Befehl nach und ersparte uns allen damit sicher Schlimmes.

Die Leiche blieb stundenlang im Gang liegen. Später trugen die Terroristen sie nach hinten, zogen sie am Ende zu einem der Schränke. Es fiel ihnen nicht leicht. Es roch nach Blut und Tod – man fühlt sich verseucht. Aber man lebt damit, versucht sich zu entspannen, sagt sich: »Du kannst es jetzt nicht ändern, konzentrier dich auf etwas anderes – eine schöne Erinnerung!« Ich dachte an meinen Freund. Als die Terroristen aus dem Heck des Flugzeugs zurückkamen mit ihren blutigen Händen, sahen sie verstört aus und fahl. Nicht so souverän, wie sie wohl gern gewesen wären.

Jürgen Vietor

Mahmud befahl mir, weiter nach Mogadischu zu fliegen. Die Maschine war aufgetankt worden, aber der Tower in Aden wollte den Wetterbericht nur herausgeben, wenn wir den Zielflughafen nennen würden. Mahmud schwieg. Mogadischu war auf unseren Flugkarten gerade noch verzeichnet, einige Millimeter über dem unteren Kartenrand. Es wurde ein Horrortrip. Mutterseelenallein fühlte ich mich – ein Terrorist neben mir, Gewitter rechts und links, wir mußten immer höher steigen; unter uns lag Kriegsgebiet (Ogaden-Konflikt) – würde man uns als »Geisterflugzeug« abschießen? Am ärgsten war die Gewißheit, keine Triebwerksfeuerlöscher mehr zu haben. Diese hatten wir – verfahrensgemäß – nach der Notlandung in Aden aus Sicherheitsgründen in die Triebwerke entleert. Wir flogen mit Motoren, die im Grenzbereich arbeiteten, teilweise die Limits überschritten hatten. Ein Triebwerksfeuer hätte den sicheren Absturz bedeutet. Ich stand unter erheblichem Druck. Mahmud saß nun auf dem Platz von Jürgen Schumann – ich setzte ihn notgedrungen als »Copiloten« ein, was ihn ganz stolz machte.

In der Hoffnung, unerkannt zu bleiben, hatte ich mich dazu entschlossen, keinerlei Funkkontakt aufzunehmen. Dies hat sich wohl bewährt: Unbehelligt flogen wir gen Indischer Ozean und landeten am frühen Morgen – letztlich für alle überraschend – in Mogadischu. Ich ließ Mahmud das Flugzeug von der Bahn rollen. Es ging nicht anders, denn die Steuerung ist auf der Seite des Piloten. Für den Copiloten ist dort alles spiegelverkehrt, und man hat auch eine andere Perspektive bei der Landung. Die Anstrengung war so schon so enorm, ich wollte nicht zusätzliche Risiken eingehen – deswegen war ich auf meiner, der rechten Copiloten-Seite geblieben. Man hat wirklich von Ereignis zu Ereignis irgendwie weitergemacht. Mahmud saß gerade auf dem Kapitänssitz und war begierig, alles gut zu machen. Stolz funkelte er mich an, als er die »Landshut« von der Landebahn lenkte – obwohl er grauenhaft ruckelnd fuhr. Die Steuerung ist ziemlich empfindlich. Ob ich ihn in dem Moment haßte? Verachtete? Ich war so ausgebrannt, nein, ich fühlte gar nichts. Es war Montagmorgen, der 17. Oktober 1977, der fünfte Tag unserer Entführung.

■ *Um kurz vor zwölf Uhr mittags,* Ortszeit in Mogadischu, landet Hans-Jürgen Wischnewski auf dem Flughafen und begibt sich zum Präsidenten der sozialistischen Republik Somalia, General Mohammed Siad Barre. Wischnewski erreicht, daß die Sicherheitsleute beider Seiten gemeinsam einen Plan zur Stürmung des Flugzeugs erarbeiten. Ulrich Wegener, Kommandant der GSG 9, überzeugt die somalischen Kräfte, die Aktion von seiner Einheit mit Unterstützung des britischen SAS (Special Air Service), einer Spezialtruppe zur Terrorbekämpfung, durchführen zu lassen. An Bord des Langstreckenflugzeugs von Hans-Jürgen Wischnewski befindet sich der 26jährige Copilot Rüdiger von Lutzau, der zum damaligen Zeitpunkt seit drei Monaten der Freund der Stewardeß Gabriele Dillmann ist. Heute sind die beiden verheiratet. Er hatte unbedingt die Maschine von Wischnewski fliegen wollen. ■

Jürgen Vietor

Nach der Landung ließ Mahmud die Leiche von Kapitän Schumann über die hintere rechte Notrutsche »entsorgen«. Gemeinsam mit den drei anderen Terroristen begann er, die »Landshut« für die Sprengung vorzubereiten. Er gab sein letztes Ultimatum an den Tower – 15 Uhr, keine weiteren Verhandlungen. Zu den Passagieren sagte er: »Wir gehen alle mit euch in die Luft. Es kümmert sich in Deutschland keiner um die Forderung meiner Gruppe, jetzt muß die Regierung dafür die Konsequenzen tragen.« Alle sollten sterben.

■ *Am frühen Nachmittag* empfängt der Tower aus dem Cockpit der »Landshut« eine Nachricht der Stewardeß Gabriele Dillmann: »Wir wissen jetzt, daß wir sterben müssen, es wird sehr schwer sein, aber wir werden versuchen, so tapfer wie möglich zu sterben. Wir sind alle zu jung zum Sterben, auch die Alten unter uns. Bitte sagen Sie meiner Familie und meinem Freund, er heißt Rüdiger von Lutzau, daß ich tapfer gewesen bin. So tapfer, wie man nur sein kann. Bitte sagen Sie meinem Freund, daß ich ihn liebe. (…) Es gibt Menschen in der deutschen Regierung, die verantwortlich für unseren Tod sind. Ich hoffe, Sie können mit dieser Schuld auf Ihrem Gewissen leben.« ■

Gabriele von Lutzau

Mehr konnte ich nicht tun – und so fühlte ich mich auch. Ausgebrannt, erschöpft, alle meine Energien waren verbraucht. Ich ging langsam aus dem Cockpit zurück in die Kabine. Souhaila Andrawes bot mir eine Zigarette an. »Hey, you were fantastic«, sagte sie weich. In ihrer Logik hatte ich ihr wohl einen Gefallen getan, indem ich diesen Funkspruch abgegeben hatte. Ich war zu müde, fühlte mich wie in Watte gepackt. Ich erwiderte nichts auf ihr absurdes Kompliment.

Jürgen Vietor

Es gab keine Reaktion vom Tower. Die Frauen mußten ihre Strumpfhosen ausziehen, und wir wurden damit gefesselt, dann wieder in unsere Sitze gedrückt und angeschnallt. Mahmud hatte als Ultimatum 15 Uhr Ortszeit in Mogadischu genannt. »Der Vampir Helmut Schmidt hat die Erfüllung der Forderungen verweigert«, schrie er. Ich saß in meinem Sitz und dachte: »Jetzt müssen wir verbrennen.« Es war keine leere Drohung von Mahmud, kein Bluff. Das war wirklich Sprengstoff, der an der Trennwand zwischen First Class und Economy klebte. Als es gegen 15 Uhr ging, liefen die Terroristen durch den Gang und übergossen uns mit Wodka, Gin, Whiskey und Cognac, »damit wir besser brennen würden«. Ich hoffte mit aller Kraft, die Regierung würde sich zum Austausch entschließen. Hätte ich in diesen Tagen zu Hause gesessen statt in der »Landshut«, hätte ich wahrscheinlich gedacht: »Natürlich darf die Regierung nicht austauschen. Damit macht man sich erpreßbar – und die Eskalation zwischen Staat und Terroristen wird in den nächsten Jahren noch weiter zunehmen.« Aber als Betroffener wünscht man jede Minute, ja, jede Sekunde, daß die Regierung sich doch endlich zum Austausch entschließen möge.

Man hat nur den einen Gedanken im Kopf: »Die müssen doch austauschen. Ich will leben!«

Gabriele von Lutzau

Souhaila Andrawes führte den Befehl, uns zu fesseln, mit stoischem Gesicht aus. Sie tat ihren Job. Freude an der Vorbereitung unserer Ermordung hatte die andere, die kleine, hübschere Frau. Mit perfidem Lächeln schüttete sie alle verfügbaren Vorräte an Alkohol und Parfum über uns. Wenn man die Pistole an der Schläfe hat oder mit Alkohol übergossen wird, damit man besser brennt, da stirbt ein Teil von einem selbst – und erwacht auch nach einem glücklichen Ende, einer gelungenen Befreiung, nicht mehr zum Leben. Das Vertrauen darauf, in Sicherheit zu leben, ist nicht mehr ungebrochen vorhanden. Weil man plötzlich nicht mehr denken kann: Gewalttaten, die gibt es, aber weit weg von der Welt, in der ich lebe und mich bewege. Damals war das schlimmste Gefühl, so verlassen zu sein. Man fühlte sich verloren, ausgesetzt und zum Sterben freigegeben. Wir wußten ja nichts von den Bemühungen, uns zu retten. Ich hoffte natürlich, sie würden uns gegen die RAF-Gefangenen austauschen. Zugleich malte ich mir aus, es würde vielleicht eine Variante geben wie: Die Regierung läßt die RAF-Leute frei, stimmt offiziell dem Austausch zu, aber dann erwischt der Staat sie noch irgendwo. Oder man läßt sie in ein Flugzeug steigen, das aber präpariert ist und dann in die Luft fliegt. Das war in meinem Kopf, aber ich hatte ja keine Ahnung. Ich habe nur immer gehofft, daß wir lebend rauskommen, die Terroristen aber nicht ungeschoren zurück in die Welt dürfen.

Jürgen Vietor

Die letzten Minuten meines Lebens, so glaubte ich: Vor mir in der Sitztasche hing die Uhr meines Sitznachbarn, ich konnte sehen, wie der Zeiger sich auf 15 Uhr zubewegte. Man hörte, daß mit dem Tower gesprochen wurde. Mahmud kam aus dem Cockpit und fragte mich: »Wie lange braucht eine 707 von Deutschland hierher?« Ich rechnete: »Wir stehen am Äquator, Frankfurt liegt auf 50 Grad Nord, das sind etwa 3000 Meilen. Sieben bis acht Stunden.« Genau das hatte man ihm gesagt – zu meinem Glück. Er verschwand wieder im Cockpit, stürzte einige Zeit später heraus und schrie: »Die deutsche Regierung tauscht aus.« Die Erleichterung war unbeschreiblich. Uns wurden die Fesseln abgenommen, und von da an war alles einigermaßen ruhig und entspannt. Mahmud strahlte, wirkte plötzlich ganz gelöst, ja, glücklich. Er sagte, es dauere noch, weil sie jetzt Hubschrauber nach Stammheim schicken würden, um die Inhaftierten abzuholen und zum Flughafen zu bringen. Ich habe das geglaubt damals. Dann hieß es: Jetzt ist die 707 in Frankfurt gestartet, und die RAF-Leute werden nach Mogadischu gebracht.

Mahmud wies uns noch an, nach der Freilassung nicht zu sagen, wer sie – die Entführer – gewesen seien und was sich an Bord abgespielt hatte, denn seine Rächer seien überall auf der Welt. Eine Stürmung des Flugzeugs, ein solcher Gedanke war mir nie gekommen. Die GSG 9 war ja für uns damals ganz neu. Ihre Aktion ging unglaublich schnell. Es war schon Nacht, Mitternacht. Plötzlich hallten Schreie durch die »Landshut«: »Runter! Köpfe runter!«, dann Schüsse, lautes Krachen. Leute wurden hochgerissen, Richtung Notausgang gestoßen. Vorn wieder Schüsse. Ich war hinten in der Kabine, nicht im Cockpit – lag mit zwei anderen im

Fußbereich vor den Sitzen. Von hinten hörte man die GSG-9-Beamten rufen: »Hier raus, durch diese Tür – durch dieses Fenster.« Als unsere Reihe dran war, bin ich durch das Notfenster über die Tragfläche und dann eine Leiter auf den Boden heruntergeklettert. Mit den anderen rannte ich vom Flugzeug weg, so schnell es ging. Dann war es vorbei. Draußen sammelten sich alle bei einer Düne. Keiner von uns hatte bis dahin so recht begriffen, was gerade mit uns geschehen war. Wir standen da, zitternd, erschöpft, fassungslos vor Freude. Später habe ich erfahren, daß Helmut Schmidt Tränen kamen, als er von unserer Befreiung hörte.

Gabriele von Lutzau

Es ging mit einem Klicken an der Tür los, dann Rufe: »Wo sind die Schweine?« Ich weiß nicht mehr, wer antwortete – einer von den Passagieren rief: »Vorn, vorn!« Im Vorbeistürmen wiesen uns die Männer der GSG 9 an: »Runter! Runter mit den Köpfen!« Etwas Rundes kollerte vor meine Füße. Ich blickte nach unten, sah eine Handgranate. Ein Terrorist hatte sie geworfen, ich weiß nicht, welcher – sie war direkt vor meinen Sitz gerollt und explodierte. Wenn es eine Granate mit Stahlmantel gewesen wäre, hätte ich die Detonation nicht überlebt. Diese war aber mit Plastik ummantelt. Es war mein Glück. Ich hatte zwar Einsprengspuren am ganzen Körper, aber keine schwere Verletzung. Die Beamten der GSG 9 wiesen uns an, wie wir das Flugzeug schnell verlassen sollten. Draußen kamen wir bei einer Düne zusammen und wurden dann von Bussen zum Flughafengebäude gebracht. Als mein heutiger Mann kurz darauf plötzlich vor mir stand, konnte ich es zunächst nicht glauben. Wenn ich nicht schon gesessen hätte, ich wäre umgefallen. Es war unglaublich, wirklich ein schöner Moment, ein unvergeßlich schöner Moment.

■ *17. Oktober 1977:* Nach mehreren Gesprächen zwischen Helmut Schmidt und Siad Barre stimmt letzterer schließlich am Telefon einem Einsatz der GSG 9 in Somalia zu. Hans-Jürgen Wischnewski hatte in den Verhandlungen mit Regierungschef Siad Barre zugesichert, die Souveränität Somalias werde unberührt bleiben – sollte es Gefangene geben, würden es Somalias Gefangene sein. »Sie machen Gefangene? Wirklich?« soll Siad Barre daraufhin gefragt haben.

Der Wurf einer Blendgranate ist das Signal für die Erstürmung des Flugzeugs in der Nacht vom 17. auf den 18. Oktober. Die Terroristin Souhaila Andrawes überlebt als einzige des Kommandos »Martyr Halimeh«. Sechs Kugeln stecken in ihrem Körper, als sie auf einer Trage vom Flugzeug weggebracht wird. Souhaila Andrawes hebt den Arm und formt mit ihren Fingern das »Victory«-Zeichen auf dem Weg zum Flughafengebäude.

Unter den Verletzungen leidet Souhaila Andrawes nach eigener Aussage bis heute schwer, insbesondere unter den Schmerzen in der Hüfte. ■

Jürgen Vietor

Nachdem wir in Frankfurt gelandet waren, gab es einen kleinen Empfang für uns im Flughafengebäude. Busse holten uns von der »Landshut« ab. Vor dem Eingang zum Terminal warteten Reporter auf uns. Eine Frau rief ihnen im Vorbeigehen zu: »Der Kapitän hat versucht abzuhauen.« Dieser unselige Satz – so ungerecht, so dumm. Die Presse hat ihn natürlich sofort aufgegriffen, und er tauchte in den nächsten Jahren immer wieder in Artikeln auf.

Jürgen Schumanns Tod und die Frage, was in Aden geschah, haben mein Leben nachhaltig bestimmt. Es ist eine

Wunde, die sich nie wieder schließt. Ich weiß zwar bis heute nicht, was sich wirklich abspielte – aber Jürgen Schumann war nicht der Typ Mensch, der geflohen wäre. Davon abgesehen, wäre es ihm auch gar nicht gelungen. Das Flugzeug war umstellt von Soldaten. Wahrscheinlich ist er irgendwo festgehalten und befragt worden. Er wollte mit Sicherheit Hilfe holen. Vielleicht hat ihm einer der Soldaten auch vorgeschlagen, mit zum Flughafengebäude zu gehen, und es hat deswegen länger gedauert. Man verhandelt ja nicht draußen, in dunkler Nacht, irgendwo im Sand. Möglich, daß einer der Soldaten gesagt hat: »Komm mit, der Chef sitzt da im Gebäude in seinem Büro.« Was diese Frau bei unserer Ankunft in Frankfurt rief, war bestimmt eine Folge der Übermüdung und des Schocks. Die Wahrheit ist es sicher nicht.

Von dem Empfang bekam ich eigentlich gar nichts mit. Die Erschöpfung war zu groß. Gegen Abend fuhr ich mit zu Freunden, bei denen meine Frau die letzten Tage verbracht hatte. Die Nachricht von der Entführung war ein schwerer Schock für sie gewesen. Sie ist Lehrerin und war morgens vor mir aus dem Haus gegangen. Als sie nach der Schule zurückkam, lag auf dem Küchentisch mein Zettel: »Bin nachmittags zurück.« Ich war kurzfristig für einen Kollegen eingesprungen – und dann klingelte das Telefon, meine Frau hob ab, jemand von der Lufthansa war dran und sagte: »Die Maschine Ihres Mannes wurde gekidnappt.« Damit rechnet man ja nicht. Wir hatten natürlich – wie jeder Zeitungsleser – den Terror der RAF verfolgt. Aber man denkt ja nicht, daß einem selbst etwas passieren könnte.

Gabriele von Lutzau

Ich hatte, nachdem wir in Frankfurt angekommen waren, eigentlich nur zwei Gedanken im Kopf: baden und schlafen!

Während des Rückflugs nach Deutschland hatte ich schon etwas geschlafen, allerdings sehr unruhig. Das Wissen, jetzt ist es wirklich vorbei, setzte sich nur langsam in meinem Kopf fest. Wann immer ich wach wurde, mußte ich mir erst einmal klarmachen: »Es gibt keine Terroristen mehr an Bord. Niemand will dich erschießen oder in die Luft sprengen!«

Ich kam auch zu Hause in den ersten Tagen gar nicht zur Ruhe. Die Angst, die doch immer wieder hochkam und die Wirklichkeit verschwimmen ließ, war einfach noch zu groß. Erst nach unserer Befreiung erfuhr ich, daß es einen Zusammenhang zwischen unserer Entführung und der von Hanns Martin Schleyer gegeben hatte. Ich frage mich bis heute: Wie kann man so kaltblütig sein wie diese RAF-Leute? So lange mit einem Menschen zusammenzusein – und ihn dann mit einem Genickschuß hinrichten. Ich war wütend und empfand auch Trauer angesichts der Ermordung von Schleyer, für mich vermischten sich diese Gefühle mit der eigenen Geschichte.

Es hat lange gedauert, bis sich bei mir wieder eine gewisse Normalität im Leben einstellte. In den ersten Jahren nach 1977 verfolgte mich stets das Gefühl der Bedrohung: »Sie holen dich zur Erschießung!« Ich hörte unmittelbar nach der Entführung auf, als Stewardeß zu fliegen. Ganz und für immer mit dem Fliegen aufzuhören, ist als Frau eines Piloten indes natürlich schwer durchzuhalten. Nach ein paar Monaten flog ich mit Rüdiger zusammen in Urlaub, und es ging, obwohl ständig Erinnerungen hochschossen. Wohl fühlte ich mich nicht, aber da wirkten sicher mein Stolz und auch Trotz in mir, sich von den Terroristen nicht den Rest des Lebens bestimmen lassen zu wollen. Man schafft es nicht immer, diese Erinnerungsbarriere zu überwinden, aber hier ging es. Angst um meinen Mann, der ja weiter als Pilot flog, habe ich von Anfang an nicht gehabt. Ein Bauchgefühl, ich kann es nicht erklären. Ich dachte, daß es zweimal die gleiche Familie trifft, ist vollkommen unwahrscheinlich.

Geheiratet hatten Rüdiger und ich 1978, unser Sohn Jörn wurde im gleichen Jahr geboren. Ich war nach der Befreiung sehr schnell schwanger geworden. Rückblickend denke ich, wir haben intuitiv ein neues Leben angefangen. Ein wenig empfand ich auch hier Trotz gegenüber den Terroristen: »Seht her, ich habe es nicht nur überlebt. Ich vermehre mich sogar!« Als Jörn eineinhalb Jahre alt war, zogen wir von Frankfurt zurück in den Odenwald.

Jürgen Vietor

Am Morgen nach dem Ende der Entführung weckte mich meine Frau, weil jemand von der Lufthansa angerufen hatte: Man wollte mir Fragen über die Erschießung von Jürgen Schumann stellen. Um ein Uhr mittags kamen mein Flottenchef Martin Heldmann und der Chefpilot der Lufthansa Martin Gaebel und ein Copiloten-Referent, letzterer mit Schreibmaschine unterm Arm. Wir setzten uns ins Wohnzimmer, und ich habe erzählt. Ob mir das schwergefallen ist? Ich hätte ja schwer »nein« sagen können, versuchte daher, die vergangenen Tage so rational wie möglich anzugehen. Als wir fertig waren, fragte mich der Chefpilot, ob ich ein Interview geben könnte. Dies sei im Sinne der Lufthansa. Es werde so oder so Artikel geben, und bevor irgend etwas geschrieben würde, sei es doch besser, ich äußerte mich. Er sagte: »Ich habe da einen Reporter vom *Stern*, für den lege ich meine Hand ins Feuer. Er sitzt schon draußen im Auto.«

Sagt man zu seinem Chefpilot »nein«? Ich ließ mich überreden, mit dem Reporter zu sprechen – einen Tag nach der

Befreiung. Heute würde man wahrscheinlich ganz anders mit einer solchen Situation umgehen, würde sagen: Alle Betroffenen stehen noch unter Schock, da muß sich erst mal ein Psychologe kümmern, bevor man die Presse reinschickt. Aber damals hatte man so wenig Erfahrung. Der Reporter vom *Stern* hieß Herr Heidemann. Ein paar Jahre später kannte ihn das ganze Land, weil er die gefälschten Hitler-Tagebücher für den *Stern* eingekauft hatte. Nun saß Herr Heidemann in meinem Wohnzimmer, die Lufthansa-Leute gingen, und ich begann, den Verlauf der Entführung zu schildern. Jahre später habe ich Herrn Heidemann besucht, da schenkte er mir die Bänder mit den Aufzeichnungen. Sie stehen bei mir im Regal. Angehört habe ich sie bis heute nicht.

■ *In der Dokumentation,* die der *Stern* über die Entführung der »Landshut« veröffentlicht, wird Jürgen Vietor mit der Beschreibung der Terroristen zitiert: »So einen irren, nervösen Menschen wie den Anführer habe ich noch nie erlebt. Der andere Mann war viel ruhiger. Man hätte sagen können, das ist ein netter junger Mann. Er sah weniger nahöstlich aus, jedenfalls nicht so sehr wie der Chef. Die beiden Mädchen waren recht hübsch. Sie hatten beide schwarze Haare. Die eine war etwas korpulent, paßte gerade so in ihre Hose rein. Das andere Mädchen war zierlich und trug so eine Art Pferdeschwanz.« ■

Jürgen Vietor

Ich habe nach der Entführung vieles einfach verdrängt, irgendwo tief in mir vergraben – hatte den Willen, gleich ins Leben zurückzukehren. Das Sich-Erinnern-Müssen schmerzt. Hitze, Terror und Tod in der »Landshut«, daran mochte ich am liebsten gar nicht mehr denken. Das Gefühl, erschossen, angezündet, in die Luft gesprengt zu werden, das will man wegschließen. Unmittelbar nach der Entführung hatte ich mir geschworen, mich intensiv mit der RAF und dem Palästinenserproblem auseinanderzusetzen – die Reden von Mahmud klangen mir ja noch wochenlang in den Ohren. Also kaufte ich mir einige Bücher, aber irgend etwas blockierte mich innerlich dann doch, sie zu lesen. Ich habe einfach immer ein sehr privates Leben geführt, dorthin kehrte ich zurück.

Auch den RAF-Attentaten nach 1977 habe ich keine große Beachtung geschenkt. Vielleicht ist das ein innerer Mechanismus, daß man sich so abkapselt von einem bestimmten Geschehen – vielleicht ein gesunder Prozeß, ein gesunder Egoismus. Obwohl ich mich nie bewußt dafür entschieden habe, mich so zu verhalten. Ich weiß noch, daß mich die Ermordung Hanns Martin Schleyers tief berührte. Aber es blieb keine langanhaltende Betroffenheit. Ich war in dieser Zeit einfach viel zu sehr mit meinem Schicksal beschäftigt – ich wollte ans Leben denken.

Die Lufthansa hatte uns sechs Wochen Sonderurlaub gegeben – für jeden Tag der Entführung eine Woche. Gegen Ende der letzten Woche ging ich auf meinen Flottenchef zu und bat: »Ich möchte ausprobieren, ob ich wieder fliegen kann.« Fünf Tage lang stand mir ein Check-Kapitän zur Seite. Wie ich mich im Cockpit gefühlt habe? Ich habe vor diesen fünf Tagen viel nachgedacht: »Wie wird es sein, wenn du wieder ein Flugzeug betrittst? Drehst du dich auf dem Absatz um und gehst wieder? Durchlebt man die Entführung erneut?« Letztlich hatte ich keine Schwierigkeiten:

Ich setzte mich in meinen Sitz und tat meine Arbeit. Vielleicht war das Bedürfnis nach Alltag in meinem Unterbewußtsein so stark, daß ich so schnell nach der Entführung wieder fliegen konnte. Ich bin jemand, der nicht gut zu Hause sitzen kann. Das wäre für mich belastender gewesen. Sicher wirkte in mir auch ein wenig, was ich während der Ausbildung gelernt hatte. Bei den Starfighter-Geschwadern hatte es nach einem Absturz die Regel gegeben: Trauer ist wichtig, aber trotzdem muß danach sofort verschärft geflogen werden, damit gar nicht erst so eine »Das könnte mir auch passieren«-Haltung aufkommt.

Es gab natürlich trotzdem Momente – wenn auch wenige –, in denen mich die Ereignisse der Entführung einholten: Wenn hinten in der Kabine plötzlich Lärm war, wenn die Stewardessen mit den Servicewagen irgendwo fest aneckten oder ein Container runterfiel, da zuckte ich jedesmal unwillkürlich zusammen. Die Entführung hatte ja genauso angefangen: mit furchtbarem Lärm im Kabinenbereich. Doch ich hatte nie Angst, daß etwas Ähnliches noch einmal geschehen könnte. In dieser Hinsicht war ich ganz rational, die Sicherheitsvorkehrungen waren ja nach der Entführung deutlich erhöht worden. Und ich hatte Glück: Bei mir stellten sich keine posttraumatischen Störungen ein. Ich litt nicht unter Schlafproblemen oder Panikattacken. Einige Passagiere kämpften über Jahre mit diesen Folgen, wurden auch, wenn von anderen Flugzeugentführungen berichtet wurde, immer wieder zurückgeworfen in noch tiefere Störungen. Das geschah bei mir glücklicherweise nie, auch nicht nach dem 11. September 2001. Ich war entsetzt, wütend und zornig, aber vor allen Dingen traurig wegen der Opfer und ihrer Angehörigen – wie so viele andere Menschen auch, vielleicht empfand ich als ehemals selbst Betroffener sogar noch stärker. Aber dieses Erleben brachte mich mit der eigenen Geschichte nicht aus dem Gleichgewicht.

Mir half unmittelbar nach der Entführung auch, mich auf Neues zu konzentrieren. Ich stürzte mich mit ganzer Energie in den Hausbau. Meine Frau und ich hatten schon länger geplant zu bauen. An dem Tag, als die GSG 9 uns in der »Landshut« befreite, hatten wir eigentlich vorgehabt, Fliesen und Kacheln auszusuchen. Nun bauten wir also dieses Haus in Bensheim: zwei konventionelle Untergeschosse und darauf ein Fertighaus. In den kommenden Jahren nach der Entführung verarbeitete ich allein Baumaterial für 240000 Mark. Ich habe alles ums Haus selbst gepflastert, habe den Garten in Terrassen angelegt, denn das Haus lag am Hang – alles in Eigenarbeit. Ich bin schon immer ein »Macher« gewesen, aber nach der Entführung war es besonders wichtig für mich, aktiv zu sein. 1980 kam unser Sohn Marco zur Welt, ein Jahr später unsere Tochter Carola – und damit begann ein neues Leben, das die Entführung mehr und mehr in den Hintergrund treten ließ.

Gabriele von Lutzau

Aufarbeitung dauert lange. Abgeschlossen habe ich mit vielen Erinnerungen erst durch die Mitarbeit an Heinrich Breloers Film »Todesspiel«. Ich fungierte ein wenig als Beraterin aus der zweiten Reihe. Für Außenstehende mögen es Kleinigkeiten gewesen sein, ich spürte am Set anhand dieser im Grunde winzigen Momente oft: »Ich bin noch gefangen in meinen Erinnerungen.« Eines Morgens stand zum Beispiel Birol Ünel, der den Mahmud spielte, schon im Kostüm mit Che-Guevara-T-Shirt hinter mir in der Schlange, um sich einen Kaffee zu holen. Fünf Uhr morgens beim Catering-

Wagen. Er tippte mir auf die Schulter, nickte zur Begrüßung und spielte dabei mit der Pistole in der rechten Hand herum. Ich schrie laut auf. Das war Mahmud, der da in dem Moment vor mir stand. »Wie konnte ich nur, wie konnte ich nur«, brach es aus dem armen Birol heraus, da war ich wieder in der Gegenwart. Und auf einmal konnte ich zu ihm sagen, und irgendwie sagte ich es in diesem Moment auch zu Mahmud: »Komm, es ist völlig in Ordnung.« Es war wie ein Rollenspiel, in dem man die Vergangenheit noch einmal durchlebt, für sich aber zu einem anderen Abschluß bringt. Das Spiel der Schauspieler zu sehen, trug ebenfalls zu diesem Prozeß bei. Als Birol das erste Mal mit der Pistole auf den Vietor-Darsteller zielte, saß ich mit kalten, schweißnassen Händen am Set, zitternd, angespannt, erfüllt von dem Gefühl: »Gehen, sofort gehen!« Doch nach der fünften Regieanweisung »Die Pistole muß höhergehalten werden« änderte sich mein Empfinden. Vielleicht weil die bedrohliche Vergangenheit in einen ganz anderen Zusammenhang gerückt wurde. Durch dieses Erleben habe ich eine Distanz gewonnen, es war die beste Therapie, die ich machen konnte.

Ganz verwunden sind bestimmte erste Reaktionen jedoch bis heute nicht. Man kann einen Umgang mit einem großen Teil seiner Erinnerung finden, aber man kann nicht jede Spur in sich verwischen. Ich fühle mich nach wie vor unwohl in der Gegenwart von Menschen, die den Entführern irgendwie ähneln. Die Erinnerung daran, erschossen werden zu sollen, ist stärker als die Ratio. In München bin ich zum Beispiel mit meiner Galeristin abends immer mal in eine sehr schöne Bar gegangen. Es gab dort einen Kellner, der besonders zuvorkommend und freundlich war. Ich konnte in seiner Gegenwart – trotz seiner Höflichkeit – nicht entspannt am Tisch sitzen und über Kunst reden, denn meine

Galeristin erzählte mir, er sei Palästinenser. Ich hatte automatisch den Reflex: »Ich muß hier weg!« Ich bin nie wieder in diese Bar gegangen. Das hat mit mir zu tun, nicht mit ihm – ich sehe diese Tatsache sehr klar.

Viel zur Aufarbeitung der Entführung hat auch meine Kunst beigetragen. Alles begann mit einem simplen Töpferkurs. Nach knapp drei Jahren ausschließlichem Mutterdasein war ich auf der Suche. Während der ersten Töpferstunde beobachtete ich ein paar Kinder, die Figuren aus Ton anfertigten. Das hat mich sofort ganz eingenommen. Die Töpferscheiben habe ich nie berührt. Mit dem Ton habe ich meiner Situation damals eine Gestalt gegeben. Mein erstes Werk war eine Frau, die saß – gekrümmt und ängstlich. Die nächste saß da – nachdenklich. In sich selbst zurückgezogen. Irgendwann formte ich spontan eine Frauenfigur, die ganz entspannt dalag. Ich hatte meinen Weg gefunden.

Die Freude, mit Ton zu arbeiten, erschöpfte sich für mich nach einigen Monaten. Ich versuchte mich mit Bildhauerei an Steinen, doch das Material gefiel mir nicht. In Holz fand ich schließlich das Richtige für mich. Jedes Jahr fuhr ich in den Sommermonaten ins Elsaß und lernte bei Walther Piesch, der als Kunstprofessor in Straßburg an der Universität und der Kunsthochschule unterrichtete, die Grundlagen der Bildhauertechnik. Mein Wunsch, die Kunst zu meinem Beruf zu machen, wurde ein paar Jahre später jedoch jäh durchbrochen. Ein Wagen fuhr mir ins Auto, mein rechtes Handgelenk wurde zertrümmert. Danach stand fest: Ich würde meine Hand nie wieder lange durch das Halten und Drehen von Hammer und Meißel belasten können. Ich begann mich auf die Suche nach alternativen Werkzeugen zu machen. Das war eigentlich der Beginn meiner Karriere, denn so kam ich darauf, mit Kettensäge und Feuer zu arbeiten. Ich entwickelte einen ganz neuen Stil und bin ihm bis heute treu geblieben.

Jürgen Vietor

Erst der Prozeß gegen Souhaila Andrawes 1996 war für mich der Auslöser, mich mit der Entführung auseinanderzusetzen. Ich hatte Andrawes' Verhaftung mit gemischten Gefühlen aufgenommen. Eigentlich hatte ich mir nicht gewünscht, daß alle Erinnerungen an die Entführung noch einmal hochkommen. Ich war während dieser fünf Tage innerlich so oft gestorben. Doch zugleich wünscht man sich Gerechtigkeit, mein Erinnern war Pflicht. Ich legte Aktenordner an, schrieb stapelweise Papierbogen voll und holte so alles herauf, was lange verschüttet gewesen war: eine regelrechte Seelenarbeit war das. Letztlich tat es gut, die Geschichte noch einmal so aufzuarbeiten. Man hat sie ja doch immer dabei.

■ *1978* wird Souhaila Andrawes in Somalia zu 20 Jahren Gefängnis verurteilt. Nach einem Jahr Haft wird sie von Siad Barre aus gesundheitlichen Gründen wegen der bei der Flugzeugstürmung erlittenen Verletzungen begnadigt. Bagdad, Prag und Damaskus sind bis zum Beginn der neunziger Jahre Stationen in Souhaila Andrawes' Leben. 1991 zieht sie mit ihrem Ehemann und der gemeinsamen Tochter nach Oslo. Sie lebt dort unter ihrem richtigen Namen.

1994 ersucht die Karlsruher Bundesanwaltschaft Norwegen um die Auslieferung von Andrawes. Diesem Ersuchen vorausgegangen sind Vernehmungen deutscher und norwegischer Beamter, bei denen Souhaila Andrawes die als RAF-Unterstützerin verdächtigte Monika Haas als jene »schöne

Frau« zu erkennen glaubt, die dem palästinensischen Entführerkommando auf Mallorca die Waffen übergeben hat. Gegen Souhaila Andrawes selbst hat seit 1978 ein deutscher Haftbefehl existiert. Laut Auskunft der Behörden hat es keine Informationen über ihren Aufenthaltsort gegeben; erst im Zusammenhang mit den Ermittlungen gegen Monika Haas kommt die Bundesanwaltschaft auf die Spur von Andrawes.

Souhaila Andrawes bemüht sich mit Unterstützung ihrer norwegischen Anwältin, eine Auslieferung zu verhindern. Sie beruft sich dabei auf humanitäre Gründe: Ihre zehnjährige Tochter müsse im Fall einer Überstellung nach Deutschland ohne ihre Mutter aufwachsen. Die norwegische Regierung stimmt einer Auslieferung Andrawes' in die Bundesrepublik zu. Am 25. November 1995 kommt sie in Hamburg in Untersuchungshaft. Der Prozeß gegen sie beginnt am 29. April 1996. Damals ist sie 43 Jahre alt.

Souhaila Andrawes besteht während ihres Prozesses darauf, vor der Entführung der »Landshut« nichts von der Freipressung der RAF-Mitglieder gewußt zu haben. Sie habe nur die Information gehabt, daß zwei palästinensische Genossen hätten freigepreßt werden sollen.

Monika Haas wird 1998 wegen Beihilfe zur Entführung der Lufthansa-Maschine »Landshut« zu fünf Jahren Haft verurteilt. Zweieinhalb Jahre Untersuchungshaft werden angerechnet, der Rest zur Bewährung ausgesetzt. Die Aussagen von Souhaila Andrawes werden vom Gericht allerdings nach Widerruf und Widersprüchen ihrerseits nicht verwertet. ■

Jürgen Vietor

Am Tag bevor ich im Andrawes-Prozeß aussagen sollte, saß ich im Zuschauerraum. Ich wollte wissen: »Wie reagiere ich, wenn ich mit dieser Frau in einem Raum bin?« Ich empfand Souhaila Andrawes gegenüber keinen Haß. Das war eine unglaubliche Erleichterung, denn man fürchtet doch, daß Bitterkeit und Resignation einen überkommen, wenn man dem Täter wieder gegenübertritt. Doch ich war innerlich ganz ruhig. Die einzige Aufregung an dem Tag gab es, weil andere mich erkannt hatten und sagten: »Sie dürfen doch gar nicht hier sein! Als Zeuge!« Dann habe ich an den folgenden beiden Tagen sehr viel geredet, das Gericht hat sehr detailliert gefragt, vor allem im Zusammenhang mit der Erschießung von Kapitän Schumann.

Gabriele von Lutzau

Ich empfand es als meine Staatsbürgerpflicht, in dem Prozeß gegen Souhaila Andrawes auszusagen. Freude gemacht hat es mir nicht. Man durchlebt all das Schreckliche unweigerlich doch noch einmal, obwohl ich Souhaila Andrawes kein einziges Mal anblickte. Ich sah immer in die andere Richtung. Sie war für mich einfach nicht da. Bevor der Prozeßtag losging, sprach ihr Verteidiger mich an, er wolle sich für das entschuldigen, was er gleich im Prozeß sagen würde. Ich verstand in dem Moment gar nicht, was er damit meinte. Wenig später war es mir klar: Er warf mir während der Verhandlung allen Ernstes vor, ich hätte Souhaila Andrawes vorgespielt, ihre Freundin zu sein. Er sagte, ich hätte durch diese Täuschung aus meinem Herzen eine Mördergrube gemacht, wie ich das mit meinem Gewissen hätte vereinbaren können? Ich habe einen Moment durchgeatmet, hinter mir johlte die Hafenstraße, von dort kam nämlich der Großteil der Besucher, die auf den Bänken im Zuschauerraum Platz genommen hatten – und Jürgen Vietor saß da. Er saß kerzengerade in einer der hinteren Reihen, blickte mich an mit seinen freundlichen Augen und hat mir den Rücken gestärkt. Dafür bin ich ihm heute noch dankbar.

Ich antwortete dem Andrawes-Verteidiger: »Wenn Sie mir hier vorwerfen, daß ich nett zu einer Terroristin war, um die Umstände der Entführung für uns Geiseln etwas erträglicher zu machen, dann nehme ich das gerne an und verwahre diesen Satz tief in der Mördergrube meines Herzens.« Der Verteidiger hatte auf eine Situation in Mogadischu angespielt: Es war einer der letzten Momente vor Ablauf des Ultimatums gewesen, ich hatte Souhaila Andrawes gefragt, ob sie nicht weiterleben wolle. Ob sie sich keine Kinder wünsche? Ich sagte ihr damals, daß ich gern Kinder hätte. Sie antwortete, daß sie keine Kinder in eine Welt wie diese setzen wolle. All die Jahrzehnte nach der Entführung behauptete sie offenbar, ausgehend von diesem Gespräch, wir seien doch Freundinnen gewesen. Kompletter Irrsinn. Für sie war es wohl ein Freundschaftsbeweis gewesen, daß sie mir versicherte, sie würde mich vor der Explosion des Sprengstoffs gemeinsam mit dem dreijährigen Kind erschießen – wir müßten nicht verbrennen. Es hatte mich während der Entführung große Mühe gekostet, freundlich zu ihr zu sein – und ich verhielt mich so aus reiner Berechnung.

Die Nähe zur Täterseite habe ich nach unserer Befreiung nie gesucht. Nie hätte ich mich mit Souhaila Andrawes an einen Tisch gesetzt, um über ihre Motive zu sprechen. Ich bin in ihrem Fall nicht an Hintergründen, an ihrer Geschichte, an Verstehen interessiert. Diese Frau hat ohne einen winzigen Moment von Menschlichkeit gehandelt. Ihrer realitätsverzerrten Haltung »Wir sind besser als ihr, wir gehen den moralisch richtigen Weg gegen den westlichen Imperialismus« möchte ich nie wieder begegnen.

■ *Sieben Monate nach Prozeßbeginn* wird 1996 das Urteil gegen Souhaila Andrawes verkündet: Das Hamburger Oberlandesgericht verurteilt sie wegen der Beteiligung an der Entführung der »Landshut« und an der Ermordung Jürgen Schumanns zu zwölf Jahren Freiheitsstrafe. Vier Jahre davon gelten wegen der Haft in Somalia als verbüßt.

Souhaila Andrawes beendet am 13. Juni 1997 einen 27tägigen Hungerstreik, mit dem sie ihre Überstellung nach Norwegen zur weiteren Vollstreckung der Haftstrafe erzwingen will. Am 29. Juli 1997 wird sie nach Norwegen überstellt.

1999 kommt die damals 46jährige Andrawes auf Entscheiden der norwegischen Behörden aus gesundheitlichen und familiären Gründen frei. ■

Jürgen Vietor

Der Richterspruch fiel relativ milde aus. Mich traf das nicht, ich wünschte keine Vergeltung. Souhaila Andrawes ist schon vom Schicksal bestraft worden, ich glaube an diese Art von Gerechtigkeit: Die anderen Terroristen sind tot, aber sie muß ihr Leben lang mit ihrer Schuld leben und leidet bei jedem Schritt, den sie geht, unter den Schmerzen, die als Folge ihrer Hüftverletzung geblieben sind. Das ist eine hohe Strafe. Wie ich über die Begnadigung von Terroristen denke? Ich bin kein Fachmann für Terrorismus, kein politischer Ratgeber und auch kein Wunder an menschlicher Größe. Ich kann nur als privater Mensch sprechen, der zufällig in die Geschichte hineingezogen wurde. Wenn ein Terrorist sich von seinen Taten und seiner Ideologie abwendet und jemand nur Mitläufer war, dann ist eine Begnadigung sicher ein hilfreicher Wegweiser zurück in die Gesellschaft. Über Mörder denke ich anders: Ich sehe nicht, warum eine Strafe abgemildert werden sollte. Der Ermordete hat sein Leben verloren, wurde gewaltsam weggerissen aus dieser Welt – für immer. Der Mord an einem Menschen ist eine so zerstörerische, sprachlose, haßerfüllte Tat, warum sollte der andere da Gnade erfahren? Er sollte eine angemessene Strafe ganz durchleben müssen. Ich kann auch keinen Unterschied erkennen zwischen einem Täter, der aus behaupteten politischen Motiven handelt oder etwa aus Eifersucht.

Gabriele von Lutzau

Sicher hat mein Verhalten, immer aktiv zu sein, immer als erste etwas zu sagen, immer in die Offensive zu gehen, auch etwas damit zu tun, nicht mehr Opfer sein zu wollen. Nie mehr Opfer zu sein. Nicht nur in meinem Fall, sondern auch auf andere bezogen. Ich kann auch nicht auf der Straße an einem Mann vorbeigehen, der seine Frau beschimpft oder sie gar körperlich angreift. Es ist wie ein Reflex.

Das Wichtigste für mich ist Zivilcourage. Sich einmischen ist das einzig Ehrenhafte. Und so habe ich auch meine Kinder erzogen. Elf Jahre nach der Geburt meines Sohnes habe ich noch eine Tochter bekommen. Bei uns zu Hause wurde auch immer alles durchdiskutiert. Meine Kinder konnten und können immer mit jedem Thema zu mir kommen. Das ist für mich ein Fazit aus der ganzen Geschichte der Studentenbewegung, schließlich der Eskalation zwischen Staat und RAF. Über die Entführung habe ich offen mit ihnen gesprochen, auch über die RAF. Da ich so unmittelbar betroffen war, hatten sie natürlich ein besonderes Interesse an diesem Teil deutscher Geschichte. Sie wissen auch, daß es immer noch Dinge gibt, auf die ich sensibel reagiere, und gehen darauf sehr liebevoll ein. Wenn im Fernsehen irgend etwas mit Entführung läuft, schaltet meine Tochter, die noch bei uns zu Hause wohnt und nächstes Jahr ihr Abitur machen wird, auf einen anderen Sender um. Ich kann keine Thriller sehen, in denen Menschen gefesselt sind und mit Pistolen bedroht werden. Dokumentarfilme halte ich durch, wahrscheinlich, weil es darin nicht zusätzlich noch die dramatische Inszenierung gibt.

Jürgen Vietor

Seit August 1999 fliege ich nicht mehr, war im Vorruhestand, bis ich 2005 in Rente ging. 25 Jahre lang war ich Pilot auf der 737. Vielleicht war das sogar die am längsten anhaltende Folge der »Landshut«-Entführung. Im Leben eines Piloten gehört es dazu, daß man auf eine größere Maschine wechselt – irgendwann kommt das eigentlich für jeden. Doch ich fühlte mich wohl in der 737, mein Herz war mit diesem Flugzeugtyp verbunden. Mag sein, daß mein Unterbewußtsein mich leitete, mein Umfeld in der Luft nicht zu ändern – und meine Stabilität im Cockpit nicht zu riskieren. So wie es war, fühlte ich mich wohl.

Wenn ich heute auf die Geschichte der RAF zurückschaue, ist dieser Blick nicht von großen Emotionen begleitet. Denn die Terroristen haben nichts von dem, was sie wollten, erreicht.

Gabriele von Lutzau

Die RAF ist ein deutsches Trauma, deswegen läßt das Interesse an ihrer Geschichte nicht nach: Das erste Mal seit dem Krieg gab es organisierte Gewalt in der Bundesrepublik – und dann ausgerechnet von wohlgenährten, gebildeten Bürgerkindern. Und darin steckt sicher auch ein Grund für das nicht abreißende Interesse: Es waren junge Menschen mit intellektuellen Fähigkeiten. Vielleicht fasziniert auch bis heute die Tatsache, daß es so viele Frauen in der RAF gab – und dazu in führenden Positionen. Das alles im Gegensatz zu rechtsextremer Gewalt, da sind die Strukturen ja meist ganz anders, nämlich klar männlich dominiert, und die Täter sind meist weit weniger gebildet und kommen nicht aus gutbürgerlichen oder bourgeoisen Familien.

Das Täterprofil der RAF-Mitglieder ist dagegen spannender. Vielen Menschen, die sich mit der Gruppe beschäftigen, kommt wahrscheinlich der Gedanke: Diese jungen Menschen sind gar nicht so weit weg von meinem Leben. Ich glaube allerdings, von vielen – gerade jüngeren Menschen – wird die Geschichte der RAF nur sehr partiell wahrgenommen. Sie sehen nur diese damals jungen Leute, die Lässigkeit und Intelligenz ausstrahlten, abenteuerlich lebten, sich nicht zufriedengeben wollten und behaupteten, für eine gerechtere und bessere Welt einzutreten und mit den Kontinuitäten aus der Nazizeit aufräumen zu wollen, mit den alten Herren, die unbehelligt in ihren Machtpositionen saßen.

Das ist für viele heute das Bild von der RAF – und sicher war es deshalb für mich eine Motivation, mit der eigenen Geschichte an die Öffentlichkeit zu gehen. Man verändert damit nicht die Welt, nicht die Sichtweise aller, nein, aber vielleicht doch einiger. Und es verändert das eigene Gefühl, Dinge nicht einfach hinzunehmen. Auch hier: da aktiv zu sein, wo man es kann. Natürlich berührt es mich als Opfer, wenn mir auf der Straße ein Jugendlicher entgegenkommt, auf dessen Parka »Prada-Meinhof« gedruckt steht. Aber daran merkt man auch, daß die RAF Geschichte ist. Längst Geschichte ist.

Und wie es mit Geschichte immer geschieht: Manches aus der Vergangenheit wird auf naive oder geschmacklose Weise aufgegriffen. Im Kölner Karneval erlebte ich vor vielen Jahren, wie die »Landshut«-Entführung – die ganze Mogadischu-Geschichte – als Klamauk auf die Bühne gebracht wurde. Im ersten Moment ist man da fassungslos, dann mußte ich kopfschüttelnd lachen. Meine Freundin saß mir als Kuh verkleidet gegenüber und sagte: »Geht es dir gut?« Und ich antwortete, im Leopardenkostüm: »Ich glaube schon.« Auf der Bühne stand eine Frau, verkleidet in Uniform als Gaby Dillmann, und kümmerte sich um die Passagiere und Terroristen.

Es ist schon seltsam, was aus Geschichte wird. Aber damit muß man leben, man kann diese Entwicklung gar nicht aufhalten. So wie es Fragen in der Geschichte gibt, die wahrscheinlich immer unbeantwortet bleiben werden: Was geschah mit Jürgen Schumann in Aden? Wie können die Verantwortlichen in Norwegen es mit ihrem Gewissen vereinbaren, Souhaila Andrawes nach ihrer Überstellung aus Deutschland nach nur zwei Jahren Haft zu entlassen? Gesundheitliche und familiäre Gründe, reichen sie wirklich aus im Hinblick darauf, daß in der »Landshut« Jürgen Schumann sein Leben verloren hat? Ich denke nicht.

Der Mord an Gerold von Braunmühl

»Er hätte vielleicht sogar mit den Terroristen diskutiert, wenn sie nicht gleich geschossen hätten«

Patrick von Braunmühl über seinen Vater

■ *Am Abend des 10. Oktober 1986, kurz nach 21 Uhr,* kommt Gerold von Braunmühl, Politischer Direktor des Auswärtigen Amts, mit einem Taxi vor seinem Haus in der Buchholzstraße im Bonner Vorort Ippendorf an. In diesem Augenblick überqueren zwei vermummte Personen die Straße, gehen auf Gerold von Braunmühl zu und schießen aus nächster Nähe auf den 51jährigen. Sie töten ihn mit einem Kopfschuß und entkommen anschließend unerkannt. Das RAF-»Kommando Ingrid Schubert« bekennt sich in einem Brief, der in der Nähe des Tatorts gefunden wird, zu dem Mord.

Später ermittelt die Polizei, daß die Schüsse aus derselben Waffe kamen, mit der auch Arbeitgeberpräsident Hanns Martin Schleyer neun Jahre zuvor getötet worden war. Das Bekennerschreiben wurde auf der gleichen Maschine getippt wie die Schreiben nach den Morden an dem Chef der Maschinen- und Turbinenunion (MTU) Dr. Ernst Zimmermann (Februar 1985), dem US-Soldaten Edward Pimental (August 1985) und dem Siemens-Vorstandsmitglied Prof. Dr. Karl Heinz Beckurts (Juli 1986). ■

Anne Siemens: Wie haben Sie von dem Attentat erfahren?

Patrick von Braunmühl (39): Ich war mit Freunden abends unterwegs, saß in einer Kneipe. Der Laden war voll, es war laut und lustig. Ich weiß noch, daß jemand über den Tresen rief, was vollkommen unüblich war: »Ist hier ein Patrick Braunmühl?« Mehrfach wurde gerufen, bis mich ein Freund darauf aufmerksam machte, daß das wohl für mich sei. Ich bekam den Hörer des Telefons über die Bar in die Hand gedrückt, meine Schwester war dran und sagte: »Unser Vater ist ermordet worden.« So etwas kann man im ersten Moment noch gar nicht glauben, möchte es gar nicht glauben. Der Schock der Nachricht weicht dann der langsamen Gewißheit, daß es wirklich passiert ist.

Einen Monat nach dem Mord veröffentlichten Ihre Onkel – die Brüder Ihres Vaters – einen Brief an die Täter.

Der Brief war das Ergebnis eines Diskussionsprozesses innerhalb der Familie. Wir hatten beschlossen, daß meine Onkel ihn stellvertretend für uns alle unterzeichnen.

▪ *Am 7. November 1986* druckt die Berliner *die tageszeitung (taz)* den offenen Brief an die RAF:

»An die Mörder unseres Bruders,

Ihr habt unseren Bruder ermordet. Ihr habt Euren Mord begründet. Wir wollen Euch auf diese Begründung antworten.

Das Schreiben, das Ihr am Ort des Mordes zurückgelassen habt, haben wir aufmerksam gelesen. Auch anderes, was Ihr geschrieben habt, haben wir gelesen. Wir haben darüber nachgedacht und gesprochen. Warum habt Ihr das gemacht?

Eure Begründung ist eine Art Abhandlung: Fünf Seiten Weltpolitik, wie Ihr sie seht; eine halbe Seite, die wie ein schlecht passender Einschub wirkt – Aufzählungen einiger Funktionen unseres Bruders und ein paar Worte zu dem, wovon Ihr meint, daß es sein Ziel gewesen sei.

Eure Sprache ist wie Beton. Fest verbarrikadiert gegen kritisches Denken, gegen Gefühle und gegen jede Wirklichkeit, die sich ihren erstarrten Begriffen nicht fügen will. Sie gibt dem, der sie spricht, immer recht. Sie ist schwer verständlich, obwohl sie alles so einfach macht.

– Da ist das imperialistische Gesamtsystem als ›Hauptfeind der Völker in ihrem Kampf um Selbstbestimmung und Befreiung‹.

– Da ist Westeuropa, das geeint und gestärkt werden soll, um die USA militärisch zu entlasten und den Zusammenbruch des Gesamtsystems möglichst aufzuhalten. Durch Errichtung einer europäischen NATO-Säule wird Westeuropa zum neuen Kriegszentrum. ›Europäische Politische Zusammenarbeit‹ (EPZ) heißt der neue Hauptfeind des internationalen revolutionären Proletariats.

– Und schließlich sind da die Leute, die das alles machen. Hervorragend unter anderem der Politische Direktor im Bonner Auswärtigen Amt, in dessen Zuständigkeit die EPZ fällt. Also schießt Ihr auf ihn: ›Heute haben wir … den Geheimdiplomaten Braunmühl … eine der zentralen Figuren in der Formierung Westeuropäischer Politik im imperialistischen Gesamtsystem, erschossen.‹

Eine tod-sichere Logik. – Aber wen soll sie überzeugen?

Gibt es unter Euch und Euren Freunden keine kritischen Fragen?

Zum Beispiel: Ob Einigung und Stärkung Westeuropas und Europäische Politische Zusammenarbeit auch zu etwas anderem führen kann als zur Stützung der USA und zu verschärfter Ausbeutung der Dritten Welt? Fragt Euch niemand, wie Ihr Eure Theorien überprüft und Eure Behauptungen beweist? Und wie legitimiert Ihr das, was Ihr tut? Macht es Euch keine Schwierigkeiten zu erklären, wie eine zwanzig- oder zweihundertköpfige Gruppe, die sich kommunistisch nennt, das macht, ›als internationales Proletariat zu denken und zu handeln‹? Daß ›der Prozeß der Front hier und jetzt nicht massenhaft verläuft‹, ist Euch nicht entgangen. Auf die Zustimmung der Menschen, für die Ihr denken und handeln wollt, habt Ihr verzichtet. – Wer erleuchtet Euch? Wer macht Euch zu Auserwählten Eurer elitären Wahrheit? Wer gibt Euch das Recht zu morden? Gibt es irgend etwas außerhalb Eurer grandiosen Ideen, was Euch erlaubt, einem Menschen Eure Kugeln in den Leib zu schießen?

Glaubt Ihr wirklich, jemanden davon überzeugen zu können, daß Ihr ausgerechnet mit dem Mord an unserem Bruder ›den strategischen Plan der imperialistischen Bourgeoisie, Weltherrschaft zu erreichen, in seinen konkreten aktuellen Projekten angegriffen‹ habt?

Vielleicht habt Ihr deshalb den ›Geheimdiplomaten‹ erfunden, weil das so schön verrucht klingt und ein wenig über die Verlegenheit hinweghelfen soll, die es Euch bereitet, gerade diesen Mord ›politisch vermitteln‹ zu müssen.

Oder bringt es Euch nicht in Verlegenheit, wenn es sich auch unter Euren Freunden herumspricht, daß Ihr einen ermordet habt, der sich nie angepaßt hat – auch nicht innerhalb der Bundesregierung –, einen, den Krieg und Ungerechtigkeit – egal auf welcher Seite – zutiefst empörten und der in erster Linie immer für eine Verständigung mit den sozialistischen Ländern gearbeitet hat? Wißt Ihr das überhaupt? Interessiert Euch so etwas? Untersucht man bei Euch so genau, bevor man einen Mord begeht? Aber vielleicht habt Ihr unseren Bruder ja gerade deshalb ermordet, weil Ihr das wußtet. Weil Euer Klischee vom ›imperialistischen Vernichtungsstrategen‹ verzweifelt schlecht auf unseren Bruder passen wollte.

Ihr schreibt, Braunmühl habe die EG »militärisch sauber« halten wollen, ›um die imperialistische Vernichtungsstrategie auf politischer Ebene forcieren‹ zu können. Die bekannte Heimtücke der Linken und Liberalen: daß sie das System verschleiern, dadurch wirksamer machen und aufrechterhalten! – War das Euer tieferer Grund? Warum sagt Ihr es dann nicht offen heraus: Wir haben Braunmühl erschossen, weil wir Linke und Liberale besonders hassen und weil seine Ermordung für uns kein Risiko war.

Was soll das unglaubwürdige Gerede von Bewußtsein und Zielen Eurer Opfer – Ihr behauptet zu wissen, was die Ziele unseres Bruders gewesen sind. Woher: Habt Ihr ihn danach gefragt? – Was ein Mensch weiß und will, das braucht Ihr ihn nicht zu fragen. Das sagt Euch Eure patente Logik, die Euch erlaubt, über die Köpfe der Menschen hinwegzudenken. Habt Ihr es nötig, vor Euren Freunden zu lügen und den falschen Eindruck zu erwecken, Ihr wüßtet, welchen Menschen Ihr getötet habt? Wenn Ihr auf objektive Funktionen schießt, die Ihr erkannt zu haben glaubt – was faselt Ihr dann von Menschen und ihren Zielen, um die Ihr Euch niemals gekümmert habt? Genügt es Euren Freunden etwa doch nicht, wenn Ihr ihnen sagt, was für eine Funktion einer hatte? Verlangen sie, bevor sie Euch applaudieren, am Ende doch den ›Beweis‹, daß das Opfer auch noch ein ›Schwein‹ war? Daß es all das Böse nicht nur getan, sondern auch gewußt und gewollt hat?

Und noch eine letzte Frage: Was wollt Ihr mit diesem Mord erreichen? Was sind Eure Ziele, und was glaubt Ihr, wird passieren, wenn Ihr so weitermacht?

– Zuerst: ›wird der BRD-Staat so erschüttert, daß er nicht mehr handlungsfähig ist.‹

– Und dann: ›wird das US-Militär hier das Kommando übernehmen.‹

– Und dann? – Weiter wollt Ihr nicht gefragt werden, denn: ›Es ist absolut sinnlos, für den Kampf jetzt nach dem großen strategischen Plan zu suchen oder über Räterepublik und Moral zu philosophieren, dabei kommt nur raus, daß man den eigenen Boden unter den Füßen verliert ...‹

Das ist, was Ihr zur Begründung für die Ermordung unseres Bruders vorzubringen habt. Ihr glaubt, Euren Gegnern bleibe nichts anderes übrig, als Euch zu diffamieren oder die inhaltliche Auseinandersetzung zu verweigern. Wir glauben, Eure Gegner können nichts Besseres tun, als Eure Theorien, Behauptungen und Strategien überall bekanntzugeben. Deshalb dieser offene Brief.

Es ist wahr: Unser Bruder, den Ihr ermordet habt, hat die Politik dieses Staates mitgeformt und mitgetragen. Er war für sie mitverantwortlich. Das hat er gewußt, und er war mit seiner ganzen Intelligenz und Ehrlichkeit davon überzeugt, daß diese Politik besser als alle anderen realisierbaren Möglichkeiten Frieden, Selbstbestimmung und die auch von Euch im Munde geführten ›menschlichen Lebens- und Arbeitsbedingungen‹ erreichen helfen kann. Nicht alle von uns teilen diese Überzeugung. Aber wir alle wissen, daß niemand seine Überzeugungen besser geprüft und sich der Kritik offener gestellt hat.

Ihr setzt die mörderische Tradition derer fort, die sich für Auserwählte der Wahrheit halten, in deren Namen sie die schlimmsten Verbrechen begehen. Ihr seid auf dem schlechtesten Weg. Gegen Unrecht und Gewalt, die von Staaten und Regierungen ausgehen, werdet Ihr mit Eurem Terror am wenigsten ausrichten. Einer menschenwürdigen Welt werdet Ihr uns mit Euren Morden kein Stück näherbringen.

Hört auf. Kommt zurück. Habt den Mut, Euer geistiges Mordwerkzeug zu überprüfen. Es hält der Prüfung nicht stand. Treffend sind nicht Eure Argumente, treffend sind nur Eure Kugeln. Ihr habt das Abscheulichste und Sinnloseste getan.« ■

Anne Siemens: Warum hat Ihre Familie die taz *als Veröffentlichungsplatz gewählt?*

Patrick von Braunmühl: Dort war die Wahrscheinlichkeit groß, daß der Brief von den Tätern und von Menschen aus dem Sympathisantenfeld gelesen wird.

Welches Motiv hatte Ihre Familie?

Da es kein natürlicher Tod war, den mein Vater gestorben ist, ist automatisch auch das Bedürfnis da, sich mit den Tätern und den Motiven – der Frage des »Warum« – auseinanderzusetzen. Aus diesem Bedürfnis wuchs der Wunsch, das auch öffentlich zu tun. Wir wollten die Terroristen zur Rede stellen und ihren Argumenten im Bekennerschreiben etwas entgegensetzen, ihnen aufzeigen: »Euer Weltbild ist absurd.« Wir wollten die Argumente der Täter, ihre avantgardistische Moral und ihren Heldennimbus entlarven. Die Art, in der sie meinen Vater im Bekennerschreiben dargestellt hatten – als Geheimdiplomat im Zentrum des militärisch-industriellen Komplexes des imperialistischen Gesamtsystems –, hatte nichts mit seiner Person gemein. Der Brief sollte außerdem ein Gegengewicht darstellen zu den Stimmen in der Gesellschaft, die das Thema RAF tabuisieren wollten, die RAF ausschließlich mit polizeilichen Mitteln bekämpfen wollten und jeden als kriminell hinstellten, der sich mit den Schriften und

Argumenten der Terroristen auseinandersetzte. Ich fand es auch richtig, die RAF zu bekämpfen, aber es war daneben wichtig, einen neuen Weg einzuschlagen.

■ *Am 15. September 1935* wird Gerold von Braunmühl in Breslau geboren. Er entstammt einem Adelsgeschlecht schwäbischer Herkunft. Der Stammbaum der Familie reicht zurück bis ins 17. Jahrhundert. Gerold von Braunmühl wächst, nachdem seine Familie aus Polen geflohen ist, in Mainz auf. Nach dem Abitur studiert er dort von 1955 bis 1959 Jura und legt 1959 die Erste, 1964 die Zweite juristische Staatsprüfung ab. Zuvor war er im Mai 1963 zum Dr. jur. promoviert worden. Von 1964 bis 1966 absolviert er ein Politologiestudium in Bologna und Washington D.C. an der Johns-Hopkins-Universität. Auf die Ausbildung als Attaché für den höheren Auswärtigen Dienst folgen Tätigkeiten in der Zentrale in Bonn und an den Botschaften in Neu-Delhi und Moskau. 1977 kehrt Gerold von Braunmühl in die Bonner Zentrale zurück. Bis 1981 steigt er zum Leiter des Ministerbüros und schließlich 1982 zum Unterabteilungsleiter in der Politischen Abteilung auf. Im Mai 1985 übernimmt er die Leitung der Politischen Abteilung und wird Politischer Direktor des Auswärtigen Amts. Damit ist er einer der wichtigsten Beamten des Auswärtigen Amts mit der Zuständigkeit für Europäische Einigung und politische Zusammenarbeit (EPZ), für Europarat, nichtstaatliche europäische Organisationen, Westeuropäische Union, NATO, Beziehungen zu westeuropäischen Staaten, Amerika und Kanada, aber auch für die Ost-West-Beziehungen und das Verhältnis zur Sowjetunion. Obwohl er in der breiten Öffentlichkeit kaum bekannt ist, hat Gerold von Braunmühl unter anderem engen

Anteil an der Wiederbelebung der vorübergehend abgekühlten Beziehungen zu Moskau und Warschau und spielt immer wieder – wenn auch im Hintergrund – bei der Formulierung und operativen Durchsetzung von Hans-Dietrich Genschers außenpolitischem Kurs eine wichtige Rolle.

Gerold von Braunmühl ist mit Hilde von Braunmühl, geborene Frick, verheiratet. Sie haben zwei Söhne und eine Tochter. ■

Anne Siemens: Kann man sich überhaupt analytisch mit den Argumenten der RAF auseinandersetzen, die der Rechtfertigung des Mordes am eigenen Vater dienen sollen?

Patrick von Braunmühl: Es war wichtig, bestimmte Fragen überhaupt zu stellen – unabhängig davon, ob man eine Antwort erhält oder ob es zu einer intellektuellen Auseinandersetzung kommt. Wie die anderen Familienmitglieder hatte ich das Bedürfnis, die Täter wissen zu lassen: »Eure Rechtfertigung ist absurd. Was ihr da sagt, stimmt einfach nicht.« Die Gefühle, die wir nach dem Mord hatten, kommen in dem Brief natürlich nur zum Teil heraus. Auf der anderen Seite ist der Brief durchaus emotional geschrieben. Ein Anliegen des Textes war es, gerade auch die menschliche Dimension dieses Mordes aufzuzeigen. Man konnte meinen Vater nicht ins Grab legen und das Bekennerschreiben auf sich beruhen lassen. Wir wollten den Tätern auch klar sagen: »Ihr habt jemandem das Leben genommen, der eine Familie hat, und damit habt ihr auch im persönlichen Umkreis des Opfers Schlimmes angerichtet« – es war uns wichtig, auch diese Dimension der Tat aufzuzeigen. Insofern war der Brief nicht nur rational, sondern durchaus Teil einer emotionalen Auseinandersetzung. Doch gerade das Tempo unserer Entscheidung damals, den Brief einen Monat nach dem Mord an meinem Vater zu veröffentlichen, hat mir viel abverlangt. Es hat einige Diskussionen innerhalb der Familie gebraucht, bis alle überzeugt waren von diesem Weg. In mir haben nach dem Attentat viel Haß und Wut eine Rolle gespielt.

Wie empfinden Sie heute?

Nicht anders als damals.

Als Ihr Vater 1986 ermordet wurde, waren Sie 19 Jahre alt. Immer wieder hat Ihre Familie, haben insbesondere Ihre Onkel, in den letzten 20 Jahren die Auseinandersetzung mit der Täterseite gesucht. Haben Sie sich jemals gewünscht, Ihre Familie hätte einen anderen Weg eingeschlagen?

Der Weg der Auseinandersetzung mit den Tätern und ihren Argumenten – dieses Zur-Rede-Stellen – war richtig. Daran habe ich nie Zweifel gehabt. Wir haben in der Familie immer versucht, Entscheidungen gemeinsam zu treffen, sonst wäre es auch nicht zu dem offenen Brief gekommen. Nur einmal hatte ich Zweifel an einer Entscheidung: Im Mai 1987 wurde meinen Onkeln der Gustav-Heinemann-Bürgerpreis verliehen – als Anerkennung für den Brief in der *taz* und für die öffentliche Antwort meiner Onkel auf die Reaktionen, die auf den Brief gekommen waren …

… den Geldpreis von 20000 Mark haben Ihre Onkel dem vom Komitee für Grundrechte und Demokratie verwalteten Rechtshilfefonds für Peter-Jürgen Boock zur Verfügung gestellt.

Es ging darum, die Revision für Peter-Jürgen Boock möglich zu machen. Wir wollten mit der Überweisung des Gelds ein Zeichen setzen: »Rechtsstaatliche Grundsätze sind wichtig« – auch dann, wenn der Staat durch Terroristen bedroht wird. Daran konnte man in einigen Terroristenprozessen durchaus Zweifel haben. Es wurden Verteidigerrechte eingeschränkt, und die Haftbedingungen entsprachen nicht denen von anderen Gefangenen. Peter-Jürgen Boock hatte sich damals vom Terrorismus losgesagt, und durch die Revision sollte dies durch ein angemessenes Strafmaß gewürdigt werden. Später habe ich Zweifel an der Richtigkeit dieser Entscheidung bekommen, denn es hat eben auch die Familien von RAF-Opfern gegeben, die das Geld vielleicht hätten brauchen können. Für den einen oder anderen hat die Entscheidung meiner Familie sicher wie eine Bestätigung gewirkt, daß schon wieder den Tätern mehr zuteil wird als den Opfern. Wäre ich heute noch einmal in der Situation, würde ich wahrscheinlich anders entscheiden.

■ *Im Februar 1980,* ein Jahr vor seiner Verhaftung, hatte Peter-Jürgen Boock nach eigener Aussage mit der RAF gebrochen und sich von der Gruppe distanziert. Im Januar 1981 wird er in Hamburg festgenommen. Boock behauptet, innerhalb der RAF nur eine kleine Rolle gespielt zu haben, und beteuert seine Unschuld.

Nach seiner Verhaftung wird Boock 1984 vom Oberlandesgericht Stuttgart zu einer mehrfach lebenslänglichen Freiheitsstrafe verurteilt – unter anderem wegen der Beteiligung an der Ermordung von Jürgen Ponto und der Entführung und Ermordung von Hanns Martin Schleyer. Dieses Urteil gegen Boock wird ein Jahr später vom Bundesgerichtshof in Karlsruhe wieder aufgehoben. Ein anderer Senat des Oberlandesgerichts Stuttgart verurteilt ihn schließlich 1986 wegen indirekter Mittäterschaft an den Ermordungen Pontos und Schleyers zu lebenslanger Haft.

Im Revisionsverfahren lautet der Schluß ebenfalls: lebenslänglich.

Im Juni 1991 kommt es erneut zur Anklage des Generalbundesanwalts aufgrund der Aussagen von in der Ex-DDR verhafteten Terroristen. Im Mai 1992 gesteht Boock öffentlich, bislang das Ausmaß seiner Tatbeteiligung bei der Schleyer-Entführung verschwiegen zu haben. Boock hatte dem RAF-»Kommando Siegfried Hausner« angehört, hatte 14 Tage lang zu Schleyers Bewachern gezählt und sich dann nach Bagdad abgesetzt, wo er die Entführung der Lufthansa-Maschine »Landshut« mit vorbereitet hatte.

Im März 1998 wird Boock nach 17 Jahren Gefängnis aus der Sozialtherapeutischen Anstalt Hamburg-Bergedorf entlassen, in der er zuletzt inhaftiert gewesen war. Die Entlassung auf Bewährung beruht auf einem Beschluß des 2. Strafsenats des Oberlandesgerichts Stuttgart vom März 1995. ■

Anne Siemens: Was hat Ihnen persönlich die Auseinandersetzung mit der Täterseite gebracht?

Patrick von Braunmühl: Ich habe bis heute mehr Fragezeichen als Antworten. Der Mord war sinnlos. Die einzige wirkliche Konsequenz sind der Schmerz und der Verlust für die Angehörigen. Mein Eindruck nach der Beschäftigung mit dem Phänomen RAF war, daß es durchaus Strategie der Gruppe war, Menschen zu ermorden, die in ihren Positionen und Denkweisen das verzerrte Bild der RAF von dieser Gesellschaft eher widerlegt denn bestätigt haben. Auch die Wahl anderer Opfer spricht dafür – Alfred Herrhausen zum Beispiel. Die RAF hat Menschen umgebracht, die ein eigenes, ernsthaftes Anliegen hatten, sich für eine gerechtere Welt zu engagieren. Die Gruppe wollte sich einen Staat herbeischießen, den man so hinstellen konnte, wie sie ihn haben wollte oder wie er in ihrer Wahrnehmung der Wirklichkeit wohl war. Die RAF wollte ja einer breiten Öffentlichkeit verkaufen, daß die Bundesrepublik dieser militärische, ausbeutende Polizeistaat sei. Sie hat darauf abgezielt, daß der Staat sich radikalisiert, damit man besser um Sympathisanten werben und mehr Leute rekrutieren kann. Seit der Auflösungserklärung der RAF 1998 ist es zwar so, daß die Gruppe als politisches Problem nicht mehr existiert. Trotzdem bleibt bei mir der Wunsch, noch mehr über sie zu erfahren: Was ist damals konkret passiert? Und ich spreche hier nicht nur von einer historischen Aufarbeitung des Phänomens RAF, sondern von ganz konkreten Fragen: Wie ist es zu der Ermordung meines Vaters gekommen? Wie hat die RAF ihre Opfer ausgewählt? Hat sie die Menschen überhaupt angeguckt, oder haben die Täter sich nur für politische Positionen interessiert? Ich würde mich freuen, wenn hier irgendwann Licht ins Dunkel gebracht würde. Aber es sieht momentan nicht so aus, als könne man da große Hoffnung haben.

Bis heute weiß man nicht, wer die Täter sind.

Das Ergebnis der strafrechtlichen Verfolgung ist wirklich jämmerlich. Ich bin auch heute noch enttäuscht darüber und habe deshalb vor kurzem noch einmal einen Brief an den Generalbundesanwalt geschickt.

Was haben Sie ihm geschrieben?

Wir hatten gehört, daß es eine neue Methode der DNA-Analyse gibt, die das BKA durchführt – aber auch hier war das Ergebnis null. Man hat im Fluchtfahrzeug zwar ein Haar gefunden, konnte die DNA aber keinem der bekannten Terroristen zuordnen. Ich möchte, daß der Mord an meinem Vater aufgeklärt wird. Daß man trotz eines so großen Verfolgungsapparats bislang gar nichts herausgefunden hat, ist beschämend. Und es ist noch ein Argument dafür, daß der

Staat und die Behörden im Umgang mit der RAF alles andere als erfolgreich waren. Auch die Politikervorstöße, nach jedem Mord nach schärferen Gesetzen zu rufen, haben wenig bewirkt. Auch deshalb war unsere Entscheidung, sich mit der RAF auseinanderzusetzen und ihre Pseudo-Argumente zu enttarnen, richtig. Die heftige Diskussion, die nach dem ersten Brief 1986 stattgefunden hat, und was dadurch in der Linken und in der Sympathisantenszene ausgelöst wurde – die kritischen Fragen, die damals aufkamen –, all das hat mit dazu beigetragen, daß die RAF sich 1998 aufgelöst hat.

War Ihr Vater sich der Bedrohung bewußt?

Nein, das glaube ich nicht. Die Opfer der RAF waren bis dahin immer Personen gewesen, die im öffentlichen Rampenlicht standen. Das traf auf meinen Vater nicht zu. Tatsächlich aber war die Bedrohung viel realer, als mein Vater oder irgend jemand in unserer Familie hätte vermuten können.

Warum?

Der Vorgänger und dessen Vorgänger im Amt des Politischen Direktors im Auswärtigen Amt standen auf einer Liste potentieller Terrorziele, die man bei einer Wohnungsdurchsuchung 1985 gefunden hatte. Der Vorgänger meines Vaters hatte nach diesem Fund Personenschutz bekommen, und auch sein Haus wurde geschützt. Als mein Vater dann das Amt des Politischen Direktors antrat, wurde er weder informiert, noch wurden irgendwelche Schutzmaßnahmen ergriffen. Aus meiner Sicht ein unverzeihlicher Fehler.

Von wem haben Sie das erfahren?

In Gesprächen nach dem Mord wurde uns das von Mitarbeitern des Auswärtigen Amts und auch von einem Beamten des Bundeskriminalamts gesagt.

Hat sich Ihre Sichtweise auf den Staat dadurch verändert?

Man muß den größeren historischen Zusammenhang

sehen. Die Antwort des Staates auf die Radikalisierung von Aktivisten aus der Studentenbewegung war zum Teil falsch. Es war falsch, daß der Staat durch die Tabuisierung und Bestrafung der Verbreitung von terroristischem Gedankengut und allein durch seine polizeilichen und strafrechtlichen Maßnahmen versucht hat, dem Phänomen Terrorismus beizukommen. Dieser Weg war letztlich kontraproduktiv und hat die Terroristen gestärkt und ihr Sympathisantenumfeld vergrößert – so konnten sie weitermachen. Mit den Haftbedingungen und der Art und Weise, wie die Prozesse gegen RAF-Mitglieder geführt wurden, hat der Staat hier und da die Grenzen der Rechtsstaatlichkeit überschritten. Das hat es der RAF erleichtert, neue Sympathisanten zu gewinnen und sich diesen Märtyrermythos aufzubauen. Als Staat muß man dem Prinzip der Rechtsstaatlichkeit, wie sie in unserer Verfassung steht, eben in beiderlei Hinsicht nachkommen: Der Staat schützt seine Bürger, aber es gibt eben auch den Schutz vor den Institutionen.

Was wäre die Alternative gewesen?

Wären die RAF-Mitglieder im normalen Vollzug gewesen, hätten sie ihren Märtyrermythos niemals so zementieren können. Wichtig wäre eine intensivere gesellschaftliche Auseinandersetzung mit dem Phänomen RAF und dem Gedankengut der Terroristen gewesen. Denn man entkräftet Meinungen nicht, indem man ihnen nichts entgegensetzt. Da sind viele Fehler passiert.

Gab es von seiten der Täter jemals den Impuls, auf Ihre Familie zuzugehen?

Nein. Und für jene, die sich vom Terrorismus losgesagt haben, galt leider immer der Kodex, nichts über die internen Prozesse und die Verantwortungen in der RAF zu sagen. Weil das für die Leute immer auch Verrat bedeuten würde.

Es ist höchst unbefriedigend, daß man darüber so wenig weiß. Neben der politischen Auseinandersetzung will ich die Vergangenheit natürlich rekonstruieren, will wissen, was damals passiert ist, warum mein Vater als Opfer ausgewählt wurde, wie die Diskussionen da eigentlich verlaufen sind – denn das alles kann man aus dem Bekennerbrief natürlich nicht herauslesen.

Einige RAF-Mitglieder sind begnadigt, andere vorzeitig aus der Haft entlassen worden. Wünscht man sich als Angehöriger eines Opfers gerade von ihnen eine andere Haltung gegenüber der Aufarbeitung der RAF-Geschichte – inklusive der Beantwortung für Sie wichtiger Fragen?

Das finde ich schwer zu beantworten. Es macht sicher keinen Sinn, das zu fordern. Es müßte schon Teil einer Entwicklung dieser Leute sein, daß in ihnen auch eine gewisse Empathie für die Angehörigen der Opfer entsteht. Bislang existiert so etwas nicht. In der Auflösungserklärung der RAF kommt ja auch klar zum Ausdruck: Die Gruppe hört nicht auf, weil sie ein schlechtes Gewissen hat und es plötzlich als unrichtig empfindet, Menschen umzubringen. Die Auflösung war Bilanz einer strategischen Überlegung, daß der »bewaffnete Kampf« nichts mehr bringt, weil die Ziele der RAF auf diese Weise nicht zu erreichen sind. Bis heute ist das die offizielle Haltung der RAF. Sollte sie irgendwann bereit sein, für die Angehörigen wichtige Fragen zu beantworten, wäre das fraglos ein guter Schritt. Aber was man sich als Angehöriger sicher nicht wünscht, ist, daß RAF-Mitglieder als Teil einer Wiedergutmachungsstrategie auf einen zugehen. Es geht um Verstehen, nicht um Verständnis. Daher würde ich ganz sicher nicht von vornherein sagen: Ich freue mich über jeden, der von der RAF-Seite auf mich zukommt. Denn es ist für mich und wahrscheinlich auch für jeden anderen Angehörigen eine ziemliche Überwindung, da in einen Kontakt zu treten.

Trotzdem haben Sie 1996 das seit 1993 inhaftierte RAF-Mitglied Birgit Hogefeld im Gefängnis getroffen.

Ich habe mich in diesem Fall aufgrund der Biographie von Birgit Hogefeld für ein Treffen entschieden. Sie war in der Zeit, als mein Vater ermordet wurde, aktives Mitglied der RAF. Wir waren bei diesem Treffen zu dritt bei ihr, meine Onkel Carlchristian, Hubertus und ich. Während Carlchristian von vornherein klargemacht hat, daß es ihm nicht um die Aufklärung des Mordes ging, habe ich durchaus Fragen in diese Richtung gestellt. Birgit Hogefeld hatte vor dem Treffen angekündigt, daß sie niemanden verraten wolle und von daher auch keine Details aus der ersten Hälfte der achtziger Jahre erzählen werde. Es sollte von unserer Seite aus keine zweite Vernehmung sein, für mich war es aber schon wichtig, Fragen zu stellen wie: »Wie ist das damals alles konkret abgelaufen, wie hat man die Opfer ausgewählt, hat man sich überhaupt mit den Personen befaßt, deren Tod man dann beschlossen hat?« Diesen Fragen ist sie eher ausgewichen, weil die Antworten eventuelle Rückschlüsse auf die inneren Strukturen der RAF ermöglicht hätten, was sie nicht wollte.

Worum drehte sich das Gespräch mit Birgit Hogefeld sonst?

Eine Frage war zum Beispiel, ob die damaligen Mitglieder der RAF 1986 den in der *taz* abgedruckten Brief gelesen haben und wie die Reaktionen darauf waren. Birgit Hogefelds Antwort darauf lautete, daß der Brief zwar gelesen wurde, es aber keine wirkliche Auseinandersetzung oder Diskussion darüber gab. Der Brief paßte nicht in die Denkweise der Leute und ist sozusagen an ihnen abgeperlt.

Gab es irgendwann in den folgenden Jahren einen Punkt, wo eine Auseinandersetzung mit dem Brief stattfand?

Ich weiß nicht, ob es so weit gekommen ist. Birgit Hogefeld hat das damals zumindest nicht erwähnt. Aber ich habe sie auch nur zu diesem einen Gespräch getroffen, das zeitlich begrenzt war und in einer schwierigen Atmosphäre stattfand. Wir saßen uns getrennt durch eine Wand gegenüber, und es gab eine Art Luke, durch die man sich gesehen hat. Ich habe von einem weiteren Treffen Abstand genommen, da auf meine Fragen keine Antworten zu erwarten waren.

Sehen Sie eine Möglichkeit, doch noch an Antworten zu kommen?

Wer in der RAF war, folgt dem Kodex, niemand anderen aus der Gruppe zu verraten. Alles, was gesagt wird, könnte neue Strafverfahren zur Folge haben. Vielleicht könnte man von Staatsseite einen Weg finden, den Tätern hier entgegenzukommen und zu sagen: Die Aufklärung dient nicht mehr allein dazu, neue Verurteilungen zu erreichen oder Prozesse aufzurollen, sondern eher einer historischen Aufarbeitung. Vielleicht ginge das, wenn auf die Strafandrohung in bestimmten Fällen verzichtet wird.

Hatten Sie den Eindruck, Birgit Hogefeld empfindet Schuld oder eine Mitschuld?

Jedenfalls war sie zu der Zeit des Mordes an meinem Vater aktives Mitglied der RAF und war mit hoher Wahrscheinlichkeit zumindest an einer Diskussion beteiligt. Das war für mich schon ein beklemmendes Gefühl während des Gesprächs. Alles andere ist Spekulation.

Wann haben Sie die RAF zum ersten Mal bewußt wahrgenommen?

Die Fahndungsplakate in Banken und Postämtern sind meine ersten Erinnerungen, da war ich noch ein Kind. Als Jugendlicher habe ich mich politisch nicht mit der Gruppe auseinandergesetzt. Sie war mehr etwas Geheimnisvolles und Unverständliches. Ich weiß aber noch, daß es beim einen oder anderen Mitschüler durchaus Sympathien für die RAF gab. Sie waren von der Aura der Gruppe angezogen, dieser seltsamen Mischung von behauptetem Rebellendasein und Untergrund, Widerstand – die Ausstrahlung, die von der RAF ausging, spielte da eine große Rolle. Das Ganze war ja eine große Inszenierung. Wenn man sich an Untergrundkämpfer wie Che Guevara erinnert, den hielten ja auch viele für sexy und cool. Ich fand einige der 68er-Ideen gut, aber die Sympathien für die RAF, das war mir fremd. Mein Eindruck war, daß die Faszination für die RAF, dieses »die tun etwas mit allen Mitteln« gerade in der Pubertät, also im Zuge des Aufbegehrens gegen die eigenen Eltern, bei einigen aufkam.

Wie reagierten Ihre Mitschüler, die mit der RAF sympathisierten, auf die Ermordung Ihres Vaters?

Da gab es bei einigen ein schlechtes Gewissen. Wenn man dann schlagartig im persönlichen Umfeld mit den Konsequenzen dieses behaupteten Befreiungskampfs konfrontiert wird, denken viele plötzlich ganz anders darüber.

Haben Sie gegen Ihren Vater aufbegehrt?

Leider am stärksten in der Zeit kurz vor seinem Tod. Damals gab es zum Beispiel sehr viele Diskussionen über die NATO-Nachrüstung, in denen mein Vater eindeutig ein Befürworter war und überzeugt davon, daß das dem Frieden dient. Er glaubte, wenn man ein Gleichgewicht der Atomwaffen hat und man gegenüber den Russen nicht klein beigibt, sei das eher eine Chance, dann wieder abzurüsten. Darüber hatten wir Auseinandersetzungen. Ich hatte seine Argumentation lange nachvollziehen können, aber im Alter von 19 Jahren fing ich zunehmend an, seine

Arbeit in Frage zu stellen, kritischere Fragen zu stellen. Es bleibt für mich eine große Lücke, daß wir nicht die Möglichkeit hatten, diese Auseinandersetzungen, die wir in der Zeit vor seinem Tod hatten, weiterzuführen und auch wieder auf eine versöhnlichere Ebene in dieser Diskussion zu kommen.

Wie hat Ihr Vater über die Studentenbewegung gedacht?

Er hat diese Zeit sehr nah erlebt, hatte Sympathien für die Bewegung, aber er war kein 68er. Er ging nicht auf Demos, sondern hat sich auf Arbeit und Familie konzentriert. Doch eine gewisse Faszination für diese Bewegung hatte er schon und hat sich manchmal auch selbst als Rebell bezeichnet.

Hat sich das in seinem Handeln geäußert?

Mein Vater war auch nach der Wahrnehmung seiner Geschwister ein Rebell innerhalb der Familie, dem die Aufarbeitung der Nazivergangenheit sehr am Herzen lag und der seinen Eltern auch viele kritische Fragen gestellt hat – zum Beispiel, warum sie keinen Widerstand gegen die Nazis geleistet haben. Und mein Vater war gegen die starken Hierarchien an den Universitäten. Er konnte die Studentenproteste in dieser Hinsicht gut nachvollziehen. Es gab noch eine weitere Schnittmenge mit den 68ern: Mein Vater hielt ebenfalls nichts von autoritären Erziehungsmethoden. Er hat uns Kinder eher antiautoritär erzogen. Es gab für uns Grenzen, aber meine Eltern sprachen nie einfach starre Verbote aus. Sie haben immer begründet, warum etwas nicht erlaubt wird. Insofern vollzog mein Vater hier einen Bruch zu seiner Elterngeneration. Wir diskutierten viel, das war und ist in unserer Familie sehr stark ausgeprägt.

Sie haben selbst zwei Kinder. Hat der Erziehungsstil Ihrer Eltern da Vorbildfunktion?

Ich denke schon. Wobei meine Kinder noch ziemlich

klein sind, drei und vier Jahre alt. Da kann man noch nicht so groß diskutieren, aber ich versuche schon auch zu erklären, warum das eine gut und das andere weniger gut ist.

Wie bewerten Sie aus heutiger Sicht die Studentenbewegung – gibt es positive Errungenschaften?

1968 war auch die Befreiung von vielen rigiden Regeln, die damals in der Gesellschaft herrschten und die sinnlos waren – von strengen Umgangsformen bis zum Kuppeleiparagraphen. Sexuelle Befreiung, antiautoritäre Kindererziehung, ein neues Rollenverständnis zwischen Männern und Frauen, das haben die 68er angestoßen. Ich glaube, daß die 68er-Bewegung einen großen Einfluß darauf hatte, wie unsere Gesellschaft heute funktioniert. Vieles wird von meiner Generation heute gar nicht mehr so wahrgenommen. Ich habe auch Verständnis dafür, daß es 1968 eine extrem kritische Auseinandersetzung mit der Rolle der Eltern und der Großeltern im Dritten Reich gab.

Wo setzt Ihre Kritik an der Studentenbewegung an?

Bei der Radikalisierung. Daß Mitte der sechziger Jahre in der Bundesrepublik ein Aufbegehren gegen die Elterngeneration in Gang kam, daß man sich über die Leiden der Bevölkerung im Vietnamkrieg empörte und zugleich nach der Aufarbeitung der Nazizeit verlangte, auch die Demonstrationen gegen den Schah, all das kann ich verstehen: Dieses Bedürfnis, aktiv werden zu wollen, zu demonstrieren und sich zu verbünden. Mit der Kriegserklärung an den Staat und der Gewaltbereitschaft hört bei mir dann jedes Verständnis auf. Das fing an mit der Gewalt gegen Sachen, zum Beispiel den Kaufhausbränden 1968, und mündete in die Erklärung von Ulrike Meinhof »Natürlich darf geschossen werden«.

Eines der Argumente der RAF lautete, sie sei damals auf

Gewalt in der Bundesrepublik gestoßen, und darauf habe man nur mit Gewalt antworten können.

Es gab während der Demonstrationen in den Sechzigern und Siebzigern auch Vorkommnisse seitens der Polizei, die man stark kritisieren kann, und ich kann verstehen, daß daraus eine innere Empörung wächst. Aber daß man daraus folgert, dem Staat den Krieg erklären zu müssen, das kann ich nicht verstehen. Es gab keine staatlich organisierte Unterdrückung. Man konnte seine Meinung frei sagen, man konnte demonstrieren, man konnte kritische Artikel schreiben. Das hat Ulrike Meinhof ja lange getan. Man hatte alle Möglichkeiten, eine intellektuelle Auseinandersetzung zu führen und sich politisch zu engagieren. Wie man in einen solch weltfremden politischen Mikrokosmos hineingeraten kann wie die RAF, das ist für mich nicht nachvollziehbar. Es hat sicher viel mit Abkapselung vom normalen Alltag, dem Leben im Untergrund, zu tun.

Was heißt das?

Die Gruppe war durch das Leben im Untergrund zunehmend isoliert von der Welt – die Art, wie die RAF die Wirklichkeit wahrnahm, war dementsprechend vollkommen verzerrt. Der militärisch-industrielle Komplex war ein Phantasiegebäude. Die Verzerrung der Wahrnehmung drückte sich nicht nur in der Weltsicht aus, man merkt ja schon bei der verworrenen Sprache, wie wenig die behauptete Logik der RAF mit den wirklichen Verhältnissen zu tun hatte. Es ist absurd, wie die Bundesrepublik, die im Vergleich zu vielen anderen Staaten doch eine relativ gut funktionierende Demokratie ist, derart verteufelt werden konnte – und sich daraus die Idee, in den Widerstand gehen zu müssen, entwickelt hat. Und die Sätze in den RAF-Bekennerschreiben werden von Mal zu Mal immer verdrehter und abstrakter. Je komplizierter die Sprache, desto einfacher werden jedoch die Inhalte, die sich auf eine simple Schwarzweißmalerei reduzieren und alles außerhalb des internationalen revolutionären Proletariats zum Feindbild erklären. Man hört immer wieder die gleichen starren Begründungen.

Die im Jahr 2005 in den Berliner Kunstwerken gezeigte RAF-Ausstellung »Zur Vorstellung des Terrors« hat für viele Diskussionen gesorgt. Wie denken Sie über diese Ausstellung?

Ich fand es richtig, daß der Ausstellung die staatlichen Fördermittel entzogen wurden, daß die Aussteller das dann allein finanziell auf die Beine stellen mußten. Man hätte das eine oder andere auch anders machen können. Wobei es mir nicht darum geht, daß Ausstellungsmacher in die Situation kommen, ihr Konzept von den Angehörigen absegnen lassen zu müssen. Man würde sich als Angehöriger aber wünschen, daß jemand, der eine große Ausstellung über die RAF plant, auch den Blick auf die ganze Geschichte wirft, was in der Dokumentation eindeutig nicht geschehen ist. Ohnehin hat dieser Teil der Ausstellung, der die Entstehungsgeschichte der RAF darstellen sollte, einen an vielen Stellen alleingelassen. Es fehlte an Erklärungen zum Beispiel zu den ersten Texten der RAF Anfang der siebziger Jahre.

Sie haben während der Ausstellungsdauer an einer Diskussion der evangelischen Kirchengemeinde in Berlin-Mitte teilgenommen, die den Ausstellern Räumlichkeiten zur Verfügung gestellt hatte.

Ich wurde eingeladen, um die Ausstellung und die Unterstützung durch die Kirche mit Gemeindevertretern zu diskutieren. Auch die Frage, ob die Ausstellung zu einseitig geraten sei, ob sie zu täterlastig sei. Das war eine ganz interessante Diskussion. In dem Kirchengebäude, das die evangelische Gemeinde in Berlin-Mitte zur Verfügung gestellt hatte, gab es im Zentrum eine schallisolierte Isolationszelle, in der sich jeder Besucher für einige Minuten einschließen konnte. Das war ein gelungenes Ausstellungsstück. Ich finde überhaupt nicht, daß man die Freiheit der Kunst hier irgendwie einschränken sollte. Und trotzdem hat man als Angehöriger in der Ausstellung die Tendenz gemerkt, die es auch sonst im Umgang mit der RAF gibt. Hier wurden Bilder aus Baaders wilder Zeit gezeigt, eine Stilisierung betrieben, die einen als Angehörigen, ich will nicht sagen verletzt, aber die doch unangenehm auffällt. Die Täter standen eindeutig im Vordergrund. Und ich kann gut verstehen, daß sich Angehörige von Hanns Martin Schleyer da in noch stärkerem Maße gestört fühlten. Es ist schwierig, wenn Entführung und Mord so ästhetisiert und als Popkultur dargestellt werden. Ich finde, auch hier sollte man nicht tabuisieren oder beschränken, aber man kann schon die Frage stellen nach der Sensibilität der Kuratoren. Man kann als Kurator ja eine Auswahl treffen, was man zeigen will. Und diese Auswahl hätte nach meinem Geschmack durchaus etwas anders gewichtet werden können.

Wie haben Sie Ihren Vater in Erinnerung?

Trotz der beruflichen Anspannung hat er es immer geschafft, sich Zeit für seine Familie und seine Kinder zu nehmen. Er hatte die Fähigkeit, sich sehr schnell umzustellen: Wann immer ich ihn fragte, ob wir gemeinsam spazierengehen oder etwas unternehmen könnten, war er sofort für mich da. Er war ein präsenter, liebevoller und interessierter Vater. Was ihn auch ausgezeichnet hat: Er war ein Mensch, bei dem Meinung und Handeln stets übereinstimmten. Er war ein sehr integrer Mensch, mit analytischem Scharfsinn und großer Gesprächsbereitschaft. Für mich war und ist es unglaublich, daß die RAF, die angeblich für eine gerechtere Welt kämpfte, einen Mord begeht an meinem Vater, den ich stets als politischen Idealisten gesehen habe. Die Berufswahl meines Vaters hatte sehr viel mit seinem eigenen Schicksal zu tun – dem Erleben des Zweiten Weltkriegs als Kind und der Zeit danach. Die Familie lebte damals in Schlesien im heutigen Polen. Die Greuel der Deutschen während des Kriegs und die Haß- und Rachegefühle der Polen in der Folgezeit, die die deutsche Zivilbevölkerung während der Vertreibung zu spüren bekamen, prägten ihn. Er wollte daran arbeiten, daß ein solcher Krieg nie wieder vorkommt, und sich für den Dialog zwischen den Völkern einsetzen. Für eine Politik, die den Frieden fördert. Da lag der Wunsch nahe, im Auswärtigen Dienst zu arbeiten. Dieser Wunsch hatte sich bei ihm schon zu Schulzeiten entwickelt. Er war ein sehr politisch denkender Mensch, dem die Aufarbeitung der Nazivergangenheit ein wichtiges Anliegen war. Er hat sich oft über das Großmachtgehabe der USA geärgert und deren Militäreinsätze damals in Grenada und in Libyen sehr verurteilt. In seinem Beruf hat sich mein Vater sehr engagiert. Sein Leben hat er ganz der politischen Arbeit gewidmet. Das war kein Karrierestreben. Es ging meinem Vater wirklich um die Sache, und er hat sich mit jedem politisch Andersdenkenden auch gern und intensiv auseinandergesetzt. Er hätte vielleicht sogar mit den Terroristen diskutiert, wenn sie nicht gleich geschossen hätten.

»Ich würde heute wieder so entscheiden«

Erinnerungen von Helmut Schmidt

Anne Siemens: Man erinnert sich an Sie in Zusammenhang mit der RAF als jemand, der nicht nachgegeben hat. Sie haben die Forderungen der RAF-Mitglieder, die im April 1975 die deutsche Botschaft in Stockholm überfielen, abgelehnt, haben zwei Jahre später den entführten Hanns Martin Schleyer nicht ausgetauscht und den Forderungen der RAF auch nicht nachgegeben, als die Lufthansa-Maschine »Landshut« gekidnappt wurde. Wie haben Sie damals empfunden?

Helmut Schmidt: Ich habe mir nicht erlaubt, etwas zu empfinden. Seine Emotionen muß man unter Kontrolle haben.

Im Fall Stockholm haben Sie die Forderungen nach Absprache mit Ihrem Krisenstab einige Stunden nach der Geiselnahme abgelehnt. Hofften Sie, das RAF-Kommando würde nach dieser schnellen und absoluten Entscheidung neu zu verhandeln versuchen?

Ich habe auf gar nichts gehofft. Ich war nur fest entschlossen, nicht nachzugeben. Dazu war ich seit der Entführung des Berliner Politikers Peter Lorenz Ende Februar 1975 entschlossen: Niemals wieder gegenüber Terroristen nachzugeben. Davon hätte mich auch niemand in der Bonner Politik wieder abbringen können. Daß damit auch die Versehrtheit von unschuldigen Menschen in Kauf genommen wurde, war furchtbar, aber unausweichlich. Hätte man wieder ausgetauscht, wäre man an anderer Stelle Verursacher des Todes von Menschen geworden, denn Stockholm war der Beweis dafür, daß die Terroristen ihre mörderischen Aktivitäten zur Freipressung weiterer Inhaftierter fortsetzten – und weiter fortsetzen würden.

Warum haben Sie sich im Entführungsfall von Peter Lorenz dazu entschlossen, auszutauschen?

Nicht zur Entschuldigung, aber zur Erklärung muß ich auf zwei Sachverhalte in Zusammenhang mit der Lorenz-Entführung aufmerksam machen. Es war nicht der erste erpresserische Entführungsfall in der Bundesrepublik. 1972 während der Olympischen Spiele in München nahmen palästinensische Terroristen Sportler der israelischen Mannschaft als Geiseln und ermordeten sie. Die drei überlebenden Geiselnehmer konnte man an Ort und Stelle greifen, sie kamen ins Gefängnis. Wenige Wochen später wurden sie gegen Passagiere und Besatzung der entführten Lufthansa-Maschine »Kiel« ausgetauscht. Das ist der deutschen Öffentlichkeit weitgehend unbekannt geblieben. Willy Brandt war damals Kanzler und Hans-Dietrich Genscher Innenminister. Letzterer hatte sich während der Geiselnahme als Austauschgeisel zur Verfügung gestellt, das wurde von den palästinensischen Terroristen jedoch abgelehnt. Ich war 1972 Finanzminister und an der Entscheidung, auszutauschen, nicht beteiligt. Als ich später Regierungschef wurde, wußte ich aber von dem Vorgang. Das ist der eine Punkt. Der andere Punkt ist, daß ich zum Zeitpunkt der Lorenz-Entführung schwerkrank war und mit 40 Grad Fieber in diesem sogenannten Kanzler-Bungalow im Bett lag. Dann kam die Nachricht von der Entführung. Meine Frau holte meinen Arzt aus Koblenz. Er konnte das Fieber mit Spritzen kurzzeitig beseitigen, so daß ich denk- und verhandlungsfähig wurde. Von meinem Krankenbett aufgestanden fand ich in meinem Haus eine Reihe von Personen versammelt: den Regierenden Bürgermeister von Berlin, Klaus Schütz, Peter Lorenz' Freund Helmut Kohl und noch ein paar andere Leute. Die hatten schon ein paar Stunden miteinander geredet, während ich noch krank im Bett gelegen hatte. Nun kam ich dazu, und sie waren sich alle einig: Wir müssen austauschen. Ich habe zugestimmt – und das war falsch.

Wann wurde Ihnen das bewußt?

Das habe ich am nächsten Morgen begriffen. Es war eine Einladung für Terroristen, ein drittes Mal Geiseln zu nehmen – in der Gewißheit: Die Deutschen tauschen aus. Zum zweiten Mal hatte sich die Bundesrepublik mit dem Austausch von Peter Lorenz als erpreßbar gezeigt. Es war ein schwerer Fehler. Das zeigte nur wenige Wochen später die Geiselnahme von Angehörigen der deutschen Botschaft in Stockholm durch Mitglieder der RAF.

Andreas Baron v. Mirbach und Heinz Hillegaart wurden in Stockholm ermordet. Zwei Jahre später wurde Hanns Martin Schleyer nach langer Geiselhaft erschossen, weil die Bundesregierung die Forderungen der RAF ablehnte. Empfinden Sie Schuld?

Ja, Mitschuld schon. Doch es war in beiden Fällen kaum möglich, keine Schuld auf sich zu laden – kein Versäumnis zu begehen. Ich habe im Oktober 1977, nach der Ermordung von Hanns Martin Schleyer, in meiner Erklärung im Bundestag gesagt: »Wer weiß, daß er so oder so, trotz allen Bemühens, mit Versäumnis und Schuld belastet sein wird, wie immer er handelt, der wird von sich selbst nicht sagen wollen, er habe alles getan und alles sei richtig gewesen. Er wird nicht versuchen, Schuld und Versäumnis den anderen zuzuschieben, denn er weiß: Die anderen stehen vor der gleichen unausweichlichen Verstrickung.« Vor ein paar Tagen habe ich diese Rede noch einmal gelesen und mir die Erinnerung zurückgeholt. Ich würde es heute wieder genauso sagen, wie es da steht.

Würden Sie auch wieder so entscheiden?

Ja.

In welchen Momenten denken Sie an die Opfer der RAF zurück?

Es gibt dafür viele Anlässe, nicht nur einen einzelnen. Damit eine Erinnerung wieder aus dem Archiv im Hinterkopf nach vorne kommt, bedarf es eines auslösenden Moments – man liest einen Artikel in einer Zeitung oder einen Beitrag in einem Buch. Vielerlei Dinge sind mir stark im Gedächtnis geblieben.

Bekommt die Erinnerung an die Opfer und an die Momente, in denen Sie letztlich Entschlüsse über Leben und Tod fassen mußten, mit dem Älterwerden eine stärkere Präsenz?

Nein. Das war mir immer präsent.

*Hans-Jochen Vogel hat einmal in einem Interview gesagt, er habe während der Schleyer-Entführung aufgrund seiner Argumentation als damaliger Justizminister »nach logischen Kategorien geurteilt eine Ursache« für den Tod von Hanns Martin Schleyer »gesetzt« [*Die Zeit: *»Hier sind wir die Jugend«, 23. März 2006]. Und er glaube, man würde im Jenseits, wenn man eine enge Pforte durchschritten hat, noch einmal in ein ernstes Gespräch gezogen – über das Leben, das man geführt hat, was man getan und unterlassen hat. Haben Sie eine ähnliche Vorstellung?*

Vogel ist ein religiöser Mensch, sehr viel stärker religiös

ausgeprägt als ich. Ich stelle mir nicht vor, was ich im Jenseits antworten würde. Aber ich habe mir immer vorgestellt, was ich im Diesseits auf diese Fragen sagen muß – und die Antwort lautet: Ohne Schuld kommt man nicht davon. In beiden Fällen – Stockholm ebenso wie Schleyer – war klar: Es ist wie in einer griechischen Tragödie. Es stand von Anfang an fest, daß es tragisch ausgehen und man Versäumnisse begehen würde.

Im Fall Schleyer gibt es die Kritik, der Krisenstab hätte der Familie gegenüber nicht mit offenen Karten gespielt. Daß ein Austausch nicht stattfinden sollte, stand von Anfang an fest – wurde der Familie aber nicht mitgeteilt. Damals wurde den Entführern gegenüber auf Zeit gespielt, um die Geisel Hanns Martin Schleyer zu finden und zugleich die inhaftierten RAF-Mitglieder nicht freizulassen – wie die Entführer forderten.

Die Kritik aus der Familie war und ist völlig verständlich und moralisch in Ordnung. Den teils in der Öffentlichkeit kursierenden Vorwurf, Schleyer sei geopfert worden, weise ich allerdings zurück. Das ist Unsinn. Er ist nicht geopfert worden. Wir hatten ja Grund zu der Zuversicht, ihn zu finden.

Eine frühe Spur der örtlichen Polizei Erftstadt-Liblar ging im organisatorischen Durcheinander zwischen Länderpolizei und BKA verloren.

Das war Pech, mit tragischen Folgen. Aber wir hatten guten Grund anzunehmen, daß wir Schleyer finden würden. Man sollte auch nicht vergessen: In dem Augenblick, in dem die Baader-Meinhof-Leute beschlossen, Schleyer umzubringen, hatten wir gerade das Risiko hinter uns, möglicherweise knapp 90 Tote in Mogadischu in der Ruine der »Landshut« vorzufinden. Aus der Sicht von Hanns-Eberhard Schleyer und seiner Familie ging es primär um den einen Mann.

Mir ging es auch um Hanns Martin Schleyer, doch zugleich auch um die »Landshut«-Geiseln und um die Leute, die in Mogadischu den Versuch machen sollten, sie mit Gewalt zu befreien. Um deren Leben ging es auch. Während der Bemühungen, die Geiseln im Flugzeug zu befreien, haben wir die Suche nach Schleyer nicht etwa eingestellt. Wir haben ständig neue Ausreden erfunden gegenüber den Entführern, um sie zeitlich hinzuhalten. Das ist uns ja bis Mogadischu auch gelungen. Aber die Flugzeugerstürmung hat ihnen dann klargemacht: Diese Regierung gibt nicht nach. Daraufhin haben sie Schleyer umgebracht. Auch dieses übrigens in einer Weise, welche die moralische Qualität eindeutig erkennen läßt: Es waren gewissenlose Mörder, besessen von der politischen Idee, daß man mit Gewalt bessere Verhältnisse schaffen kann.

Die RAF sah in der Bundesrepublik gewalttätige Verhältnisse als vorhanden an. Noch in der Auflösungserklärung der Gruppe findet man den Satz: »Wir haben gewalttätige Verhältnisse mit der Gewalt der Revolte beantwortet.«

Es gab in der Bundesrepublik keine gewalttätigen Verhältnisse. Leuten, die das meinen und heute noch mit solchen Behauptungen herumlaufen, kann ich nicht helfen. Nein, denen kann ich nicht helfen.

Haben Sie über den Versuch eines Dialogs mit der RAF zu irgendeinem Zeitpunkt nachgedacht?

Nein, niemals.

Warum?

Ich sah darin keinen Sinn.

Sind Sie je einem Mitglied der RAF begegnet?

Ich kannte Ulrike Meinhof. Ich traf sie ein Mal, das war allerdings noch während ihrer Hamburger Zeit, also in den sechziger Jahren, als sie Kolumnistin bei *konkret* war. Ich war hier in Hamburg Mitglied der Landesregierung, Senator hieß das. Es war eine rein zufällige Bekanntschaft bei einem Literatenempfang oder einer Verlagsveranstaltung, das weiß ich nicht mehr genau. Wir haben ein paar Worte miteinander gewechselt, daran erinnere ich mich. Sie war eine attraktive junge Frau. Ihre politische Radikalität kam wahrscheinlich erst später durch. Damals jedenfalls habe ich nichts davon gemerkt.

Gab es oder gibt es eine Frage, die Sie den Tätern von damals gerne stellen würden?

Nein, das ist nicht mein Ding. Die müssen mit ihrer Schuld leben bis an ihr Lebensende, sofern sie noch am Leben sind.

Wie denken Sie über die These, der Staat habe durch teils unangemessen hartes Durchgreifen gegenüber Mitgliedern der Studentenbewegung in den sechziger Jahren zur Eskalation und zur stetig wachsenden Gewaltbereitschaft auf seiten der Studenten beigetragen?

Der Ausdruck Staat ist zulässig, aber sehr ungenau. Polizeieinsätze sind bis in die jüngere Vergangenheit fast ausnahmslos Sache der Länder gewesen. Wobei die Studenten diese Unterscheidung nicht gemacht haben, für sie war das alles die Obrigkeit, die man bekämpfen mußte – den Staat. Aber in Wirklichkeit war es nicht der Staat, sondern es waren verschiedene staatliche Stellen und Behörden mit durchaus sehr verschiedenen Verantwortlichen. Polizei war damals prinzipiell Ländersache, ebenso war zum Beispiel das Gefängnis in Stammheim Ländersache.

Hatten Sie Verständnis dafür, daß die Studentenbewegung die Aufarbeitung des Dritten Reichs verlangte?

Verständnis ja, aber keinerlei Billigung der gewalttätigen Methoden. Diese jungen Leute waren doch im Wohlstand aufgewachsen. Es ist ihnen doch recht gutgegangen im Vergleich zu meiner Generation. Sie brauchten keine Angst zu haben, für systemkritische Äußerungen nach Auschwitz zu kommen. Kriegsgefangenschaft mußten sie auch nicht fürchten oder die Bomben, die auf Hamburg und Dresden fielen. Ich habe Verständnis dafür, daß sie sich über Deutschlands Vergangenheit empörten, die Gewalttaten kann ich nicht billigen. Castro war einer ihrer großen Helden oder Mao Tse-tung – Leute, von denen sie keine Ahnung hatten. Aber Mao war weit genug weg, um ihn zum Helden hochzustilisieren in der eigenen Vorstellung. Wenn die Studenten etwas mehr gewußt hätten, dann wären sie vielleicht etwas vorsichtiger geworden.

Wenn man heute auf die Geschichte der RAF zurückblickt, hat es vor allem eine Auseinandersetzung mit der Täterseite gegeben. Was, denken Sie, ist der Grund dafür?

Politische Attentate haben immer die Phantasie von Menschen angeregt und Neugier geweckt – für beide Seiten. Doch während Opfer, sofern sie überlebt haben, oder die Angehörigen von Ermordeten sich aus einem verständlichen Reflex heraus eher zurückziehen, gehen Täter eher an die Öffentlichkeit. Sie suchen die Öffentlichkeit. Ob das nun Anarchisten in Rußland waren, die den Zaren umbringen wollten, oder die Baader-Meinhof-Gruppe. Oder nehmen Sie zum Beispiel diesen Mann, der John F. Kennedy aus einer Schußentfernung von mindestens 60 oder 70 Metern traf. Der interessiert die Öffentlichkeit immer noch. Und wer wiederum ihn umgebracht hat, interessiert die Leute auch. Es werden Fernsehfilme daraus gemacht.

Hatten Sie jemals Angst vor einem Attentat?

Nein, habe ich nie gehabt. Wissen Sie, ich bin im Dritten Reich aufgewachsen. Als Adolf-Nazi ans Ruder kam, hatte ich gerade eineinhalb Monate vorher meinen 14. Geburtstag gefeiert. Alle Jungs in meiner Klasse gingen in die Hitler-Jugend. Ich wollte natürlich auch dazugehören. Man bekam eine Kletterweste, ging auf Fahrt und saß abends am Lagerfeuer. All diese schönen Sachen waren verlockend. Meine Eltern sagten: »Das geht nicht.« Ich insistierte. Es gab eine lange Auseinandersetzung zwischen meinen Eltern und mir, und schließlich weihte meine Mutter mich in den Umstand ein, daß mein Vater nach den Nürnberger Gesetzen ein Halbjude war und ich somit ein Vierteljude. Jedenfalls, Nazi konnte ich aufgrund dieses glücklichen Umstands wirklich nicht werden. Es gab auch noch einen anderen Grund, der mich bald von der kurzzeitigen Faszination für die Hitler-Jugend Abstand nehmen ließ: Die Verfolgung der sogenannten entarteten Kunst, die ich damals, als junger Mensch, schon als sinnlos und dumm empfand. Dann war ich achteinhalb Jahre lang wehrpflichtiger Soldat. Als der Krieg endlich endete, war ich 26 Jahre alt und hatte genug hinter mir. Da hat man nicht mehr viel Angst. Man hat noch die Erinnerung an die Angst vor russischer Gefangenschaft, an die Angst vor schwerer Verwundung, aber Angst vor dem Tode eigentlich weniger. Wenn es nur schnell geht, ist es in Ordnung. Das wird manchen Leuten meiner Generation ähnlich gegangen sein.

Kannten Sie Opfer der RAF persönlich?

Ich kannte Hanns Martin Schleyer recht gut und habe auch etwas von ihm gehalten. Mit Jürgen Ponto waren meine Frau und ich sogar ein bißchen befreundet. Mindestens eines der Ponto-Kinder besuchte die Schule, an der meine Frau als Lehrerin arbeitete. Die Familie und wir wohnten in Hamburg-Othmarschen nicht weit voneinander entfernt. Ich kannte Peter Lorenz und auch Karl Heinz

Beckurts und Alfred Herrhausen. Mir liegt es sehr am Herzen, daß die Seite der Opfer Beachtung findet – nicht nur der prominenten Personen, die ermordet wurden, sondern auch der kleinen Kriminalbeamten, der Fahrer …

… sie machen mehr als die Hälfte der Opfer der RAF aus …

Das ist richtig. Jeder Mord ist verwerflich; und es gibt keinen Unterschied der Opfer. Aber die Morde an diesen Menschen zeigen einmal mehr, daß die Leute der RAF einfach Verbrecher waren; denn es hat ihnen nichts ausgemacht, diejenigen umzubringen, für die sie angeblich kämpften – Arbeiter, für die sie angeblich ihre Revolution machten. Das muß zum Ausdruck kommen, wenn man sich mit den Opfern beschäftigt.

Gibt es etwas, das Sie den Angehörigen der RAF-Opfer gern sagen würden?

Ich kann ihnen nur Trost wünschen. Aber heute, fast 30 Jahre nach diesen Morden, bedürfen sie wahrscheinlich des Trostes durch den damaligen Regierungschef überhaupt nicht.

Danksagung

Mein besonderer Dank für ihre Unterstützung gilt: Many Ameri und meinen Eltern, meinem Onkel Dr. Jochen W. Siemens, Werner Holzer, Haug von Kuenheim, Dirk Schönlebe, Verena Richter, Gabriela Herpell, Dorothee Röhrig und natürlich Thomas Hölzl, Wolfgang Gartmann und Ulrich Wank.

Literaturverzeichnis

Andrew, Christopher/Mitrochin, Wassili: *Das Schwarzbuch des KGB 2/ Moskaus Geheimoperationen im Kalten Krieg, Propyläen, 2006*

Arendt, Hannah: *Elemente und Ursprünge totaler Herrschaft – Antisemitismus, Imperialismus, totale Herrschaft,* Piper Verlag, München, 1986

Aust, Stefan: *Der Baader Meinhof Komplex,* Goldmann Verlag, 1998

Becker, Jillian: *Hitlers Kinder? Der Baader-Meinhof-Terrorismus,* Fischer Taschenbuch Verlag, 1978

Breloer, Heinrich: *Todesspiel. Von der Schleyer-Entführung bis Mogadischu, eine dokumentarische Erzählung,* Verlag Kiepenheuer & Witsch, 1997

Dokumentation der Bundesregierung zur Entführung von Hanns Martin Schleyer: *Ereignisse und Entscheidungen im Zusammenhang mit der Entführung von Hanns Martin Schleyer und der Lufthansa-Maschine »Landshut«,* Goldmann Verlag, 1978

Elias, Norbert: *Studien über die Deutschen – Machtkämpfe und Habitusentwicklung im 19. und 20. Jahrhundert,* Suhrkamp Taschenbuch Verlag, 1989

Fetscher, Iring: »Ideologien der Terroristen in der Bundesrepublik Deutschland«, in: *Ideologien und Strategien – Analysen zum Terrorismus,* Westdeutscher Verlag, Opladen, 1981

Fichter, Tilman/Lönnendonker, Siegward: »Von der ›neuen Linken‹ zur Krise des Linksradikalismus«, in: *Die Linke im Rechtsstaat,* Rotbuch Verlag Berlin, 1979

Fogt, Helmut: *Politische Generationen,* Westdeutscher Verlag, Opladen, 1981

Geis, Matthias/Ulrich, Bernd: *Der Unvollendete – das Leben des Joschka Fischer,* Rowohlt Taschenbuch Verlag, Reinbek, 2004

Herold, Horst: »Die Lehren aus dem Terror«, in: *Süddeutsche Zeitung, 20. 5. 2000*
»Ihr habt unseren Bruder ermordet« – Die Antwort der Brüder des Gerold von Braunmühl an die RAF, Rowohlt Taschenbuch Verlag, 1987
Interview Rainer Langhans: »Sex war nie wichtig für mich …«, in: *Focus,* 12. 2. 2001
Klein, Hans-Joachim: *Rückkehr in die Menschlichkeit,* Rowohlt Verlag, 1979
Kraushaar, Wolfgang: *1968 – das Jahr, das alles verändert hat,* Piper Verlag, 1998
Kraushaar, Wolfgang: *Frankfurter Schule und Studentenbewegung – von der Flaschenpost zum Molotow-Cocktail, 1946 bis 1995, Chronik/Band 1,* Rogner & Bernhard, 1998
Kraushaar, Wolfgang: *Frankfurter Schule und Studentenbewegung – von der Flaschenpost zum Molotow-Cocktail, 1946 bis 1995, Dokumente/Band 2,* Rogner & Bernhard, 1998
Kraushaar, Wolfgang: *Frankfurter Schule und Studentenbewegung – von der Flaschenpost zum Molotow-Cocktail, 1946 bis 1995, Aufsätze und Register/Band 3,* Rogner & Bernhard, 1998
Kraushaar, Wolfgang: »Irrweg einer Moralistin«, in: *die tageszeitung,* 9. 5. 2001
Kraushaar, Wolfgang: *Linke Geisterfahrer – Denkanstöße für eine antiautoritäre Linke,* (Hrsg.) Wolfgang Kraushaar, Verlag Neue Kritik, 2001
Meinhof, Ulrike: »Natürlich kann geschossen werden«, in: *Der Spiegel,* 15. 6. 1970
Mitscherlich, Alexander und Margarete: *Die Unfähigkeit zu trauern,* Piper Verlag, 1967
Rabert, Bernhard: »Grundlagen und Bedeutung des Imperialismusvorwurfs für die deutschen Linksterroristen«, in: *Links- und Rechtsterrorismus in der Bundesrepublik Deutschland von 1970 bis heute,* Bernhard & Graefe Verlag, 1995
Röhl, Bettina: *So macht Kommunismus Spaß. Ulrike Meinhof, Klaus Rainer Röhl und die Akte Konkret.* Europäische Verlagsanstalt, 2006
Scheerer, Sebastian: »Deutschland: Die ausgebürgerte Linke«, in: *Angriff auf das Herz des Staates, Analysen von Henner Hess, Martin Moerings, Dieter Paas, Sebastian Scheerer und Heinz Steinert,* Edition Suhrkamp, 1989
Stamer, Sabine: *Cohn-Bendit – die Biographie,* Europa Verlag, 2001
Streithofen Heinrich Basilius (Hrsg.): *Briefe an die Familie Schleyer. Bekenntnis und Verpflichtung,* Seewald Verlag, 1978